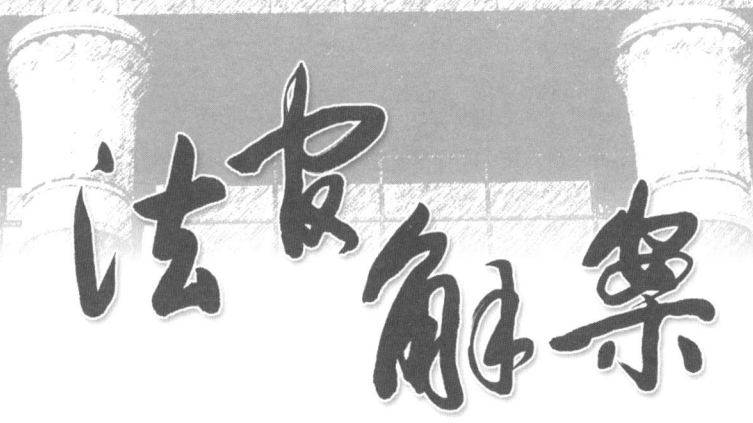

了解法官眼中的事实和真相

本书编写组 编写

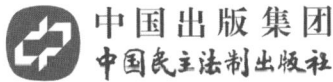

中国出版集团
中国民主法制出版社

图书在版编目（CIP）数据

法官解案：了解法官眼中的事实和真相/《法官解案：了解法官眼中的事实和真相》本书编写组编写．—北京：中国民主法制出版社，2017.1

ISBN 978-7-5162-1289-9

Ⅰ．①法… Ⅱ．①法… Ⅲ．①案例—中国　Ⅳ．① D920.5

中国版本图书馆 CIP 数据核字（2016）第 198895 号

图书出品人	刘海涛
出版统筹	赵卜慧
责任编辑	董　理

书　　名	法官解案——了解法官眼中的事实和真相
作　　者	本书编写组　编写
出版·发行	中国民主法制出版社
地　　址	北京市丰台区玉林里 7 号（100069）
电　　话	63055259（总编室）　63057714（发行部）
传　　真	63055259
http:	//www.npcpub.com
E-mail:	mzfz@ npcpub.com
经　　销	新华书店
开　　本	16 开　710 毫米 × 1000 毫米
印　　张	17.5　**字数**/225 千字
版　　本	2018 年 1 月第 1 版　2018 年 1 月第 1 次印刷
印　　刷	北京汇瑞嘉合文化发展有限公司
书　　号	/ ISBN 978-7-5162-1289-9
定　　价	/ 58.00 元
出 版 声 明	/ 版权所有，侵权必究。

（如有缺页或倒装，本社负责退换）

序

　　从 2013 年 10 月开始，最高人民法院新闻局与中央电视台社会与法频道《法律讲堂》栏目联合推出了"法官解案"系列节目。开播四年来，三十余位优秀法官先后走上了央视主讲台。他们讲述法治故事，传播法治声音，传递司法温暖，向社会公众展示了人民法院和人民法官的良好形象。

　　"全面依法治国"是"四个全面"战略布局的重要内容，是新时代坚持和发展中国特色社会主义的基本方略之一。人民法院是推进共和国法治建设的重要力量，中央电视台是国家法治宣传的重要阵地。普及法律知识，弘扬法治精神，传播法治文化，提高全民族法治素养，是人民法院和新闻媒体共同的职责和使命。正是基于共同的理念和追求，最高人民法院与中央电视台联合打造了"法官解案"特别节目。

　　"法官解案"特别节目是中央电视台首个以法官为主讲人的电视节目，节目以法官为主角，以案为支点，以案讲法，以案释法，以案普法，以人民群众喜闻乐见的方式向社会公众传播法治理念，是一档有思想、有温度、有品质又有实际教育意义的法治专题节目。截至今年 11 月，"法官解案"特别节目已陆续播出 116 期，连续多次获得栏目月收视率及提升值双料冠军，《法律讲堂》栏目也连续五年荣获"央视品牌栏目 30 强"荣誉称号，与《新闻联播》《焦点访谈》《今日说法》等众多栏目共获殊荣。

　　"努力让人民群众在每一个司法案件中感受到公平正义"，是人民法院的工作目标，而要实现这个目标，既需要司法机关"司法为民、公正司法"的生动实践，也需要新闻媒体"记录时代风云，守望公平正义"的宣传报道，共同奏响全面依法治国的主旋律，切实让人民群众感受到公平正义就在身边。"法官解案"特别节目通过一个个生动真实案例的讲述，反映了人民法官的日常工作，彰显了法官们的人格魅力和法律智慧，同时也让人民群众从每一个司法案件中都能够感受到公平正义和法律的温度。

党的十九大报告指出，"要加大全民普法力度，建设社会主义法治文化，树立宪法法律至上、法律面前人人平等的法治理念"。为进一步加大普法工作力度，更好地落实党的十九大对法治宣传工作作出的决策部署，我们有了将"法官解案"系列节目中的精品案例集结成册，进行再次传播的想法。我们深知，法律信仰要根植社会，需要各方面孜孜不倦的努力；法治精神要深入民间，需要润物无声、久久为功的宣传弘扬。

党的十九大绘就了全面依法治国的新蓝图，建设中国特色社会主义法治国家的前景无比光明。我们将继续精心打造"法官解案"节目品牌，借助电视节目真实记录司法改革的进程，全面展现法治建设的成绩。我们也将主动适应传播环境和传播技术的新变化，不断创新内容和形式，创新方法和手段，接地气、聚人气，创作更多更好沾泥土、带露珠、接地气、人民群众喜闻乐见的电视节目。"法官解案"系列节目的制作播出，离不开广大读者和观众朋友们的关心和支持，让我们携手共同深化依法治国实践，共享共和国法治进步的荣光。

是为序。

最高人民法院新闻局

央视社会与法频道

2017 年 11 月 22 日

目录 CONTENTS

女网友竟是老大妈   主讲人：曹谨超   3

  农村小伙儿网恋，并深陷其中，三年后相见，竟发现对方是年过半百的老大妈。朝思暮想的爱情突然幻灭，愤怒的小伙儿闯下祸……

分手要人命   主讲人：陈 琛   15

  花季少女，命丧黄泉，犯案现场跳楼逃跑的男子，是为财还是为色？一个痴情的男人，一场令人羡慕的恋情，为什么没有美满的结局？他的爱，带给了她什么？

请客惹来的官司   主讲人：陈 军   27

  一个是儿子高考题名，不速之客不请自来，返程途中遭遇车祸；一个是孩子满月喜酒，好友前来道喜，之后却摔断了腿。最后，他们都收到一纸传票，好心请客咋惹来了官司……

说话拱火引命案   主讲人：程媛媛   39

  他们是受人尊敬的中学教师和与人为善的卖肉摊老板；他们是受过良好教育的女大学生和老实本分的出租车司机。素无交集的两对人，却因何动了杀机，将两个家庭拖入痛苦的深渊。

老总借钱不想还　　　　　　　主讲人：杜　君　51

企业老总向"财务"借钱，出纳不在，情急之下，财务总监用自己的钱垫付，没留凭据。两年后，老总以种种借口搪塞不予还钱，双方对簿公堂，难道老总真的想赖账吗？

前夫上门来骚扰　　　　　　　主讲人：方　慧　63

深夜，独居的单身女人睡意蒙眬中听见自己卧室的门被推开，一个男人的诡异身影出现在她的卧室，而他竟然是已经离了婚的前夫……

我是不是被骗了　　　　　　　主讲人：方剑磊　73

李大爷联系上了一家据说能准确推荐股票的公司。刚开始，李大爷连战连捷，赚了不少。而当李大爷给这家公司交了二十余万元后，情况却急转直下，但这家公司却神秘地消失了……

自残的儿媳　　　　　　　　　主讲人：耿　青　85

婆婆诅咒怀孕的儿媳丧子，孰料一语成谶，儿媳流产；疯狂的儿媳报复未成，不惜忍痛自残，诬陷小叔子，反而害得自己锒铛入狱……

儿子不离婚，我离　　　　　　主讲人：韩鸿翔　97

六七十岁的老太太孤身一人跑到千里之外找儿子，得到的却是儿子的"背叛"；她走上法庭要求离婚，但她的目的并不是为了离婚；她为了儿子的幸福，却差点儿毁了儿子的幸福。这究竟是为什么？

孩子在校出了事儿　　　　　　主讲人：何　璇　109

课间玩耍，不料孩子被走廊的暖气包砸伤，屡治不愈，患上了骨髓炎；下课途中，孩子被其他同学撞倒，导致耳膜穿孔，谁对谁错，为何两个家长都要求学校来买单……

女儿是自杀还是他杀　　　　　　　　主讲人：胡　平　121

早上还看着如花般美丽的女儿像往常一样出门上班，傍晚见到的却是从河里打捞出来的女儿冰冷的尸体，悲伤欲绝的夫妇认为是他们竭力反对的"准女婿"害死了女儿，"准女婿"却说是他们自己逼死了女儿！没有目击证人，法官该如何抽丝剥茧，还原真相呢？

天上掉下两万元　　　　　　　　　　主讲人：黄　朔　131

老张和一个小伙子拾到两万元现金，两人分钱时，失主突然出现要求还钱，可钱却无端少了一万，为证明自己没有转账私吞，老张拿出银行卡让失主查证，却落入了一个精心设置的圈套……

谁是肇事者　　　　　　　　　　　　主讲人：蒋华明　143

夏日深夜，交警电话突然告知发生交通事故。焦急的母亲奔赴医院，却只看到心爱儿子冰冷的尸体。当事人矛盾的陈述、沉默的证人、四次相互矛盾的技术鉴定使案情更加扑朔迷离……

动物伤人谁负责　　　　　　　　　　主讲人：靳淑芝　155

小女孩与马戏团老虎合影，不料命丧虎口；男子在饭店挑逗巨型犬，全身被咬伤十一处；羊倌放羊被邻居家公羊撞伤骨折，卧床不起。三起事故都是因动物伤人而起，谁该对受害者负责呢？

偷来的儿子　　　　　　　　　　　　主讲人：李　霞　167

无法生育的孟丽想通过抱养的方法延续香火，并通过"假怀孕"的方式让大家认为孩子是自己生的。可孩子出生后，对方却反悔了。无奈之下，孟丽走进医院，偷了个孩子抱回了家……

瞪一眼，一条命　　　　　　　　主讲人：李晓梅　179

2014年5月初的一天早上，刚上班，民一庭的周法官就接到一个棘手的案件。这个案件的原告为了给死去的儿子讨说法，曾在派出所门口摆花圈、烧纸钱，而且直到法院给他立了案，他还在到处上访告派出所处理此事不公平！这到底是个什么样的案子呢？

骚扰曝光之后　　　　　　　　主讲人：刘　平　189

她受到了顶头上司的办公室性骚扰，是沉默，还是反抗？因害羞和软弱，她选择了步步忍让，可上司的性骚扰却变本加厉。突然，一条匿名短信在公司流传，让这段办公室性骚扰曝露在众目睽睽之下……

疯狂的逃逸者　　　　　　　　主讲人：刘文欣　201

一辆着火的面包车底下竟躺着一具面目全非的尸体，逃逸的司机到案后说根本不知道撞了人，而死者的亲属却指责司机故意放火烧人，要求杀人偿命……

草原·女人·羊　　　　　　　　主讲人：吕晓霞　213

她命运多舛，前夫病逝，与儿子相依为命。年近半百，迎来第二春，现任丈夫又撒手人寰。她不仅被指并非丈夫的妻子，还被大伯子霸占了所有财产……

吃出横祸　　　　　　　　主讲人：覃　舸　225

单身女子的家人和邻市一对夫妻忽然身患怪病，辗转多家大医院却连病因都无法查出。真凶现身原来是该女子前男友预谋送鸡投"铊"毒，欲借"治病"复合和赚钱……

找老伴被骗百万元　　　　　　　　　主讲人：王周瑜　237

　　她和他素未谋面，仅仅短信传情，她却陷入热恋。为了和他在一起，她花光了所有的积蓄，抵押了所有的房产，但他，却查无此人……

一冲动轧断一条腿　　　　　　　　　主讲人：夏茂林　249

　　他用自己的身体挡在车前，阻止大车离开，因此失去了一条腿，只因对方插队；他强行插队，驾车碾轧他人，可又矢口否认；缺失了一条腿的他，却为对方开脱，要求从轻处罚，这又如何解释？

疏忽大意酿大祸　　　　　　　　　　主讲人：郁华冰　261

　　两名少年骑摩托车撞上工地横着的钢管，大学梦从此遥遥无期。中年男子陡坡驻车忘拉手刹，断送一家五口性命，两场车祸皆因一时疏忽……

曹谨超

　　1985年10月出生,民商法专业硕士研究生。2010年5月参加工作,2012年9月调入景德镇市中级人民法院,现任景德镇市中级人民法院立案庭副庭长。2013年10月成为中央电视台社会与法频道《法律讲堂》栏目主讲人。先后被评为2010年度景德镇市法院系统先进个人、2013年度景德镇市法院系统优秀个人、2014年度景德镇市法院系统优秀个人。其撰写的论文先后获得2010年鄱阳湖生态经济区环境保护学术论文二等奖、景德镇市法院系统第九届学术讨论会二等奖、景德镇市法院系统第十届学术讨论会三等奖、江西省法院系统第二十一届学术讨论会优秀奖。并荣获2015年度中央电视台社会与法频道《法律讲堂》栏目"最高出镜奖"。

法官感悟

我一直以为自己是个再普通不过的女孩,读书的时候很少拿过第一,参加工作以后身边比自己优秀的人更是层出不穷,然而,就是这份"平庸"让我一直快乐而满足地生活着。

直到一个偶然的机会,让我遇见了它——《法律讲堂》"法官解案"节目。2013年10月,我有幸能够参加海选,并最终通过复试,成为《法律讲堂》栏目的主讲人。本以为这只是一件小事,但当2014年7月29日,我所录制的第一期节目《假离婚真圈套》播出以后,我才恍然意识到电视的力量竟是如此强大,它不仅让景德镇法院成为江西法院的骄傲,更让我成为了景德镇法院系统一位小有名气的法官。

随着之后几期节目的陆续播出,我收到了越来越多的观众来信和邮件,我感受到了前所未有的压力。我知道,此时的我,已不仅仅是一名普通的法官,还是身兼重任的"法治传播者"。从未有过的法律人的责任感和使命感,让我不得不认真对待每一个选题,每一次成稿,每一回录像。

在栏目制片人、编辑等工作人员的帮助和努力下,在案件承办法院的大力配合下,在景德镇法院系统、院领导的支持下,使得一个个鲜活的案例能够生动地呈现在电视银屏上,能够影响广大的关注这个栏目的观众朋友,也能够为中国普法事业贡献我们微不足道的力量。在此,我特别想对那些在节目背后一直默默奉献的人说声"谢谢",因为有你们,才让我变得不那么"平庸"。

女网友竟是老大妈

主讲人：景德镇市中级人民法院　曹谨超

执行主编：陈贝贝　　编导：侯旭鸣

这天，王法官正在阅读最近刚接手的一个故意杀人案，"林华，1981年出生于江西某县某村，犯故意杀人罪"，卷宗上说，林华杀害了一个叫李静的女孩。

办了这么些年的案子，王法官知道有太多的年轻人是因为一时冲动而起了杀心，这对于经验丰富的王法官来说，本不足为奇。可是，当翻到卷宗第9页的时候，案卷材料里记录的一句话却引起了王法官的注意："她是我的女友，我对她那么好，她还是不肯接受我，我只有跟她一起死，才能一直对她好。"原来，被杀害的李静竟是林华的女友！可是林华的这句话里却有一处矛盾：既然已经是女友了，怎么还有接受不接受的问题？强烈的职业敏感，让王法官觉得，在林华与被害人李静之间，或许还有什么别的隐情。

王法官继续翻阅案卷，上面写道："她就是一个大骗子，不，不对，她不是骗子，她才是骗子。"林华所说的这两个"她"显然不是一个人，其中一个想必一定是被害人李静，那么另一个"她"是谁呢？林华又是受了怎样的欺骗呢？王法官合上案卷，决定到看守所会见林华，一问究竟。

这天一早，王法官带上庭里的书记员小刘，一起来到了看守所，提审了嫌疑人林华。看守所里，林华知道这回提审自己的是案件的承办法官。坐定后，林华长叹了一声说："法官，李静不是骗子，但我真的被骗了！"说完，林华开始回忆起和李静之间这段似骗非骗的情感。

林华说，他出生在农村，从小在农村长大，小学毕业后，跟着父母在家务农。要不是遇见李静，他觉得自己这一辈子都会生活在农村。

原来，早在六年前，刚学会上网的林华在一次偶然的网聊中，结识了网名为"冷面杀手"的李静。林华说李静当时还是刚刚读大二的学生，也是因为大学的功课比较轻松，才会偶尔到学校机房上上网。林华给李静讲自己在农村的生活，这让同样在农村长大的李静倍感亲切，李静给林华讲她在省城的新鲜事，这让从未走出农村的林华新奇不已。就在一次次的聊天过程中，二人开始互生好感。

提审现场，林华跟法官说，那时，我经常在想，电脑那头的"她"到底长什么样呢？是小家碧玉，还是大家闺秀？是大眼睛，还是小眼睛？是长头发，还是短头发？笑起来会不会露出酒窝呢？

林华说，终于他按捺不住自己对李静的好奇，开口问李静要照片。很快，林华收到了李静发来的照片，照片上的女孩子果然招人喜爱，浓眉大眼，高高的鼻梁，扎个活泼可爱的马尾，笑靥如花，身穿格子衬衫就像是个邻家小妹妹。

看到照片的林华欢欣雀跃，对照片上的小姑娘喜欢的不得了。于是，开始更加频繁地跟李静聊天，对李静的好感也不断上升。而李静也积极地回应林华，很快，两个人在网上开始以"老公、老婆"相称，就这样两人开始了一场漫长的网恋。

随着感情的不断升温，林华渴望见到李静的心意越来越强烈。这天，林华向李静提出想去南昌见见她。本以为李静也会满心期待，却没想到，当他通过网络向李静提出要见面的时候，李静却从那边发来几个字："耽误学习！见面时机还不成熟。"

恋爱中的等待每分每秒都是煎熬啊，虽然很失望，但林华很快调整了心态，自己就是因为家庭条件不允许，没念过什么书。李静既然有机会走出农村，在省城上大学，那就应该好好珍惜，绝不能因为儿女情长，耽误了学业。

于是，林华强忍着对恋人的思念，翘首期盼着李静毕业的那天。在李静毕业前的这段时间，两人继续通过网络传情，保持着网恋情人关系。这场网恋，一谈便是三年多。

终于，2011年李静顺利毕业了！为了和心爱的女人一起庆祝这件大喜事，他再次提出要去南昌见李静。林华以为这次李静一定不会拒绝自己，却不料，这次李静又说，虽然已经毕业了，但学校还有很多杂事要处理，这段时间太忙，没时间陪林华，让他再等等。

林华顿时倍感失落，但转念一想，这么长时间都熬过来了，还在乎这几天吗！不就是一个字"等"吗。就这样，林华又在煎熬中数着日子过了一个月。一个月后，林华想着李静的事应该处理得差不多了，便再一次提出要见李静。这次，李静终于答应了！

"法官，你知道，我听见李静同意见面的时候有多开心吗？三年呀，我等了三年，终于要等到见面的那一天了。"跟法官讲到这儿的时候，林华似乎又回到了那个幸福的时刻，脸上洋溢着喜悦的笑容。

满心欢喜的林华，连夜搭上火车赶赴南昌。一路上，林华满脑子都在描绘着与李静相见后那让人激动的场景，能不能一眼认出她呢？看见她该说些什么好啊，自己的激动会不会吓到她呢？

可是，火车快到站的时候，林华却又收到一条来自李静的短信，李静在短信中说，她接到一个紧急面试通知，机会难得，正在去浙江面试的路上。见此短信，林华犹如兜头被人泼了瓢凉水，正值盛夏，却觉得浑身发冷。

好像能读懂林华的心事，这时李静居然又发来了短信：别难过，我让干妈董阿姨去接你，见到她也算见到我了！

尽管还是觉得失落，可林华转念一想，利用这次机会能见到李静的干妈也不错，先跟干妈熟悉熟悉，没准儿到时候干妈会在李静面前替自己美言几句呢！就这样，林华一下火车，就跟李静的干妈董阿姨取得了联系。董阿姨一见林华也很热情，言谈之间，董阿姨似乎也对林华很满意。

得到了董阿姨的认可，林华更有信心了，便告诉董阿姨，说自己想在南昌待两天，等李静回来！一听林华有这打算，董阿姨连连摆手道：李静面试后可能还得实习两天,不会那么快回来的!你在这儿也没地方住,还是先回去吧!

尽管有种种不舍,但考虑到自己的经济状况,林华只能决定先回去。于是,第二天,林华坐上了返程的火车,回了老家。

回到老家后,林华与李静继续在网络上保持联系,关系依旧亲密如故。林华发现,只要不提见面,李静和他就是一对亲密的恋人;可只要一提见面,李静就东躲西藏,顾左右而言他。追问了几次,李静干脆不跟他说话了。林华心中更加不安起来,莫不是上回董阿姨回去跟李静说了什么,让她误会了?

提审现场,林华告诉法官说:"这时候我越想越急,我等了她三年,可她只在网上和我谈情说爱,始终不愿见我,就这么不明不白的,我心里实在憋得难受,所以我一定要她给我一个明确的态度!"

就这样,这天,林华一个人悄悄地赶到了南昌。到了南昌之后,林华发了条短信给李静,告诉李静她已经到南昌了,要见她。可是呢,李静却半天没有回信,林华又打电话过去,也没人接听。林华急得没有办法,毕竟他在南昌也无亲无故,熟人都没有一个,除了李静他不知道还能找谁,又不知道李静确切的住址,只有傻傻地在李静学校附近徘徊,不停地用手机拨打李静的电话。可是,电话那头却始终无人接听。林华不停地告诉自己,或许是天色已晚,李静已经睡了;又或者是李静跟朋友玩去了,手机没带在身边。

林华手里一直拿着手机,生怕错过李静的任何一条短信,一通电话。终于,过了一个多小时,林华听到手机的短信提示音,他连忙打开手机,发来短信的果然是李静,林华欣喜不已。但是,当他看到短信内容的时候,顿时傻了眼。

只见短信上写着:"林华,对不起,我骗了你,跟你聊天的不是李静而是我!我是董阿姨!但是请你原谅我,我不是有意的,我一直把你当成我最好的知己。"

"当时我就傻了。什么意思?难道一直跟我聊天谈恋爱的不是李静,而是李静的干妈董阿姨?"林华跟法官回忆起自己看到短信的瞬间,还是错愕不已。

网恋的对象怎么是董阿姨呢?接着,林华说,董阿姨通过短信向他解释了这场错爱。

原来,董阿姨退休以后,在家闲来无聊,学会了上网打发时间,董阿姨给自己起名"冷面杀手",开始尝试着网聊,没多久便认识了林华。两人脾气相投,一来二去,越聊越投机。慢慢地,董阿姨居然喜欢上了和林华上网聊天的感觉,似初恋,甜如蜜。

于是,当同样开始陷入这段感情的林华向董阿姨要照片时,董阿姨犯了难:如果告诉了林华真相,自己这么大岁数,林华肯定不干啊!这种甜蜜的感觉肯定就要结束了;可是,如果不告诉林华,林华想要看她的照片,她又该怎么办呢?思前想后,为了维持住和林华的这种甜蜜情感,董阿姨眼珠一转,居然把自己还在大学读书的20岁的干女儿——李静的照片发了过去。林华看过李静的照片之后,自是满意,但他却不知道,坐在网络那头的居然是一个五十多岁的妇人。

就这样,在照片的催化下,两人情感再次升温,居然开始相互以夫妻相称,在网上正式谈起了恋爱。起初,董阿姨只是觉得好玩,可她却发现,随着更深入的交往,林华好像越来越认真了!林华开始不满足于只在网上谈恋爱,他还要求把这种关系发展到现实生活中。

这时,董阿姨慌了。她不知自己该怎么面对林华,也怕真相大白的那一天。于是便告诉林华"时机不成熟"。董阿姨以怕耽误学习为由,让林华等,其实自己在心里盘算,或许等不到三年,林华就厌倦了,到时候两个人也可以顺理成章地冷淡下来。

可让董阿姨始料未及的是,接下来的这三年里,两人非但没有分手,反而感情越来越深了。董阿姨觉得事情发展到最后,已经完全超出了她的想象,就像吸了毒,中了蛊,明知道这样做早晚有一天会露馅,却一直舍不得放弃这段感情。五迷三道的董阿姨这时只有劝自己,船到桥头自然直。

一晃三年过去了，终于不得不要面对林华了，又拖延了几次，没想到林华后来居然不请自来了！董阿姨见实在遮掩不过去了，才向林华坦白了这一切。

说到这里，林华抬起头望向了王法官："法官您能想象到我当时什么心情吗？和我谈了三年恋爱的女网友不是花样年华的大学生李静，而是位五十多岁的老妇人董阿姨！"

林华说，看完了董阿姨的这条短信，他气疯了，拨通了董阿姨的电话破口大骂，并扬言要让她不得安宁。董阿姨见他如此疯狂，一是害怕会惊动家人；二是面对自己这个网上的小情人心里也很是愧疚。为了弥补对林华的亏欠，这时候，董阿姨竟然提出了一个想法：如果林华愿意，可以介绍自己的干女儿，真的李静给林华认识！她告诉林华，现在真正的李静已经毕业了，在南昌工作，还没有找对象。

林华此时叹了口气继续跟法官说道："已经绝望的我听到董阿姨这么说，心中好像又被点燃了希望，能认识真正的李静也行，保不准她也能看上我呢？也许这段谈了三年的恋爱还能继续下去。"于是，林华和李静在董阿姨的安排下相见了。

见面以后，李静的知书达理，落落大方，以及她的友善、客气让林华陷入了幻觉。林华觉得李静就是跟他网恋了三年，朝思暮想，却从未见过面的女网友。

那么，对之前那场历时三年之久的网恋毫不知情的李静，对于这样一个突然闯进自己生活的陌生男子，是什么感觉呢？

林华说，见面之后，李静对他的态度明显不是很热情，他也知道要让李静一下子就接受自己，的确也有点强人所难了，毕竟对于李静而言，林华完全是陌生的。于是，林华开始绞尽脑汁，想出各种方法追求李静。

"可是，她根本不是我认识的李静。"说到这里，林华情绪显然有些激动了。林华告诉王法官，通过几次接触，李静明确告诉他"两人不合适"。后来，李静又很果断地表示让林华不要再打扰她的生活。但此时，林华仍不愿放弃最后一线希望，尽管李静不同意与他继续接触下去，但他还是默默地关注着李静，对她嘘寒问暖，幻想着有一天自己的诚意能够打动李静。

可让林华万万没有想到的是，李静工作后，很快便找了一个男朋友，本地人，也是大学毕业，比李静大两届，两个人很快就陷入了热恋。

林华说，此时，其实他也知道自己无论是学历、家庭还是经济条件，都远远比不上跟李静交往的那个小伙子，也想过就此退出，可这个时候他同时也陷入到自己制造的幻想中，一相情愿地认为，李静就是他谈了三年的女友，一想到自己心爱的"女友"开始跟别人约会、吃饭、看电影、逛街，他就无法控制自己的失落和愤怒。为此他学会了抽烟，没事就跑到酒吧喝酒，身上的钱没几天就花光了，很快便身无分文。

谈起自己当时的处境，林华满脸委屈。网恋被骗，表白被拒，现在连生活都成问题，这时，林华告诉法官说："我想到了自杀。对我来说，活着已经没什么意义了。"

可是，决定好自杀后，林华又后悔了。为什么呢？林华想，毕竟他是真心爱着李静的。如果他活着，还能有人默默地关心着李静，如果他死了，李静在这世上被人欺负，谁能站出来帮她呢！

最终，林华决定：既然不能同生，那么就共死！到了那边的世界，李静也许就完全属于我了！于是，这天，林华便守在李静家楼下，一见李静走出楼道，早有准备的他就冲了上去，无情地朝李静的胸口狠狠地连刺数刀。

林华说到这儿的时候，几乎已经泣不成声："看见自己心爱的女人倒在自己怀中，我很轻松……"林华接着告诉法官，杀害李静后，他来到李静家附近工地的顶楼，准备纵身跳下，与李静共赴黄泉，却没想到被工友看见，把他救了下来。

没过多久，案件如期开庭了，旁听席上座无虚席，许多李静生前的朋友同学都来了，大家都对李静的突然离去感到突然和惋惜，几乎无一例外地视林华为仇人。但是，当听完林华与李静之间所发生的所有故事之后，旁听席上一片哗然，只听见有人在小声议论："李静就这么走了，太可惜了，其实这也怨不得林华,都是李静那个害人的干妈干的好事。""是啊,林华也是受害者,他被网友欺骗了感情,最后才会因为不甘心而杀了李静。李静就更无辜了,明明什么都不知道,却平白无故地丢了性命。那个'干妈'倒好,指不定现在还在外面继续过她的快活日子。""就应该把李静干妈抓起来,让她坐牢,要么让她赔个倾家荡产也行。"

看到这里,读者们可能也要问了:李静的干妈董女士在这个案件中是不是应该承担一定的法律责任呢?

法官解案:刑事责任与民事责任的承担问题 >>>

【诈骗罪】有人问,董女士为满足自己的欲望,欺骗了林华的感情,这算不算诈骗罪呢?我们知道诈骗罪侵犯的对象是公私财物,即仅限于国家、集体或个人的财物。而董女士欺骗林华,并不是为了林华的钱或物,因此,董女士的行为不能构成诈骗罪。

【过失致人死亡罪】还有人问,董女士的行为能不能构成"过失致人死亡罪"呢?从犯罪构成上讲,董女士主观上没有杀人的意思,客观上也没有杀人行为,而且她欺骗林华和林华杀人之间并没有必然因果联系,事情的起因她有一定责任,但是事情发展的最终结果超出正常人预见的范围,因此董女士的行为不能构成过失致人死亡罪。可以说,董女士在李静被害这一案件中并没有刑事责任。

【民事赔偿责任】那么,又有人要问了,董女士不承担刑事责任,总该让她承担民事赔偿责任吧,毕竟是董女士在网络上欺骗林华的感情在先,是她的行为最终诱发了这一刑事杀人案件啊。这里就要跟大家讲,在什么行为下才需要承担民事责任的问题了。

法律上承担民事责任一般必须同时具备四个要件:一是行为人的行为违反法律,即有违法行为;二是行为给受害人造成了损害,包括财产损害和人身损害;三是行为人的违法行为与损害之间有因果关系;四是行为人主观上有过错,即对其行为及损害主观上有故意或过失。

在本案中，虽然董女士利用李静的身份上网与林华聊天，使林华的情感受到了欺骗，最终诱发林华杀害了李静；但是，目前我国并未对董女士的这种行为进行法律上的规定。也就是说，董女士欺骗林华的行为不属于承担民事责任所必要的"违法行为"。我们刚刚说了，承担民事责任必须同时具备以上四个条件，现在第一个条件董女士的行为就不符合，后面几个条件就无从谈起了。因此，董女士是不需要向林华和李静承担民事赔偿责任的。

回顾整个经过，董女士的错首先是错在在网络这个虚拟空间里，不该拿感情当儿戏；其次，当真相败露时，为满足自己的欲望，不该将自己的干女儿拉进这段莫名其妙的关系中。可尽管有错在先，我们却最多只能从道德层面上对董女士之前的这种行为加以谴责，而董女士在法律上既不用承担民事责任，也不用承担刑事责任。

虽然不用承担法律责任，但其实，董女士所背负的愧疚及精神上所承担的压力是常人无法想象的。在林华这个案件第二次开庭之前，法官见到了在女儿陪伴下前来法院的董女士。五十岁出头的董女士看上去好像有六十好几了，人也消瘦得很，脸色难看至极。董女士的女儿说，自从知道林华杀了李静，她整个人都变了，常常一个人自言自语，不知道在说什么，网也不上了，门也不出了。有好几次在家烧饭都忘了关火，要不是发现得早，差点儿引发火灾。前段时间还走丢了，后来是在民警的帮助下费了好大力气才找到的。

会面时，当法官提及林华可能会被判重刑时，本来一直在旁默不作声的董女士却突然歇斯底里地喊道："让我去死，我替他去死，你们抓我吧！"董女士的失常表现让在场的人都震惊不已！董女士的女儿知道自己的母亲不用承担法律上的责任，仍然答应给李静家5万元的补偿，她说希望这么做能替母亲赎罪，现在母亲的精神已经受到了巨大的打击，也算是得到了应有的惩罚。

2013年7月26日，犯人林华被验明正身后，押赴刑场，执行枪决。林华一厢情愿，把恋爱强加于他人，终为一场错爱付出了生命的代价。

法官点评：

回顾这场畸形的"网恋"，也许"网恋"这种形式并没有错，但要知道，如果是恋爱，终归要走向现实。如果，在现实中对他人造成了伤害，就必然要承担相应的法律责任。所以，不管以什么方式谈恋爱，双方必须以坦诚相待作为交往的基础。像董女士那样，将感情视为儿戏，最终也势必会让自己付出惨痛代价；同时，如果你已经陷入一场网恋，林华的经历也给大家提个醒：一定要认真考察对方的背景，理智面对这份感情，当不如愿时，切不可有过激之举，否则最终只能是害人害己！

陈 琛

  汉族，中共党员。2000年毕业于新疆财经大学经济法专业，法学学士，2007年至2009年于西北政法大学学习，获法学硕士。2000年大学毕业后至新疆维吾尔自治区乌鲁木齐市中级人民法院工作，2000年至2010年在少年庭担任书记员、助理审判员，2010年于行政庭任助理审判员，2011年至2013年于民五庭任助理审判员、审判员。2014年于民二庭任审判员，2016年至今任乌鲁木齐市中级人民法院立案一庭副庭长。自2003年至2015年在乌鲁木齐市中级人民法院任团支部书记，团委副书记。2014年至今任乌鲁木齐市中级人民法院新闻发言人，并于2015年荣获全国新闻发言人电视大赛优胜奖。2015年中央电视台《法律讲堂》栏目"法官解案"系列最佳选题奖

法官感悟

我们庭有一个帮困的任务，要对社区一个特困家庭进行长期慰问。这家只有一位瘫痪在床的母亲，和一个不满十周岁的女儿。每次我们去，总是带一些生活用品，主要是米、面、油什么的，可是那小女孩都不欢喜。后来我们发现，小姑娘从不奔跑，开始我以为孩子有病不活泼，仔细观察才发现她一年四季总穿着双特别大的鞋，再去时，就给她买了双合脚的运动鞋带去，小姑娘特别高兴，一直送我们出了家门。据说当年上海滩的杜月笙想要接济名噪一时的章太炎，上门去又怕臊了章先生的面子，只将一张银票折成个小方块，押在茶碗下面，只说客套的话就离开。看似不相干的两件事却说明了一个道理，无论多么热诚、善良的理由，无论多么正确、有据的道理，都需要用一种对方可以接受的方式表达。

我在法院工作近十七年，写了千余份判决书。通过判决，我希望告诉看到它们的人，对于这件纠纷、对于这类纠纷我们是如何处理的。为此一份判决我们要校对五遍，自己还要读了又读。2013年起我们的法律文书开始上网，也是希望每个人，都能在网络上看到它们，我们想用这一份份判决书，讲理释法。有一天在单位转角的小店，老板娘看了我一会儿，突然拉着我的手说："你是不是在法院工作呀？你就是那天在《法律讲堂》节目上讲法的法官吧，你讲了一个母亲杀死孩子的事，讲得特别好，这个节目我特别爱看，这些法律也挺有意思的呀！"这番话让我深思，仅仅做好自己的工作，也许还不足够，如果我们的目的是让老百姓知法懂法，学法用法，那么用老百姓可以接受的方式讲法，才能让我们这些法官鲜活起来，让法律在百姓的生活里真实起来吧。

分手要人命

主讲人：乌鲁木齐市中级人民法院　陈琛

执行主编：郝燕飞　　编导：李威

2013年9月17日晚上七点多，南方一座城市的一个小区里，吃完晚饭的住户纷纷下楼来散步乘凉。突然，2号楼前一名男子从天而降，重重地摔在了水泥路面上。还没等途经的居民回过神来，这名年轻男子又迅速爬起来，一瘸一拐地奔出了小区大门。这时，3楼窗口前的一名男子探出头来，指着刚刚跳下楼来的那名男子大喊着："他跑了！快报警！"

看到这一幕，围观的群众越聚越多，推测说刚刚跳楼的男人肯定是个小偷，不然怎么能冒险从3楼跳下逃跑呢？几分钟之后，警车和救护车先后赶到了现场。只见在2号楼1单元302室的沙发上，一个年轻的女人赤裸着下半身躺在沙发上，脸上显出惊恐的表情，却已经没有了呼吸。

这个刚刚死去的女孩儿叫张慧，今年22岁，是302室的租户。报警的是她的姐姐张丽和同事刘强。那么，害死张慧的究竟是不是刚刚夺窗而逃的人呢？他究竟是谁？为何要害死这个年轻的女孩儿呢？

在案发现场，警方对张丽和刘强两人做了简短的笔录。两个人情绪十分激动，他们说害死张慧的就是刚刚跳窗逃跑的男子，但他却并非是什么小偷，而是死者张慧的前任男友胡兵。张慧是半年前来到这个城市的，她背井离乡来到这儿，正是为了躲避胡兵的纠缠。可是没想到最终却死在了胡兵的手里。而这两个人反目成仇的原因，就要从那场对于死者张慧而言如同噩梦一般的恋爱说起。

胡兵和张慧是在两年前的一场朋友聚会上相识的。当时胡兵23岁，在一家电脑维修店打工,而张慧那时20岁,读大学三年级。初次见到胡兵,张慧就被他出众的长相吸引住了,那是一张如偶像剧男主角一般冷峻精致的脸。在聚会上,张慧总忍不住盯着胡兵的脸发愣,然而直到聚会结束,两个人也没有说过话。可是令张慧没想到的是,第二天一早胡兵竟然出现在了她的宿舍楼下,并且从那一天起对张慧展开了疯狂的追求。张慧本来就对胡兵一见倾心,她简直不敢相信自己心中的白马王子会如此主动地来追求自己,张慧觉得这幸福来的真是太突然了,她很快就答应了胡兵的追求,两个人正式成为了男女朋友。

恋爱的开始总是甜蜜的,无论有多少摩擦,两个人总能很快和好。而且时不时地,胡兵还总会给张慧一些小惊喜,这让张慧身边的朋友都羡慕不已。张慧享受着胡兵的呵护和宠爱,她觉得自己如同掉进了蜜罐一样,甜蜜极了。两人在交往半年后便同居了。然而令张慧没想到的是,这段看似美好的爱情竟然慢慢开始演变成了一场噩梦。

就在两个人同居的半年后,一个阳光明媚的下午,张慧从学校下课后,在租住的小区附近的菜市场买了菜,准备回家给胡兵做饭。当她走到家门口时,看到楼梯间里一个打扮妖艳的女人斜靠在楼梯扶手上一直盯着她看。张慧被盯得浑身不自在,她犹豫了一下,收起了刚拿出来的钥匙,后撤了一步低声问道:"请问您找谁?"那个女人背靠着扶梯双手交叉,瞥了一眼张慧仰起头答道:"你,或者你男人都行。"听到她轻蔑的回答,张慧这时候心里有点儿不高兴了。虽然张慧还是个没出校门的学生,可她隐约觉得这个女人做的并不是正经行当。张慧说了声我不认识你就想往楼下走,结果被女人伸出手臂给拦住了。张慧被这个女人用手压在墙角,鼻子被她身上浓重的劣质香水味熏得直发昏。"小姑娘,你是不认识我。我呢,也就不跟你在这儿卖关子了。昨晚你男人带我出了台,结果大半夜的居然趁我洗澡开溜了。钱可还没给呢,要不你替你男人付了?"听到这番话,张慧脑子嗡嗡作响,昨天晚上胡兵确实凌晨才回家,可她无论如何也不会相信自己的男朋友会跟这样的女人跑出去开房。张慧愤愤地看着这个女人,刚要说话,胡兵恰巧下班回家了。他抬头看到张慧和她身边的女人，突然神情紧张，转身要下楼去。这时那个女人说话了："哟，昨天晚上跑一次了，今儿还要接着跑啊。你说你累不累啊？连我们这种人的辛苦钱都不想给，你也不怕天打雷劈！""你，你怎么会找到我家的……你可别瞎说，我哪欠你钱。"看到胡兵此刻紧张的神情，再加上他所说的话，张慧感觉自己的心顿时被撕得粉碎，心中的愤怒一下涌了上来。她打开钱包，拿出里面全部的530元，扔在了那个女人身上："这个够不够？"那个女人拿着钱，看了看："哼，早这样不就得了。管好你的男人，小妹妹。"说完就下楼离开了。

老旧狭窄的楼梯间里，张慧和胡兵隔着半层楼梯对立站着。此时的张慧早已泪流满面，她怎么也没想到胡兵会是这样一个人。胡兵犹豫了一会儿，快步跑上来要帮张慧擦去脸上的泪水。张慧用力推开了胡兵的手臂，扔下手中的菜跑下了楼。张慧哭着在街上走了很久，她没想到表面上对自己百般呵护的男朋友竟然会背着自己做出这种下三烂的事儿。她下定决心要和胡兵一刀两断。张慧身上的钱全都给了那个女人，她没有别的地方可去，只能去找姐姐张丽寻求帮助。

听了妹妹的哭诉，姐姐张丽气得不行，她觉得胡兵小小年纪就品行不端，染上这种不良嗜好，便坚决让妹妹跟他一刀两断。在姐姐家住了一段日子，张慧的内心终于渐渐恢复了平静。然而就在此时，又一个消息彻底击碎了她的新生活。张慧怀孕了。这突如其来的消息几乎让张慧崩溃了。她反复地问自己究竟是为什么？自己到底做错了什么，才招来上天这样的惩罚？张慧不敢把消息告诉姐姐张丽。他们那样一个传统的家庭，是绝对不会原谅自己做出未婚先孕这样的丑事的。她只得在姐姐发现之前找借口又搬回了宿舍。可是当她走到宿舍门前，却看到了惊人的一幕。楼门口的树上挂着一幅白布横幅，横幅上用红色的字写着，小慧，原谅我，我爱你！横幅下胡兵盘腿坐在地上。张慧走近一看，吓了一跳，那字的红色不是墨水，是血！胡兵的左手手腕，用纱布包着，看到张慧走过来，胡兵疯了一样冲过去死死抱住她。"你怎么消失了那么久？我错了，我以前确实不是什么好人，但是自从遇到你之后我真的在努力改变自己。我那天,就是跟朋友喝多了才犯的错。我发誓一定再也不会碰别的女人。小慧,我求求你,我真的不能没有你,你原谅我好吗?"来往的人都驻足观看他们,张慧低头看着胡兵,她不知道该怎么办,只是那血写的横幅让她一阵阵恶心头晕不已,她挣开胡兵跟跄了几步,摔倒在了地上。

　　胡兵见张慧昏了过去,急忙抱起她送到了学校卫生站。经过检查,校医十分严肃地告诉胡兵张慧怀孕了,让胡兵带张慧回去并等待学校处理。胡兵完全没想到张慧会怀孕,但他觉得这是一个好机会,张慧有了自己的孩子,就只能和他一起生活。没等张慧同意,胡兵就连拖带拽地把张慧带回了家,并要求她躺在床上,不许出门,还把张慧的手机也拿走了。张慧无论怎么说怎么闹,胡兵就是不理她,就一句,和我好好过,安心把孩子生下来,别想别的。

　　而姐姐张丽呢,见妹妹张慧突然不辞而别,电话又打不通,就赶忙来到学校打听张慧的下落。当她听说妹妹怀孕了,还被胡兵带走时,气不打一处来,同时她心里也暗暗发慌。她不知道是张慧得知怀孕后又跟胡兵重归于好了,还是被胡兵给强行带走的。张丽决定立刻到妹妹以前和胡兵租住的出租屋去看看。张丽敲了半天都没人来开门。张丽在门外喊张慧的名字,她听到里面发出"咣咣咣"拍木门的声响和妹妹的呼喊声。警觉的张丽立刻报了警。当警察赶到撬开房门后,发现张慧被反锁在卧室内,见到姐姐,张慧大哭起来,她向警察和姐姐诉说了被胡兵强行带回家并关押起来的经过。

　　警方立刻前往胡兵的工作地点逮捕了胡兵,在警察局里胡兵再次见到了张慧。只不过两个人之间隔着一道坚固的铁栅栏。胡兵显得特别激动,他用力摇晃着栅栏,疯狂地喊着:"小慧你不要离开我,我不能没有你,你和你肚子里的孩子也不能没有我,我们结婚好不好?"张慧哭了,此刻胡兵那张英俊的脸因为激动而显得扭曲,张慧绝望地对他说:"你放了我吧,我不爱你了,再不想和你一起了。"

　　张慧觉得胡兵虽然伤害了自己,但毕竟是出于对自己的爱,而且他也没有对自己造成大的伤害，就放弃了对胡兵非法拘禁的控诉权。她和姐姐张丽回到家中几天后，就去医院做了人流手术。当身体恢复之后，张慧也正式毕业了。

毕业之后的张慧决定要离开这个伤心之地，彻底摆脱胡兵的纠缠。于是就拜托姐姐张丽联系了家里的亲戚，在沿海城市给张慧找到一份工作，安排了一个住处。2013年的夏天，张慧带着满身的伤痕来到陌生的城市，开始了全新的生活。好在新工作很不错，老板对她也格外照顾，渐渐的张慧开始有了笑容。有了新的生活，张慧觉得自己和胡兵的关系也就画上了句点。但她万万没想到，胡兵仍然没有死心，而他们之间的故事也远比她想象的更为波折复杂。

十一月份的一个周末，姐姐张丽张罗了一大堆的生活用品来看张慧了。姐妹相见自然是分外欣喜。但是相聚的时间总是短暂的。转天下午张丽就再次坐上火车赶回了自己所在的城市。

第二天是周一，张慧一大早吃过早餐就步行往单位赶去，忙碌的一周又要开始了。张慧正在埋头整理公司报表，她突然觉得有个人站在自己面前，本以为是部门的经理又有任务要分配给她。谁知道一抬头才发现，站在她面前的竟然是胡兵！

此刻的胡兵正愤怒地盯着她，张慧感觉胡兵灼热的眼神好像要把自己给烧死一样，她赶紧低下头，全身因为恐惧而不自觉地开始颤抖。

"张慧，你可真够狠心的。为了躲我跑到这么远的地方来。不过我告诉你，你是我的人，你就是跑到天涯海角我也能把你给找出来。"听到这句话，张慧打了个寒战，低着头不说话。胡兵的话却引来了办公室所有人的注意。一个年轻的男同事走了过来，问张慧是怎么回事。看到张慧满脸泪痕，面露惊慌，几个人赶紧上前把胡兵往外赶。胡兵上来就给了拉他的男人一拳，说："你少管闲事，张慧是我的女朋友。"眼看着几个人就要跟胡兵打起来了，张慧突然站起来歇斯底里地喊道："胡兵，我求求你放过我！我真的不爱你了，因为你我已经被学校开除了，我现在什么也没有了，我就想要安安静静的生活。我就是死也不会跟你在一起,你放弃吧!"听到这话,胡军也愣住了,他憋得通红的脸上也留下了两道泪痕:"我告诉你张慧,分不分手你说了不算。"几个保安闻声赶了过来,架起胡兵就往外拖。

胡兵走后,部门经理来询问了一下张慧的情况,看张慧情绪不稳定,就提出让她回家去休息一下。而一个一直就很喜欢张慧的男同事刘强就主动提出来要送张慧回家,免得她再被骚扰。刘强直到张慧进了屋,锁了门才离开。

张慧这一天是又惊又怕,锁上家里的大门又锁上了自己的房间门,一直躲在里面不敢出来。她把这事儿告诉了姐姐,张丽一直觉得胡兵可能心理上出了些问题才做出了那么多偏激的行为。自己刚刚离开,胡兵就找到了张慧,张丽觉得胡兵很可能是跟踪自己才找到了张慧的住处,这个胡兵可真是太可怕了。张丽当即跟单位请了一周的假,回家收拾了一些衣服和日用品,就往妹妹家赶。

晚上五点多刘强下班了,他这一整天都在担心张慧,就在路上买了点水果和饭菜打算再去看看张慧。刘强敲门,张慧紧张地趴在房门上听了半天,听出是刘强的声音才放松了下来,赶忙打开了家门。刘强看张慧精神状态比早上好了许多,又听说张慧的姐姐正赶来陪她就放心了许多,把带来的水果和饭菜放下就离开了。

刘强走了没多久,张慧发现,刘强的钥匙落在了家中的桌子上,正打算给刘强打电话,房门突然响了,张慧想一定是刘强回来拿钥匙,没问来人是谁,就打开了房门,但让她没想到是,门口站着的不是刘强,却是胡兵。胡兵没等张慧反应过来,就进了屋,回手关上房门。张慧看到胡兵心里害怕极了,赶紧向后躲,胡兵上前一把将张慧抓住,将她按倒在沙发上,张慧还没来得及说话,就被胡兵的手捂住了嘴,胡兵面目狰狞地在张慧耳边说,你果然是跟别人好上了!你这个无耻的女人,我一心爱着你,你却变心和别人好上了!说着按在张慧脸上的手更加用力了。张慧喊不出声,只能用力挣扎,却抵不过胡兵的力气,她的眼泪顺着眼角往下流,她后悔当初没有让胡兵的犯罪行为得到法律的惩罚，她下定决心这一次一定要把胡兵绳之以法。但她没有机会了。胡兵开始用力地撕扯张慧的衣服，张慧则拼命反抗。而这却激发了胡兵更大力量的压制。当胡兵发现身下的张慧没有了动作，再起身看时，张慧已没有了呼吸。平静下来的胡兵看到张慧一动不动地躺在那里，他像触电一般打了一个寒战，脸色煞白地呆立在原地。

突然，张慧的手机响了，是刘强打来的。刘强到了自己家门前，才发现钥匙放在张慧家里了，就给张慧拨电话，但电话响了两声，被挂断了。不一会儿张慧传来一个信息，我不舒服已经睡下了，有事明天再说。

此时刘强已经来到张慧居住的小区门口，他在楼下徘徊了半天，上不上去呢，张慧已经睡了自己再去敲门有点唐突。但不去自己的钥匙拿不到，回不了家啊。但刘强一抬头看到张慧家中的灯是亮着的，他再次拨打了张慧的电话，电话关机了。他担心张慧的安全，决定上楼。

而此时胡兵确认了张慧已经死亡之后，他的内心害怕极了。他又翻了翻张慧的包，将里面的几百元钱装进口袋，他知道他回不了家了，他要开始逃亡之路了。正在此时，突然他听到有人在敲门，胡兵的心一下被提到嗓子眼儿，他不敢发出一点儿声音，只盼着来人快点儿走，他侧耳听着门外，是一个男人在说话，估计来人正是刘强。让胡兵意外的是，他还听到了张丽的声音，张丽跟刘强说有张慧家的钥匙。胡兵吓得不行，他想从里面反锁门，可是把自己锁在里面早晚还是会被人抓住，他急得四处转，一眼瞥见了开着的窗户，他走到窗前还在想三楼的高度会不会摔死，却突然听到了开门声，他也没时间思索了，纵身一跃就跳了下去。

刘强、张丽开门看到张慧半裸着躺在沙发上，表情狰狞而痛苦。张慧的包内物品散落了一地，房内窗户大开着，刘强急忙跑向窗口，看到一个男人一瘸一拐地向小区大门跑去，"小慧！小慧！"张丽扑在张慧身上呼喊着，刘强回头急切地呼喊哭泣的张丽打电话报警。这就是本案开头发生的那一幕。

胡兵不久就被警方抓获了，可张慧却再也醒不过来了，张丽万万也没想到，妹妹竟会因为一段失败的恋爱，葬送了自己年轻的生命。

不久之后，案件开庭审理了。法庭上胡兵平静地坐在被告人的位置上，依然面容俊美，可法庭中所有的人关注的都是这样一张俊美面容下那丑恶的心。法庭审理过程中，被告的辩护人认为胡兵是在意识混乱的情况下，失手杀害张慧，其前往张慧家的原因是为了和张慧恢复恋爱关系，他深爱张慧，不希望致张慧死亡，不构成故意杀人罪，应当认定为过失致人死亡。公诉人则认为，胡兵因爱生恨，明知长时间扼压张慧颈部会使其窒息，仍对张慧实施加害行为，应当认定为故意杀人罪。

法庭上，公诉人与辩护人你一言我一语针锋相对，他们所说的似乎都有道理。那么对于胡兵的罪行，法官究竟应该如何认定呢？

法官解案：过失致人死亡罪与故意杀人罪的区别 >>>

首先让我们一起来了解一下过失致人死亡罪与故意杀人罪之间的区别。通常情况下，区分这两类犯罪的关键在于被告人的主观心态不同。故意杀人罪的犯罪中，犯罪嫌疑人明知自己的行为会造成被害人死亡的后果而仍然积极追求或放任该结果的发生。而过失致人死亡罪的犯罪，嫌疑人的主观心态虽然也是明知自己的行为可能会造成被害人的死亡，但却轻信可以避免或疏忽管理自己的行为，也就是说嫌疑人在主观上是希望避免死亡结果发生的。

主审法官听取了双方的辩论意见，并结合相关证据和案卷资料，对被告胡兵在实施犯罪时的主观心态做了深入的分析。法官认为，被告在作案过程中不顾被害人的挣扎，长时间用手捂住被害人张慧口鼻使其窒息，被告在实施犯罪过程中意识清醒，对其行为会致张慧死亡的后果应当明知，却因爱生恨，积极追求导致张慧死亡结果的发生，其行为符合故意杀人罪的构成要件，最终判定被告人胡兵的行为构成故意杀人罪，依照刑法第二百三十二条之规定判处死刑，剥夺政治权利终身。

法官点评:

　　法律给了胡兵一个公正的判决,可张慧这个原本含苞待放的鲜活生命已经再不能微笑了。如果张慧在她被胡兵非法拘禁时就能拿起法律的武器来维护自己的权益,也许胡兵就不会因为张慧的软弱而再次伤害她,她的一再忍让,放任了胡兵的行为,却最终将自己推入了死亡的深渊。而胡兵呢,如果他能够及时从恋爱的心魔中清醒过来,懂得放弃和成全,也就不必付出偿命的代价,或许此刻的他已经找到了真正属于自己的幸福。

陈 军

1969年11月生,中共党员,历任北京市房山区组宣科科长、执行二庭庭长、新闻办主任、政治处副主任、窦店法庭庭长,现任新疆维吾尔自治区和田地区中级人民法院党组成员、副院长、审判委员会委员。

法官感悟

掐指算来，我进入法院工作已有二十六年了，算是房山法院的"老人"了，但是对于共和国与法院共同走过的六十几年岁月，这二十六年又算什么呢？1990年，在我刚进法院做书记员的时候，办公设备很简陋，法律文书需要油印，开庭还是手记，经常是一次庭审下来，我就变成了"花脸猫"。从2000年开始，房山法院乔迁"新居"，巍峨的办公大楼拔地而起，宽敞的办公室、审判法庭都配备了先进的自动化办公设备，到现在"互联网+"时代，整个北京市法院研发了科技含量很高的"智慧云"系统，大大提高了法院的工作效率与办案质量。这一切说明了时代在发展，国家在发展，法院也在发展。见证了这一切，我内心既骄傲，又自豪。

与此同时，我也发现这几十年来，有些东西始终没有改变。比如，在办案过程中，坚持"三心"，从根本上解决矛盾，真正做到司法为民。我所在的窦店法庭，审理的大多是邻里之间的鸡毛蒜皮，案件审理过程中要保持"爱心"、要有"耐心"、坚持"诚心"，以传统美德和仁义礼智教化群众，以真情实意服务群众，缓解当事人针锋相对的态度，为矛盾的解决打下基础。

"余将董道而不豫兮，固将重昏而终身！"回首二十六年的工作生涯，我知道一名法官最可贵的在于将公平正义珍藏于心中。我深爱着法官职业，愿把自己的一生奉献给追求正义的事业。

请客惹来的官司

主讲人：北京市房山区人民法院 陈军

执行主编：陈贝贝 编导：侯旭鸣

中国酒文化源远流长，劝酒经常被坊间当成一种待客之道。不把客人喝倒、喝"好"，主人就会感觉自己没有尽到待客的义务，如果客人不喝，则更会被指责为"不识抬举"，甚至导致整个宴会的不欢而散。殊不知因为劝酒让人不醉不归，或者客人醉酒后主人没有照顾好，最终导致客人酒后出事，都将会承担相应的法律责任！下面，我就为大家讲两件一起喝酒喝出的事儿。

某年八月下旬，正值莘莘学子即将踏入大学之际。年过四十的老孟正坐在客厅里，和老婆王红商量着送儿子去上海读大学的事。这时，门铃突然响了，一封法院的邮件送到了老孟手中。

"法院怎么会给我寄东西呢？"老孟一边嘀咕，一边快速地拆开了邮件，看了一下里面的东西。这一看不得了，老孟的脸色那是白了又黑，黑了又白，还没看完就气得直打哆嗦。

原来，一个多月前，老孟为了庆祝儿子考上名牌大学，请朋友喝酒，其中一个朋友何春光，喝完酒非得自己开车回家，没想到路上竟出车祸死了！如今何春光的老婆儿子等家属，将老孟及当天一起喝酒的另一个哥们儿李雷一起告上了法院，说何春光出车祸前与老孟、李雷两个人喝过酒，后来出了事与他俩脱不了干系，要求两个人赔偿丧葬费、死亡赔偿金、生活费等各项损失九十多万元。

请客吃饭，我负责花钱埋单，何春光就负责张张嘴，按理说，酒宴散去，就自个儿顾自个儿了。可何春光酒宴散后自己不小心出了事，如今怎么能让我赔偿损失呢。对此，老孟愤愤不平！老婆王红见状更是一脸不解："你倒说说，你给儿子庆功，怎么就庆出场官司！"老孟面带愧疚，就将来龙去脉向不知情的老婆和盘托出。

一个月前高考放榜，老孟的儿子分数高出重点学校录取分数线足足有二十多分，幸运地被上海一所重点大学录取了。收到录取通知书后，老孟非常高兴，赶紧给自己的好哥们儿李雷打电话分享喜悦，并借此机会邀请李雷晚上小聚一下，自己做东，在两人常去的一个酒馆不醉不归。

对于老公的安排，王红虽然有点不高兴，知道老孟就是想找机会喝两盅，但因为儿子考上一所好大学心里高兴，也就没怎么阻拦，只例行嘱咐了一下："不要喝太多，晚上早点儿回来啊！"也就答应了。

得到老婆的允许，老孟心里那叫一个高兴。前几年，因为自己三天两头出去喝酒，经常喝得醉醺醺，两口子没少因为这事吵架拌嘴。这两年，因为儿子上高中，学习压力大，周六日还要去上辅导班，力争能考个好大学。于是，两口子无论在心理上还是经济上，压力都非常大。老婆两年多都没怎么添置新衣服，老孟也就自觉地少喝酒了，偶尔忍不住，也就偷偷小酌一杯。今天终于可以正大光明地喝顿酒，老孟能不高兴吗？

七点多钟，老孟就兴冲冲地到了酒店。这时李雷已经在酒店等他了，而且酒桌上还多了一个不请之客——何春光。对于何春光，老孟不是特别熟悉，两个人只是点头之交。今天，何春光正好在李雷家闲坐，听说老孟请客吃饭，便开上车，拉着李雷来蹭饭了。

酒桌上只有三个大男人，大家说话、喝酒无所顾忌。不到一个小时，五六瓶啤酒、半瓶白酒就没了。饭吃到一半也就是晚上九点左右，喝得有些醉醺醺的何春光接到了老婆的电话，便跟老孟他俩打了一个招呼，说要先回家。见何春光喝的不少，老孟提了一句不要自己开车了，打个车回家吧。但是何春光不以为然，坚持要自己开车回家。没有多想，老孟和李雷就随他开车走了。送走何春光，老孟和李雷又继续唠嗑、喝酒。直到酒店快打烊时，两人才各自打车回家。

回到家以后，老孟倒头就睡，直到第二天中午才从床上爬起来。洗漱完毕，吃了点儿饭，老孟打开手机，不看不知道，一看手机，发现李雷竟然给自己打了十几个电话，并发了一条短信，让老孟看到后马上给他回电话。

不知道啥事的老孟赶紧给李雷回了一个电话，这一回电话才知道，昨天晚上何春光开车回家，出事了。何春光因为醉酒反应慢，在躲闪对面来车时，撞上了路边的石墩，这还不是最惨的，最惨的是车速快、拐弯大，在撞上石墩后，车竟然翻了，何春光直接被砸在了车底下。路过的司机见状立即报警，何春光当即被送到了医院的重症监护室，现在生死不明。

得知消息后，老孟心里咯噔一下，虽然车祸本身与自己无关，但毕竟出事之前和自己一起喝过酒，而且还是自己做东，说不闹心那是不可能的，生怕何家人钻牛角尖跟自己折腾。思量来思量去，老孟还是约上李雷，背着媳妇给何春光家属送去了1000元钱，表达了自己一点儿心意，也算求个安心。因为怕老婆担心，破坏了送儿子上大学的好心情，老孟也就没有跟王红说。王红因为忙着给儿子准备上学的事情，也没有注意到老孟的反常。谁知，两天后，受伤严重的何春光竟没能死里逃生，还是驾鹤西去了。

从李雷那里知道何春光的死讯后，老孟半天回不了神。想到两天前还跟自己把酒言欢的一个人，竟然说没就没了，心里的感慨不是一星半点。同时，他也是忐忑不安，生怕何春光家人想不开跑到自己家大吵大闹，直到听说何春光已经下葬，家属没说什么后，才松了一口气，开始和老婆一起商量儿子上大学的事儿。

本以为这件事就这样不了了之了，前两天老孟竟然接到了一个自称法院的电话，说有人告他让他去法院一趟。当时老孟以为是诈骗电话，没听两句就挂了，那个号码又打了几次，老孟不是没有听见就是根本不接。没想到，今天法院的传票竟然到了，看来何春光的家属不是没有反应，而是人家办完丧事腾出工夫，便将自己和李雷告到了法院。

跟老婆交代清楚了事情的来龙去脉，老孟赶紧给李雷打了一个电话，电话那头的李雷果然也接到了法院传票，直喊冤呢。一商量，两人决定还是先去法院说明一下情况，也听听法官的看法。

第二天，两人来到法院找到了案件的承办法官。

"赵法官，何春光出事我们哥俩心里也不好受，我们只是凑巧在一起喝了一顿酒，喝酒的钱还是我付的。他酒后开车，撞上石墩子丢了命，跟我俩有什么关系？况且，他开车回家之前我和李雷还劝了，他自己不听啊。"见到承办此案的法官，老孟把自己心中的委屈与不解一股脑儿地说了出来，希望得到法官的理解。

对于老孟的反应，是在赵法官的意料之中的。近两年，赵法官已经审理了好几起朋友一起喝酒，相互劝酒，酒后有人开车出事，受害者或者家属最终把一起喝酒的人告上法院，索要赔偿的案子。成为被告的人大都非常愤怒，不明白自己好端端地喝顿酒怎么就成了被告，面临巨额索赔？就像老孟说的，他何春光喝多了酒，非要开车回家，大伙儿该劝的也都劝了，最后还是出了事儿，难道这也得负责吗？我们一个个来分析责任。

先看何春光，自己酒后开车回家，老孟和李雷进行了一定的提醒和劝阻，可他自己仍然坚持。作为一个成年人，他明知酒后开车就有发生危险的可能，但是心存侥幸，还是这样做了，由此引发了严重的损害后果，这样他自己将承担主要的法律责任。

那么老孟和李雷还需不需要承担责任呢？

放在这个案例中就是说，如果老孟、李雷因为有过错，而侵害了何春光的相关权益，就应该承担责任。那么老孟、李雷在这一事件中，究竟有没有过错呢？

大家都知道，喝酒以后，人的反应能力会大大降低，如果开车的话，发生危险的几率就会大大提高。所以，同桌喝酒，共同饮酒人就有一个"提醒、劝阻"的法律义务。如果共同饮酒人没有尽到这种注意义务，那么他就有一定的过错。如果共同饮酒人不仅没有提醒、劝阻，反而劝酒、敬酒，让饮酒者过量饮酒，那么他的过错就大一点。

也就是说，老孟和李雷知道何春光是开车来的，为了何春光的人身安全，两个人就应该提醒何春光"开车不喝酒，酒后不开车"。如果两个人没有提醒和劝阻，在法律上就是不对的，存在不作为的"过错"。如果两人不仅没有提醒、劝阻，反而还劝酒，那就是错上加错，在法律上就应该多承担一点儿赔偿责任。

听法官这么一说，老孟和李雷都陷入了沉默。过了好一会儿，老孟像是突然醒过神来："赵法官，我承认我请何春光喝了酒，但是我和李雷没有劝他酒啊，是他自己喝醉的，所以我和李雷是不是就不用赔这么多钱了？"

一旁的李雷听老孟这么说，也赶紧很有默契地补充："是呀，我们只是一起喝酒，没有劝酒，而且何春光临走时，我俩还提醒他不要开车。他们家属要这么多，是不是没道理啊？"

是的，如果老孟和李雷没有劝阻何春光不要喝酒，是需要承担一定责任。要真像老孟和李雷说的，两人没有主动劝何春光喝酒，那么两人所承担的责任相对要小一些。看来，喝酒过程中究竟有没有劝酒，将是本案责任大小划分的关键。

赵法官送走老孟和李雷之后，就赶紧拿出自己从酒店调取来的当晚的监控录像，仔细研究起来。

整个监控录像大概有将近两个小时，晚上七点到八点这一段时间的画面比较单一，基本上就是三个人坐着边聊边吃，时不时地自己给自己填一杯酒，喝之前互相举杯示意一下。其中老孟和李雷喝的比较多，何春光喝的少一点。但是，在八点到八点半这段时间，酒桌上气氛明显变得热闹起来。老孟开始站起来，给何春光和李雷敬酒，并拿着酒瓶给两人满酒。在老孟第二次给何春光满酒时，画面显示何春光连连摇头，并用手挡住酒杯，老孟拿着酒瓶说着什么，然后何春光拿出车钥匙摇了摇，但是老孟没有离开。这时候旁边的李雷走过来，把何春光的手从酒杯上拿开，老孟接着倒满了酒。满了第二杯酒后，接下来的半小时内老孟又给何春光满了两次酒，李雷也敬了何春光一次酒，何春光最终都喝了。八点三十七分时，何春光拿着手机走了出去，大概过了五分钟走进来，跟老孟他俩说了几句话，拿着车钥匙就走出了酒店的大堂，随后老孟和李雷也跟着出去了。老孟给何春光满酒、何春光挡酒杯拿钥匙、李雷把何春光的手从酒杯上拿开、老孟接着满酒……这几个关键情节都足以说明老孟、李雷两人存在劝酒行为，只是老孟情节较重，李雷情节较轻。

开庭当天，赵法官将这段视频当庭展示，并特别将老孟、李雷几次主动给何春光斟酒的情节指给了他们看。老孟和李雷看了以后都不说话了。两人耳语了一阵，在庭审结束时，同时提出能不能调解一下。

一个星期后，老孟、李雷、何春光家属等人坐在了法院调解室。赵法官先告知老孟、李雷以及死者何春光应当在此案中承担的法律责任。在确定到场所有人都愿意接受调解的意向下，计算出来何春光死亡的合理损失包括死亡赔偿金、被扶养人生活费、住院费等共计九十万元出头。

何春光作为肇事者，自己应该承担主要责任；老孟作为宴席的发起者、主要劝酒人应该承担一定责任，李雷虽有劝酒行为，但劝酒情节较轻，酌定承担部分责任。最后，赵法官算出了一个大概数额：老孟赔十三万，李雷赔偿五万元。

对于赵法官给出的赔偿数额及责任划分，何春光家属、老孟、李雷没有反对，纷纷在调解笔录上签了字。老孟、李雷也在七八天后就给何春光家属送去了赔偿款。

请客喝酒，请客的人热情地劝了几杯，被劝的人贪了几杯，同桌饮酒其他人帮了几句，于是酿成了一场悲剧，失了财、丢了命，让人唏嘘不已。老孟的事儿告诉我们，同桌饮酒千万不要劝酒。

可就算没劝酒，一起喝酒的人中还是有人喝醉了，在回家的路上出了事儿。酒席散后，我们应该怎么对待这些喝醉酒的朋友，才不负法律责任呢？您别急，看看下面刘大虎遇到的事儿，您心里就有谱了。

今年已经三十五岁的刘大虎有了孩子不容易。两口子从三年前就打算要孩子。准备了半年，媳妇肚皮一点消息也没有。没办法，两口子看了中医看西医。折腾了一年，媳妇终于有了身孕，十月怀胎，生了个大胖小子。刘大虎这下高兴坏了，媳妇刚出院就把儿子满月宴的酒席订好了。

满月宴这天，刘大虎和父母、岳父母一起来到酒店招呼客人，儿子因为太小和媳妇一起在家待着没来。大虎的人缘不错，亲朋好友一大堆。宴席到一半时，大虎一个在外地出差的发小吴洋才匆匆赶来。

"大虎，哥们儿够意思吧，我今天回来连老婆都没见，就来到你这儿，怎么样？"吴洋和大虎开着玩笑。

那天吴洋简直比大虎还高兴，同桌的客人因为互相不认识，吴洋就代大虎频频举杯，一会儿便喝了不少。因为连续赶路没有休息，再加上喝了不少酒，吴洋很快就醉醺醺地趴在了酒桌上，直到参加酒宴的客人都散了，他还没有醒来。

见吴洋睡得比较沉，大虎的父母送完客人后便让大虎开车送吴洋回家，大虎二话没说就同意了。

将一百五十多斤的吴洋拖上汽车后座，大虎就开着自己刚买不久的新车驶向了吴洋家。路上，吴洋迷迷糊糊地问了一句："回家了？"就又接着睡了。

快到吴洋家时，大虎突然接到了媳妇的电话，说小孩今天吐奶吐得比较严重，让大虎送完人就赶紧回来。大虎一听孩子有事就急了，到了吴洋家的楼下，大虎叫醒吴洋，告诉他自己孩子不舒服要赶紧回家，让吴洋自己上楼。头昏脑涨的吴洋迷迷糊糊地应了，就下了车。大虎看着吴洋摇摇晃晃地上了楼梯，心想他家就在二楼应该没什么事，就调转车头走了。

把孩子送到医院安顿好，大虎回到家已经晚上八点了。这时候，他突然接到吴洋老婆陈丽从医院打来的电话。电话那头，陈丽气得直跳脚。

原来，吴洋自己爬楼梯爬到一半时，因为醉酒头晕，一脚踩空，从楼梯上滚了下来，摔断了腿。当时在家的陈丽听到楼道里有人嗷嗷惨叫，出来一看才知道是吴洋出了事，于是在邻居的帮助下赶紧把吴洋送到了医院。

陈丽平时就对刘大虎撺掇吴洋喝点儿小酒不满意，这回真急了，在电话中把刘大虎骂了个狗血淋头。这边刘大虎气得当场把手机摔在沙发上，心里那点内疚荡然无存，去医院看望吴洋的想法也就没了。直到吴洋出院后，刘大虎才买了点儿水果去吴洋家坐了坐。聊天中，陈丽在旁边一直冷嘲热讽，大虎坐了一会儿就尴尬地离开了。回家后因为事情多，也就没有再关心过受伤的发小。

这边，因为伤筋动骨，吴洋仍需在家休养几个月，而期间刘大虎表现出的薄情寡义也的确让吴洋伤透了心。碰巧，在他休养的这段时间，所在的公司正好在进行一个职务竞选，本来有机会让自己的职业生涯再进一步的吴洋，因这次意外只能将机会拱手让给他人。为此，吴洋对刘大虎更加不满。所以，当老婆提出要告刘大虎，让大虎赔偿自己的损失时，吴洋几乎没有犹豫就答应了。

接到法院的电话，刘大虎气得脸都黑了，来法院领传票的时候更是直接对承办法官说："法官，没必要给我做工作了，我不接受调解，这样的朋友我没有，我也不稀罕。"

庭审当天，刘大虎、陈丽出现在法庭上，吴洋因为行走不便没来，全权委托妻子陈丽代理此案。在法庭上，陈丽要求刘大虎赔偿吴洋医药费、营养费，加上误工费共计十万余元。理由是吴洋因为参加刘大虎的酒宴导致醉酒，刘大虎作为酒宴的组织者没有尽到照顾义务，没有将醉酒的吴洋安全送到家导致吴洋受伤，两者具有直接的因果关系。

对于吴洋的诉讼请求及理由，刘大虎一概不同意，他认为自己请客吃饭没有送人到家的义务，自己将吴洋送到家门口，这是看在多年朋友的份儿上。吴洋自己不小心摔断了腿，跟自己没有任何关系，一分钱也不同意赔偿。

那么刘大虎有没有责任呢？老孟案件中，我们提到过，共同饮酒人有注意义务，不能让饮酒人酒后出事儿。但是如果饮酒人已经处于醉酒状态下，共同饮酒人还需要照顾醉酒人，保障他的人身安全。吴洋应刘大虎的邀请喝高了，意识和行为受到限制，比一般人容易受到危险，需要合理的照顾。刘大虎作为宴席的组织者，在送吴洋回家的途中，就需要对他进行一定的照顾,确保其人身安全。然而刘大虎在没有妥善安置吴洋的情况下驾车离开,导致醉酒的吴洋从楼梯下摔落受伤,对此后果负有一定过错。根据《中华人民共和国侵权责任法》第六条规定,应承担一定赔偿责任。当然,这种赔偿责任是少部分的。因为吴洋自己作为一个成年人,应当预见到醉酒后可能产生的各种危险,对醉酒后受伤的后果应该负主要责任。

鉴于刘大虎与吴洋闹得比较僵,两人都不同意调解,最后法院只能判决刘大虎承担此次事故 15% 的赔偿责任,赔偿吴洋合理损失一万两千元。

法官点评:

回头看看我们今天讲的两个案例,都是请朋友喝酒,没有履行自己的法律义务引发的悲剧。为此,大伙儿一起喝酒,为了保护朋友安全,我们应该相互提醒,切勿盲目劝酒、敬酒,让朋友处于危险之中,酿成惨剧;在朋友醉酒后,我们要合理照顾,将朋友交到家人手中,确保朋友安全无恙。只有这样,喝酒才喝得踏实!朋友才处得长远。正所谓"朋友相聚皆是缘,推杯换盏尽欢颜"。须知酒后有风险,尽到义务保平安。

程媛媛

  2008年硕士毕业后进入四川省高级人民法院工作，2015年调至成都铁路运输中级法院民一庭。工作期间，多次荣立个人三等功、获嘉奖表彰并受最高法院通报表扬。在办理案件过程中注重调判结合，办理的案件获四川省法院"大调解案例"一等奖，因调解工作突出获四川省法院大调解竞赛"先进个人"。撰写的学术论文多次获得全国法院学术论文二等奖、三等奖，获四川省法院学术征文特别奖、二等奖。参与最高法院、省委政法委、省法院组织的各类调研十余次，多项调研成果转化为指导全省法院相关工作的规范性文件。

法官感悟

从 2015 年 3 月 6 日第一期节目在电视上播出到现在，经常会有周围的亲戚、朋友、同事、同学好奇地问，你们这批法官是怎么被选到央视的啊？你们讲的案子都是真的吗？你们的稿子是有专门的写手在帮忙写吗？这么长的稿子你们都是怎么背下来的啊？你们是接受过专业的培训吗？

然而，当人群散去，每每在自己脑海挥之不去的，却不是电视屏幕上光彩照人的美好，而是无数个夜阑星稀的深夜奋笔疾书、拼命赶稿的艰辛，是改了无数遍的稿件依然达不到主编要求后的沮丧与挫败，是在公交车上、地铁上罔顾旁人侧目念念有词的疯狂背诵，是一路小跑进摄影棚化妆师还跟在后面补妆的慌乱与狼狈。

《法律讲堂》虽然号称"讲堂"，但其实和我们之前在院校里听过的任何一堂法律课、任何一场法律讲座都不一样，它对法律的表达方式完全超出了我们作为一个法律生的认知。就这样，边写边改边摸索，我的第一篇录像稿整整花了三个月才定稿。直到今天，再次打开两年前的那个文件夹时我都还有一种想哭的冲动。从稿子的编号上看，这篇讲稿我改了 9 遍，9 遍，可以想见那是一种怎样令人崩溃的折磨。但也正是这种追求完美、追求极致、追求死磕到底的工作态度，才成就了一期期精彩的节目，也成就了我们这些普普通通的主讲人。

感谢《法律讲堂》，让我们有机会换一个角度来看待、审视和体验我们工作中种种早已习以为常的点点滴滴。而只有当我们跳出法庭回望这一场场庭审时，似乎，才找到了法官的魂。

说话拱火引命案

主讲人：成都铁路运输中级法院　程媛媛

执行主编：陈贝贝　　编导：王守先

有句老话叫"病从口入，祸从口出"。这"祸从口出"，就是提醒咱们，平时说话，一定要小心谨慎！以防给自己惹来什么麻烦。今天我们要讲的这两个案子，都是因为一句话没说合适，给说话的人引来了杀身之祸。

第一个案件还要从13年前说起。刘梅和丈夫王大民，在县城最大的菜市场摆了个猪肉摊卖肉。这天，夫妻俩像往常一样，天刚蒙蒙亮就出摊了。由于天色还早，买肉的人也不是很多，夫妻俩分头做着开张前的准备工作。王大民站在砧板后面摆弄着摊儿上的肉，刘梅坐在摊位后的小马扎上，准备这一天要用的零钱。过了一会儿，可能是有客人来了，刘梅听到丈夫王大民在招呼人。刘梅正数着钱，突然听到隔壁摊位的老李冲着自己喊："刘梅，快看看你家大民怎么了。"刘梅一抬头，看到丈夫王大民正捂着肚子慢慢往下蹲。刘梅冲上去，赶紧从后面抱住了王大民。

这时候，大家都围了过来，一看这情形就有人嚷嚷起来："哎呀，大民被人捅啦。"几个熟人七手八脚帮忙背起王大民，用猪肉摊旁的一辆三轮摩托车载着王大民，也没顾刘梅，就一溜烟地向县医院开去。

等刘梅也赶到医院的时候，丈夫王大民已经因为失血过多，抢救无效死亡了。听到这个消息，刘梅瞬间觉得眼前一阵黑。她无论如何也不敢相信，早上还和她有说有笑、一起准备开张的丈夫，现在竟然已经阴阳两隔了。刘梅想不通，丈夫这大清早的究竟是得罪了谁，竟给他招来了杀身之祸。

这边办着王大民的后事，那边刘梅就去公安局打听，杀害王大民的凶手抓住没有,究竟是谁!?办案民警告诉刘梅,经过他们的侦查,已经锁定了犯罪嫌疑人——是县中学的老师黄文彬,但由于黄文彬捅伤王大民后立刻就逃跑了,警察一直没能抓到他,他们说,请刘梅放心,只要一有消息,他们会立刻通知刘梅的。

说起这个黄文彬,刘梅并不陌生,他是县中学为数不多的大家公认的大才子,虽然刚毕业没几年,但书教得非常好,在学生家长中的口碑也很好。在刘梅的印象中,除了黄文彬偶尔来买买猪肉,丈夫王大民和他好像并没有什么其他交往的机会。刘梅实在想不出,黄文彬和自己的丈夫王大民有什么了不得的冤仇?那天到底发生了什么,黄文彬为什么要捅王大民?这些问题每天都要在刘梅的脑子里翻滚几百遍,几乎快要把她逼疯了。为了找到这个答案,她甚至跑到黄文彬家门口一守就是两三天,就是想看看黄文彬是不是真的没回过家。可是黄文彬却犹如石沉大海,音信全无。

这黄文彬一天没有归案,刘梅一肚子的问题也就一天得不到答案。只是刘梅万万没想到,这个答案竟然一等就等了十三年!

2014年年初,在公安部组织的"清网行动"中,警察竟然把躲在外省、隐姓埋名给人蹬三轮的黄文彬给抓回来了!刘梅得知黄文彬被抓获的时候,几乎不敢相信这是真的。丈夫去世后的这十几年,自己又当爹又当妈,伺候老的,照顾小的,日子过得苦就不说了,关键是只要一想起丈夫死得不明不白就恨得牙痒痒。想到这儿,刘梅恨不得马上见到这个黄文彬,亲口问问他为什么要捅死王大民,王大民那天到底惹着他什么了。

终于等到了法院开庭的日子,刘梅在被告席上见到了黄文彬。当年那个文质彬彬的中学教师形象早已是荡然无存,现在的黄文彬头发花白,胡子拉碴,皮肤黢黑,不到四十岁的他看上去像是五十出头的人。听完黄文彬的陈述,刘梅这才终于弄清楚十三年前的那个早晨到底发生了什么。

据黄文彬说,他和王大民平时确实不是很熟,那天出事之前,他们也没有发生过任何矛盾。有一次他买肉的时候,王大民听说他老婆刚生完孩子,就问他老婆的奶多不多,然后介绍他买两个猪蹄回去炖汤。刚当爹没多久的黄文彬听了心里很不舒服，觉得这大老爷们儿问别人家老婆这种事情不合适。当时就不冷不热地回了一句，"还可以"，拿着肉就走了。

再去王大民的摊位买肉时，王大民每次都主动问他老婆的奶多不多，要不要买两个猪蹄回去炖汤。几次下来，黄文彬就觉得，这王大民简直是心术不正，卖猪蹄就卖猪蹄，扯那些乱七八糟的干嘛。

再后来，他就不再去王大民的摊位买肉，每次都绕着走。可是，王大民只要远远看到他都会主动打招呼，说又有新鲜的猪蹄了，赶紧给老婆买两个回去好发奶。他刚开始抹不开面子，还假装感兴趣地去他的摊上看一下。后来有好几次干脆就装作没听到，在隔壁摊上买完肉转身就走，他生怕自己再听到王大民问他老婆的奶多不多什么的，会忍不住跟他打起来。

出事的那天早上，他刚好路过王大民的摊位，又被王大民喊住说有新鲜的猪蹄，让他买回去加点花生、芸豆炖汤给老婆吃。黄文彬只好站住，不情不愿地挑选着。这时候，又来了个买肉的男人，王大民还是招呼人家买猪蹄。看那人在犹豫，王大民就指着黄文彬用炫耀的口吻说："我们家的猪蹄绝对不是注水猪，保证发奶，不信你问黄老师，他们家田老师全都是吃我的猪蹄发奶的。"

黄文彬说，当时他听到王大民这句话，觉得受到了极大的侮辱。平时王大民在他面前说他老婆什么他也就忍了，现在竟然还在别的男人面前议论他老婆，王大民原先看来还有几分忠厚和热情的笑容此时也变得粗鄙甚至有些下作了。

黄文彬刚想制止王大民让他不要说了，没想到王大民竟然还冲着他说："黄老师，你说你老婆是不是吃了我的猪蹄奶才这么好的？"这句话彻底激怒了黄文彬，他实在不能忍受这个男人再羞辱他的妻子了。黄文彬没有伸手去接王大民递过来的猪蹄，而是顺手抽起案板上的一把尖刀狠狠地刺向了对面的王大民。

黄文彬回忆说，当他看到王大民捂着肚子慢慢滑下去的时候，才吓了一个激灵，趁着没人发现，赶紧跑了。为了躲警察，他连家都没敢回就直接往省外跑。这些年,他隐姓埋名,几乎跑遍了大半个中国。他不敢找正式的工作,也不敢在一个地方待太久,就靠打零工、打短工糊口,蹬三轮送货、洗碗、打扫卫生、在工地上当小工,真是什么苦活累活都干了。可就是这样,他还是胆战心惊,十三年来没有睡过一个安稳觉。

说到这儿,黄文彬哽咽了,他说这些年最让他揪心、让他放心不下的,就是那刚刚出生不足百天的女儿。他无法想象,女儿长大后该如何接受父亲是一个杀人犯的事实。

说完这些,黄文彬转过身,向着刘梅的方向跪下,求刘梅能够原谅他。

刘梅听黄文彬说完这事情的前因后果,可真是气不打一处来。说起来自己和丈夫的猪肉摊之所以这么红火,就是因为两口子为人热情、嘴巴又甜。你黄文彬家里有产妇,我们就推荐你买下奶的猪蹄,怎么就伤你自尊,还惹得你动刀子了?你毁了我们这个家,我是绝对不可能原谅你的。就这样,刘梅当场表示不谅解黄文彬。不仅如此,她还要求法院给黄文彬定个杀人罪,要让他一命还一命。

黄文彬听到刘梅的表态说,我请法官留我这条命不是因为我怕死,而是我希望有一个机会能够让我给刘梅大姐一家赎罪,因为十三年前我真的错了,而且错得很离谱。

黄文彬说,自己当时刚从大学校园毕业没几年,工作的单位又是学校,周围的同事们说话都很斯文。所以当他听到王大民说的那些话的时候,就觉得自己受到了侮辱。可这十三年里,当他在餐厅、在工地、在路边干活的时候,他才发现,周围工友们的表达方式和他原来的同事确实不一样,有时他们说话可能是比较粗俗甚至还要说点儿脏话,可是他们的确都是没有恶意的。直到那个时候,他才知道当年王大民对他、对他妻子从来都没有侮辱、冒犯的意思,而是真的出于好心才介绍他买猪蹄的。

也许是听了黄文彬的这番话,也许是经过十三年的折磨,刘梅也接受了丈夫去世的事实,刘梅觉得,黄文彬固然可恨,但毕竟不是什么不可救药的坏人。而且他逃跑的这十几年,他家的情况和自己家也差不多,孤儿寡母过日子的艰难就不说了，他的女儿从记事起就没见过爸爸长什么样，说起来也是够可怜的了。最终，刘梅接受了黄文彬十三年来打工积攒的十六万元作为补偿，和黄文彬达成了谅解协议。

法官解案：>>>

考虑到黄文彬是为泄一时之愤，情急之下才捅了王大民，当时主要是出于对王大民玩笑话的误会才这么做，主观上并没有杀人的故意，而且又取得了被害人家属刘梅的谅解，法院最终判决黄文彬犯故意伤害罪，判处有期徒刑12年。

言者无意，听者有心。王大民就是因为口无遮拦，一句并无恶意的玩笑话给自己惹来了杀身之祸。可是如果说这个案子多少还有点误会的成分，那么下面要说的这个案子就是因为说话人为逞一时的口舌之快、不惜恶语伤人断送了自己年轻的生命。

张美蓉的女儿贺婷婷这两天正在办大学毕业的离校手续，说好今天回学校收拾行李后，晚上回家吃饭。下午六点多，婷婷就给妈妈张美蓉打来电话说已经出校门了，可张美蓉等到八点多还不见女儿回家。要知道这段路要是打车，最多半个小时就到了，张美蓉怎么能不着急呢。张美蓉就想，是不是路上出了什么交通事故大堵车，把女儿堵在路上了？她试着打了几个电话，都是通的，只是没人接。

等到十点多的时候，既不见女儿回家又不见孩子回电话，张美蓉更着急了。可一想着刚好赶上毕业，保不齐女儿临时被同学拉去聚会了，年轻人在一起疯起来有可能就忘了给家里回电话，前段时间婷婷也出现过这种情况。想到这儿，张美蓉的心又放宽了一点。

虽然这样安慰自己，张美蓉还是没有停止给女儿的手机拨电话。又打了十几个，电话还是通的，也还是没有人接，张美蓉心里隐隐有点担心。

等了整晚的张美蓉，终于在凌晨三点多等到了女儿的手机打来的电话，看到来电显示的名字时，张美蓉心里还有点儿小埋怨，这孩子终于知道回电话了，这一晚上可让当妈的担心死了。可电话接通后，那头却是一个男人的声音，说他是公安分局的，让张美蓉去公安局一趟。张美蓉心里一惊，马上清醒了，立刻问："机主贺婷婷在哪里？"可电话那头的警察只说让她赶紧过去，其他的就拒绝再透露了。

张美蓉慌慌张张地抓起一件衣服套上就出门了，下楼的时候，她明显感觉自己的心揪成了一团，气也喘不匀了。她想试着猜一下发生什么事了，可又不敢猜，因为猜的所有结果都可能不好，而她不希望女儿有一点点不好。张美蓉一片混乱，整个脑子都被一个问题重重叠叠地堆满了，那就是——婷婷怎么了？

到了警察局，张美蓉找到刚才打电话的民警，迫不及待地问："贺婷婷在哪里？她怎么了？"警察口中说出的，正是张美蓉自己试着想了一千遍却又不敢去想的结果，她的女儿贺婷婷——被人杀害了。

警察说，杀害贺婷婷的凶手是自己来自首的。是个出租车司机，叫邓大海。"你女儿认识他吗？"办案警官问道。张美蓉一下愣了，没听女儿提起过啊。

张美蓉求警察让她见见这个邓大海，她要亲眼看看这个杀人的魔鬼长什么样，她要亲口问问他为什么要杀害自己的宝贝女儿。可警察告诉张美蓉，目前案件正处于侦查阶段，张美蓉作为被害人亲属是不能和犯罪嫌疑人见面的，等案件到审理阶段的时候，法院会通知他们去旁听庭审的。

等待开庭的每一天对张美蓉来讲都是一种折磨，她就不明白了，婷婷性格外向，善解人意，十分招人喜欢，怎么就惹得这个邓大海痛下杀手了呢？邓大海是个出租车司机，女儿和他唯一的交集无非就是那天坐他的车回家，从女儿的学校到家也就半个小时的车程，那天这半个小时到底发生了什么呢？张美蓉想不出来，却又每天拼命去想，在她快要崩溃的时候，接到了法院开庭审理的通知。

在邓大海断断续续的陈述中，张美蓉第一次听到了整件事情的经过。

据邓大海说，事发当天下午六点半左右，他在大学门口，拉上了手里拎着几个袋子的贺婷婷。那天路很顺，其实很快就到了贺婷婷家的小区门口。

邓大海说，他把车停稳后，按惯例扳起了空车指示灯，车里的计价器也开始"嘶嘶"地打印着乘车发票。可贺婷婷却并没有下车的意思，说手里的东西太多了，实在不好拿，问邓大海能不能把车开到自己家楼下。

这个时候已经快七点了，一楼一户人家厨房饭菜的香味飘到了出租车里，而此时的邓大海还没有吃中午饭，所以他几乎是毫不犹豫地拒绝了贺婷婷的要求。

可贺婷婷并没有放弃，不住地给他说着好话，希望他能把车开进小区。邓大海打心眼里不想进小区，因为这种老小区没有正规的机动车道，拐进去再拐出来，最快也要十分钟，再说小区里的路这么窄，要是再有点剐蹭什么的就更不划算了。而此时贺婷婷却一直不屈不挠地苦苦哀求，让他帮忙。

最后，邓大海心软了，正准备答应，没想到，可能是见苦苦哀求了半天没用，贺婷婷竟然话锋一转开始威胁起他来。

邓大海说，当时贺婷婷威胁他："平时我回来走这段路最多三十七八块钱，现在已经快五十块钱了，你肯定是绕路了，我要向你们公司投诉你。"邓大海听到这话有点生气，心想，这一路咱俩是一起听着交通广播走的，我刚才绕开堵车的路段你还说我找路找得好，现在竟然又要投诉我，真是太不讲诚信了。可投诉也确实够让人头大的，按照公司的规定，只要有投诉，都要专门回一趟公司调看行车记录，还要说明情况，最快也得半天时间才能处理完。万一公司认为投诉成立，还要罚款、停运，到时候损失就更大了。想到这，他嘟囔了一句："你们这些大学生事儿可真多。"然后就发动汽车准备开进小区，把贺婷婷送进去。

贺婷婷呢，可能是看到自己的斗争取得了成果，觉得他邓大海是个吃硬不吃软的人，就又加了一句："我们大学生才是最讲道理的，不像你们这些人素质低，就会欺负老实人。"

邓大海说，当时他听到贺婷婷这句话，立刻觉得血往脑门上涌，有种想揍她的冲动，但又一想这年轻小姑娘心气儿高，说话又难听，以后走到社会上早晚会吃亏的，自己没必要跟她一般见识，就默默地开车进了小区，什么也没有说。

邓大海按贺婷婷的指示左转右转着，很快就到了她家单元门口。贺婷婷取出钱包往外拿钱的时候，邓大海提出，刚才进小区的时候那两块钱的进门费应该由贺婷婷出。贺婷婷却立刻反驳说不该自己出，然后又开始威胁说邓大海绕路，要向公司投诉他。邓大海终于没压住火，吼了一句："投诉就投诉，我现在就拉你去公司让你好好投诉我。"

邓大海说，贺婷婷当时像是被他吓到了，不再大声嚷嚷着投诉了，可却又有点儿不甘心被他抢白了这么一句，一边往外掏钱一边小声嘀咕着："两块钱都看在眼里，还男人呢，拿钱给你去买药吃吧。"

听到贺婷婷的这句话，邓大海的愤怒彻底被点燃了。一想到为了拉这趟活儿，他从城东跑到城西，热饭还没吃上一口，也就算了，谁让自己是干这行的呢。他计价器都抬起来了，贺婷婷为了自己方便还非要他开车进小区，他也算了，这段路本来也不值几个钱。可这进门费本就是贺婷婷该给的钱，她不想给就冤枉自己绕路，还侮辱自己素质低，简直是太欺负人了。

想到这儿，邓大海升起车窗，按下中控锁，大声地质问贺婷婷："你再说一遍，你让谁买药吃呢。"贺婷婷一点儿也不示弱，连着重复了好几遍："说你呢，就是说你呢。"

邓大海说，他当时又累又饿，从进小区之前就窝了一肚子火，现在刚好有了一个发泄的出口，就准备豁出去和贺婷婷吵个明白。

当时，贺婷婷可能觉得已经到自己家楼下了，所以也就毫无顾忌地和他吵了起来，那真是什么难听说什么，什么伤人说什么。

根据邓大海在公安机关的供述，他当时只是想图个嘴巴痛快，教训一下贺婷婷，从来没想过要真的对一个小姑娘动手。可贺婷婷呢，看到他攥紧拳头快要挨到自己了又收回去了，就冷笑着说："哟，还想动手啊，今天谁要不打谁就是孙子。"邓大海回忆说,他自己都不知道接下来发生了什么,他只记得等他回过神来的时候,贺婷婷在副驾驶座上的身体已经冰冷了。

邓大海说,他不知道怎么办才好,就开着车拉着贺婷婷的尸体漫无目的地在城里转了大半个晚上,直到半夜三点多,他看到个亮灯的公安局就投案自首了。

最后,邓大海对法官说,平时也有其他乘客说他绕路的,也有人说他不厚道宰外地人的,甚至有些乘客临下车了强行要求他把零头给抹了的,这些,他从来都没计较过。可那天竟然为了几句话就把贺婷婷给杀了,说到底,还是因为太冲动啊。

法官解案:>>>

法官认为,邓大海杀害贺婷婷主要是双方的口角升级恶化导致,而并不是出于非要致贺婷婷于死地的目的,考虑到邓大海是初犯,认罪态度较好,而且具有主动投案自首的从轻情节,最终以故意伤害罪,判处邓大海无期徒刑。

法官点评:

两个案件,可能让咱们大家都觉得有点遗憾和可惜。一句话说出来,不管是有心还是无意,居然都给自己招来了杀身之祸。俗话说:"好话一句三冬暖,恶语伤人六月寒。"咱们说话的时候要注意场合、对象,说话的时候也要多站在对方的立场想想,可不要因一句话不对就轻易起冲突。这语言啊,本是沟通的纽带和桥梁,咱们可千万不能让它成为伤人的工具和武器。

杜 君

1963年4月28日出生,汉族,中共党员,辽宁省阜新市海州区人民法院少年审判庭庭长兼研究室主任。

从戎15年(1981年至1997年在部队服役),1997年转业来到辽宁省阜新市海州区法院工作,先后任书记员、审判员、研究室主任、少年法庭庭长、审判委员会委员。

毕业于辽宁大学新闻系和辽宁大学法律系。现兼职《阜新物业》杂志编辑。在法院工作近二十年,从事民商事审判十年,审理了一千多件民商事案件无差错。在部队一直从事新闻宣传工作,先后在《阜新日报》《辽宁日报》《辽宁法制报》《辽沈晚报》《阜新广播电视报》等省、市报刊发表文章近千篇。纪实文学《滴血的新娘》在《阜新广播电视报》连载。

法官感悟

青春，是最幸福最美好的，那是做梦的时代。军人梦，记者梦，银屏梦，记得上学时我都做过。

1981年我实现了从军梦，戎马中，多半是新闻宣传。1997年，我穿上法袍当上了法官。三十多年过去了，军人梦、记者梦、法官梦都实现了。2013年，央视来辽宁法院选《法律讲堂》主讲人。我，一个东北中年汉子，能行吗？在我所有的梦想中，唯有银屏梦——待定！

按要求报简历、写故事、录小片、送小样。时光匆匆，2015年的夏天，接到面试、试讲的通知，我当时真不敢相信自己的耳朵，不顾周围诧异的目光，大声究问是真是假？担心是假还让对方发信息，激动得拿着电话在地上手舞足蹈，转了三圈，宛如孩提时代。

面试、试讲时，央视制片人苏老师的神秘，主编美女贝贝老师的灵动，试讲人年轻美丽帅气，让我忐忑、让我自卑，步入中年的我除了年龄"强大"没别的，心怦怦要跳出来。可是听了几个主讲人试讲，我多了几分自信。

说好每人讲40分钟，轮到我了，时针指向11点半了，边往台上走边想，讲时间长了影响领导吃饭，人家不高兴，讲时间短了又不出彩。可能真像朋友说的我是"陪绑"的，不管他，我上台就讲，慷慨激昂。

台下，就见苏老师和主编贝贝低头伏案、握笔凝听，十几分钟后，又见二人渐渐抬头、慢慢释笔、轻轻微笑，少顷，二人用眼神交流一下，贝贝说：不用讲了，通过。

2016年3月15日，央视社会与法如期播出《老总借钱不想还》。银屏梦、央视梦，我实现了！而且，我成为阜新步入央视《法律讲堂》的第一人。

老总借钱不想还

主讲人：辽宁省阜新市海州区人民法院　杜君

执行主编：陈贝贝　　编导：丁泽

现实生活中，相信许多朋友都有过需要用钱救急的经历，而这时，自然会想起一些老关系、老朋友、老熟人，正因为是这些特殊的关系，碍于情面的考虑，借钱时，双方往往连个借条都不打。殊不知这样做，常常为日后要钱埋下隐患，甚至可能反目成仇，对簿公堂。

2012年，便有一起特殊的借款案件。为什么说是特殊借款呢？

一是借款双方身份特殊，借款人是保险公司的老总，出借人是保险公司的财务总监，两人是上下级关系；二是借钱时没打借条，后来事情闹到法庭上，出借人又拿出个借条，这到底是怎么回事呢？

2012年"五一"节后第一天上班，保险公司财务总监孙可欣女士刚刚走进办公室，电话铃就响了，孙女士拿起电话一看，是公司总经理王大明打来的。电话中王总让孙女士给他送5万块钱去，说是去省城办事急用。孙女士一听，对王总说："王总啊，出纳员小刘回家结婚没回来，公司的钱拿不出来呀。"电话那头王总听了不耐烦地说："我不管你什么情况，我着急去省城办事用钱，已经进入高速路口了，你赶紧张罗5万块钱给我送来。"说完，王总把电话撂了。孙女士拿着电话还想说点儿什么，一看王总把电话撂了，只好去想办法。

想什么办法呢？出纳员小刘回家结婚还没回来，公司的钱是指望不上了。可是，不想办法不行啊，孙女士知道王总性子急脾气大，情急之下，孙女士拿出自己的银行卡，一边下楼一边给司机老马打电话，让老马赶紧到公司对面的银行门口等她。

司机老马接到孙女士说有急事的电话,急急忙忙赶到银行,刚把车停稳,就看到孙女士手里拿着个档案袋急急忙忙走了过来。孙女士说:"马师傅,这是5万块钱,王总急用,出纳小刘不在,公司的钱拿不出来,这是我从自己银行卡里取出的。你赶紧给王总送去,他在高速路口等着呢。"

听说领导急等用钱,又见孙女士风风火火的样子,老马接过档案袋看也没看,一脚油门走了。

再说王总在高速路口一边和高速公路管理局高局长聊天,一边等人来送钱。半个小时后,老马车到了,把钱递给王总说:"孙总监让我告诉你这是她从自己银行卡取出的,说您急用。"

王总接过钱,啥话也没说,转身上车走了。

几天后,出纳员小刘新婚后回单位上班,她先到孙女士的办公室,孙女士接过小刘递过来的喜糖寒暄了几句,想把王总用钱、自己垫钱的事告诉小刘,可一看小刘手里拎了两大包东西准备去给同事们分享喜气,孙女士就把到了嘴边的话咽了回去。

一周后,王总回到公司,打电话让孙女士去总经理办公室,孙女士以为王总要还钱,便兴致勃勃地来到王总办公室。王总对孙女士说:"这是我在省城办事的票据,拿去报了。"孙女士拿着票据看王总没提还钱的事,她也碍于情面没好意思张嘴问。

在接下来的日子,孙女士和王总天天抬头不见低头见,谁也没提借钱的事儿。王总像没事儿人一样,可孙女士心里不免犯起了核计,直接向顶头上司讨债,真的不好开口啊。但是,她又担心时间一长,王总要是忘了可就糟了,没凭据呀,思来想去,终于有一天,孙女士自认为想出来个好办法。

那么,孙女士自己想出来的是什么好办法呢?

管王总要钱这条道走不通,我绕道找出纳小刘去,孙女士心想。这一天,孙女士拿着一张借条,来到出纳员小刘面前。"小刘啊,'五一'节你回家结婚没回来,王总去省城办事着急用钱,我拿自己钱先垫上了,你收好这条，给我5万块钱，日后王总报销时你再冲抵。"

出纳员小刘接过借条一看，借条是电脑打印的，上面没有借款人签名，只盖了个财务专用章，小刘心想，没有王总签名的借条，怎么能说是王总借款呢？再说了，王总去省城办事的票据不都报完了吗？！今后怎么冲抵啊？

这就是孙女士自认为想出的好办法，自个儿弄了个借条，盖了财务专用章。

出纳小刘对孙女士说："孙总监，按公司财务制度规定，个人借款必须要王总签字。王总借钱也要让他签字。"孙女士听了小刘的话一拍脑门儿，心想，哎呀，我怎么把这茬儿给忘了。也好，王总不还钱也许是他忘记了，拿借条让王总一签字，也许他就想起来把钱还了呢。想到这儿，孙女士说："小刘，你说得对，我这就找王总签字去。"说完，孙女士拿着借条向王总办公室走去。

来到王总办公室门口，就听到里面传来男男女女的争吵声，那男的高声大嗓，一听就是王大明，孙女士驻足门前，欲敲又止，心想不能在领导不高兴时提还钱的事，还是换个时间吧，孙女士转身回了自己办公室，把借条锁进了抽屉。

几天后，孙女士拿着借条又来找王总签字，可王总不在，一问，王总去外地开会去了。

天有不测风云，没多久，一场几十年罕见的大雨从天而降，让露天停车场的车辆遭了殃，这下，孙女士所在的保险公司，有上万辆投保车辆被雨水浸泡，理赔业务猛增，保险公司每天都能接到几十个投保车辆出险、报险电话，保险公司工作人员起早贪黑忙着现场勘验、定损维修，孙女士的财务部门，也是忙着核单填表、理赔付款，上上下下全员行动，忙得不可开交，这一忙就忙到了年底，这一忙孙女士也就没顾上再去找王总签字要钱。

第二年春节一过，孙女士被调整了工作，调离了财务科，不再担任财务总监。孙女士心想，自己还有两年多就退休了，休息休息也好。

闲下来后，孙女士就张罗孩子结婚的事，又想起王总借钱的事儿。怎么开口呢？孙女士可是犯难。为这事儿，老伴儿还和她拌了几次嘴。

这天早上，两口子又为孙女士借钱的事儿吵了几句，孙女士带着气来到王总办公室，推门就说："王总，你去年借我的钱，你什么时候还？我着急用呢。"王总看孙女士气乎乎的样子，起身说："啊，孙总监啊，你先回去，我这儿有客人，过一会儿，我给你打电话。"孙女士一看屋里确实有客人，就退了出来，回到自己办公室等电话，从早上等到中午，从中午等到下班，左等右等，也没等到王总的电话。孙女士心里非常生气。

第二天一大早，孙女士就把王总堵在总经理办公室门口，王总一看孙女士，气就不打一处来，心想，昨天你当着我朋友面要钱，让我好难堪，欠你这俩钱，天天追着要，于是气愤地说："钱，钱，钱，你就知道钱，我不欠你钱。谁欠你钱你找谁要去。"

孙女士一听，懵了，太出乎意外了，昨天还说让我等电话，这过一夜就不认账了，睡糊涂了吧，这一觉咋还把我的钱睡没了呢？堂堂的大经理你这唱的哪出啊？孙女士也随着王总一起进了总经理办公室，两人进屋话不投机，没说几句就吵了起来，后来，王总叫来保安把孙女士"请"了出去。

这场冲突，孙女士气病了，回家休养。家里人也埋怨她，要么说她平时说话冲，不好听，要么说她不该把钱借出去。孙女士真是王八钻灶坑——憋气又窝火，这欠钱的还真成"大爷"了？孙女士想来想去，还是找时间去单位找领导好好解释解释吧，让领导消消气，好把钱要回来，那是真格的。可是，事情就这么不巧，总是阴差阳错，在接下来两个多月的时间里，孙女士找王总一二十次也没和王总见上面，王总不是开会，就是接待客人，要么就出差了。再后来，王总办公室保安干脆告诉孙女士王总不想见她，让她以后不要找王总了。

此时，孙女士恍然大悟，好你个王大明，原来你在躲我呀，难道你想赖账？孙女士越想越气，不能让自己这5万元钱不明不白地被黑了！5万元钱说多不多，说少不少，可这是自己辛辛苦苦的血汗钱，不能就这样没了。孙女士心有不甘，决心拿起法律武器，一纸诉状，把保险公司和王大明经理都推上被告席。请求法庭判决被告偿还借款，赔偿利息。

一开庭，孙女士就拿出了那个在抽屉里沉睡了一年多的借条。

坐在被告席上的王总经理看到孙女士法庭上出示的借条，先是一愣，心想：我也没打过借条啊？可一看借条他又笑了，他说："这个借条可能是原告自己写的，借条上没有我的签名。原告原来是我公司财务总监，财务专用章就由她保管，原告利用职务之便私盖公章，涉嫌违法犯罪，得承担法律责任！"

停了一下，王总接着说："我们公司也没向她借过款。公司财务账上没记录。这是我公司2012年二三季度的财务账目。"说完，被告王大明把公司的财务账目放在法官面前。

法庭上，法官们翻看被告提供的财务账目，主审肖法官让原告说清楚借条到底是怎么回事？同时，让原告对被告提供的财务账目发表质证意见。

孙女士不得不承认借条是自己打印的，章也是自己盖的，本来她是想拿借条找王总签字、要钱，防止王总赖账，可是王总总躲着，字不签、钱不还，这才上法院。

她看看自己再熟悉不过的财务账目，一句话也说不出来。心里明白，单位本来就不欠自己的钱，不可能有记录。

听了孙女士的话，肖法官说，任何一个借条都必须写明借款数额、借款时间，借款人须亲自签名或按手印，否则，借贷关系难以成立。孙女士自己编造的这份借条，显然是不真实的，不予确认。

法官的话，让孙女士听出了弦外之音，她预感到于己不利，是啊，公司没有欠款挂账，自己写的借条又不算数，王总还说私盖公章涉嫌犯罪，孙女士大脑一片空白，怎么也理不出个头绪来，心里一急，眼前一黑，就晕了过去……

审判长只好宣布休庭，孙女士很快被送进了医院。然而，有着几十年审判经验的肖法官觉得事情很是蹊跷，孙女士做了几十年财务工作，会凭空捏造出这么经不起推敲的借条吗？可是被告王大明也说得有理有据，似乎真的从没向孙女士借过钱。那么到底是谁在说谎呢?

肖法官暗下决心,一定要查个水落石出。肖法官决定到医院一探究竟。

病床前,孙女士一见肖法官,泪如雨下,泣不成声。肖法官一边安慰孙女士好好养病,别着急,一边告诉孙女士,打官司关键靠证据。肖法官说:你想想,要真有借钱的事儿,钱是从哪儿拿来的,5万块钱也不是小数,钱是怎么交付的?借钱时还有谁知道这件事呢?

这真是一语惊醒梦中人,法官的一席话,孙女士猛醒,一把抓住肖法官的手说:"我想起来了,司机老马知道这事,他能说清楚。"肖法官说:"别急,打官司重在证据,有证人可以申请证人出庭作证。"

孙女士听了肖法官的话,既喜又忧。喜的是想起了事情原委,并能找到证人证明自己说的话是真话;忧的是担心找不到老马,或找到老马,老马不给自己作证。因为马师傅已经退休回家小半年了。

那么,马师傅能出庭为孙女士作证吗?

半个月后,继续开庭。司机老马坐在证人席上。

王总万万没想到,已经退休回家颐养天年的司机老马,会出现在法庭上为原告作证。原来,司机马师傅接到孙女士电话说王总欠钱不还已起诉到法院,请他出庭作证;马师傅心想:孙女士的钱是通过我转交给王总的,这是事实啊,不能昧着良心说话。再说了,我要不到法庭把情况说清楚,日后,再说我给贪污了那可就糟了。所以,马师傅接到电话立马就答应了。

法庭上,司机老马回忆了当天的情况。老马说:"2012年5月3日是家父去世3周年祭日,8点钟左右我从墓地回来,刚到单位,孙总监打电话让我到公司对面银行门口等她,说有急事,我到银行门口刚把车停稳,孙总监手里拿个档案袋从银行走出来,告诉我里面是5万块钱,是她刚从自己卡里取的,说王总急用,让我给王总送去。她说王总已经进了高速路口,我接过档案袋,一脚油门就奔高速去了,把钱交给了王总。"

老马说完,被告王大明头不抬、眼不睁地摆摆手说:"没有这事,我没收到那5万块钱。"

老马一听急了，不等法官允许就反问被告："王总，你没收到5万块钱，你的意思那5万块钱让我贪污了？"

法官制止了二人的对话，问证人老马："证人马国庆，你怎么知道档案袋里装的是5万块钱？钱是怎么交给对方的呢？"

老马说："是5万，没错，孙总监给我钱是用档案袋装的，我没看，但是交给王总的时候，王总不要档案袋，把钱从档案袋里拿出来放他包里了，正好是五捆，那一捆刚好是一万元的厚度，都是银行刚取出的。"

老马的话，让孙女士心中的石头总算是落了地，她又向法庭提供了一份从银行取钱的凭证，并向法官解释说："法官，您看，这是我当天从自己卡里取钱的凭证，时间是2012年5月3日8点06分，取出钱不一会儿就交给马师傅了，马师傅把钱给了王总。这人证物证齐了，看你还抵赖！实在不行，还可以调取高速公路监控录像，看看是不是你王总拿走了钱。"

听孙女士这么一说，王总先是一愣，他想，事情过去一年多了，监控视频肯定不会保留的，单凭你老马一面之词没用，所以，他心存侥幸地说："反正我是没收到那5万元钱，要调就调去。"

法官们明白，证人老马的证言是单一孤证，只能证明原告孙女士把5万块钱交给了老马，只要被告王大明否认收到老马转交的5万元钱，他的证言就显得苍白无力。按原告的诉讼主张，证据在这里又断"链"了。依照法律规定，仅凭单个证人证言是不能定案的，除非当事人对证人证言没有异议。看来，高速公路监控视频是确定被告是否收到5万块钱的关键。

老马与原告、被告原来是同事关系，与双方都属于利害关系人；高速公路的监控视频当事人肯定调不来。法庭只好宣布休庭，根据原告申请，法官去高速公路管理局调取监控视频。

时间过去一年多了，监控视频还能调得到吗？调到的监控视频是否记录当天的情况呢？

这天，法官们等人来到高速公路管理局，调取2012年5月3日上午的监控视频，高局长知道肖法官来意后说："事情已经过去一年多了，当时的监控视频数据已经不存在了,不过说来也巧,那天我确实看到王大明了,我俩是高中同学,在高速入口还聊了一会儿,因为那天恰好高速公路建成通车剪彩,电视台来做新闻节目,所以,我后来就忙着剪彩活动了,王大明什么时候走的、收没收钱,我没在意。"

肖法官问高局长:"剪彩那天你们局里录像了吗?"

高局长说:"录了,可别提了,去年夏天那场大雨把地下室资料全淹了,资料都毁了。"

事情到了这里,证据又断了,5月3日,王大明出现在高速路口,有证人马国庆和高局长证实,但除了马国庆证言外,没有其他证据印证王大明收到了5万块钱。马国庆说把钱给了王大明,王大明说没收到钱,监控视频又不存在了,这形成了一对一的证据。这一对一的证据很难推定原告的主张。

离开高速公路管理局时,高局长拿着一张光盘对肖法官说:"这是我们从电视台拷贝过来的当天的新闻视频,你看看这里是否能找到你想要的东西。"

电视台录制的新闻节目视频光盘里,能找到有价值的证据吗?

第三次开庭,王总坐在被告席上,心里多了几分得意。他和高局长通了电话,他知道高速公路监控视频早已不存在了。

继续开庭后,肖法官说:"根据原告申请,法庭去高速公路管理局调取5月3日的监控视频,因为时间过长,高速公路的电子数据已经不存在了。但是,巧的是,当天高速公路开通电视台做新闻节目,录下了一段画面,下面让我们一起看看电视台的新闻节目。"

几分钟的视频很快播放完了,虽然新闻记者录像的角度没有专门对准王大明和司机老马,但经过电脑截屏处理放大后,视频里清晰地记录了5月3日早上8点35分48秒,王大明在高速公路入口处,从马国庆手里拿着的档案袋里取出了5捆人民币,放入自己皮包。每捆钱的厚度应当是万元左右。

这个视频,与孙女士的陈述、从银行取款的凭证、证人老马的证言,形成了孙女士从银行取出钱、通过老马借给王大明5万元钱等法律事实的完整的证据链条。

看了这个视频，王总是彻底蔫了，脸一阵白一阵红，他知道赖不过去了。停了片刻，他尴尬地表示确有此事，因为时间长了，自己忘了，并向原告孙女士表示道歉，当场偿还了借款，赔偿了利息，还承担了诉讼费用，在法官的主持下，双方调解了事。

法官点评：

生活中，我们每个人都难免遇到向人借钱或者把钱借给他人的情况，特别是临时借钱救急，可能时常发生，有时确实不便留字据，遇到这种情况，一定要在最短时间内完善、固定证据，或及时主张权利，以免夜长梦多。试想，如果，孙女士在借钱当日写清情况让马师傅签字证明，或者，在王总回到公司就找王总要钱，或者，早一点通过法律途径主张权利，调取相关证据，想必，孙女士讨债之路也不会这么曲折。

生活中，绝大多数借款人都会怀着感恩的心及时偿还借款，但一旦遇到无赖需要打官司时，一定要请专业人士帮助梳理案情、收集证据，当然，诉讼中，也可向承办法官咨询。向当事人释明案件中的法律关系、法律规定、指导诉讼，是法官的责任和义务。

方　慧

　　安徽大学法律硕士，先后就职于检察院和法院系统，现任安徽省芜湖市三山区人民法院党组成员、副院长。年少时即倾心于语言和文学，初学法律曾深感枯燥迷茫，后渐入佳境方领略其逻辑和理性之美。曾荣获芜湖市首届十佳法官、芜湖市三八红旗手、安徽省巾帼建功标兵等荣誉称号。撰写的多篇调研、论文获得芜湖市妇女儿童工作优秀调研报告评选一等奖、安徽省法院执行理论与实务研讨二等奖、安徽省女法官协会"妇女和儿童权益的法律保护"优秀调研报告评选二等奖、安徽省法院第二十六届学术讨论会三等奖等。2014年经选拔成为中央电视台社会与法频道《法律讲堂》栏目主讲人。坚信作为法治化道路铺路人的一名法官，正因为将青春、热情和心血倾注在法律人的理想上，所以它们从来不曾被浪费。

法官感悟

最初参加央视主讲人选拔时,我怎么也不敢设想有一天会走上央视的舞台。尽自己所能,将这条"待选"之路走得远一些,就是我参加每一阶段选拔的目标。当得知被确定为栏目主讲人,喜悦激动之后再回首,不由得庆幸自己在挑战面前没有退缩。"越努力,越幸运"——我竟然迎来了这样一个开阔眼界并结识《法官解案》大家庭的机会。

为了帮助法官们尽快找到在镜头前与观众真诚交流的感觉,栏目组特别邀请了主持人王筱磊老师亲自上阵授课。他连夜看完大家前期录制的多期节目,第二天就每个人存在的问题逐一进行点评,并提出了具体的改进建议;几位编导老师们为了启发我们在法理剖析和情节描述上更精准、更生动,从案件故事的选题到讲稿细节不厌其烦地提出修改意见,帮助我们反复推敲……他们生活中平易近人的"暖",与节目制作时的"严"融合得自然又和谐。

而在我们主讲人队伍中,不乏这样的"牛"法官:出色的本职工作之外还多才多艺,充电学习、笔耕不辍;下得了基层、上得了讲台,脸上永远自带正能量的光辉。这种积极向上的精神风貌潜移默化地鞭策着我——这么优秀的同仁们都在追求更好的自我,我又有什么理由轻易停下前行的脚步?!伴随着每一期节目播出后的喜悦而来的是过程中雨后竹子拔节般的痛楚,但与大家携手同行,相信栉风沐雨后,前方定会有别样的精彩!

遇见你们,真好!

前夫上门来骚扰

主讲人：安徽省芜湖市三山区人民法院　方慧

执行主编：杨晖　编导：杨梅

孙晓红，是一起刑事案件的受害人，这个三十八岁、离异单身女人的受害经过是从她深夜里看到的恐怖一幕开始的。这天深夜十一点多，孙晓红从邻居家打牌回来，刚睡下不久，睡意蒙眬中，仿佛听见自己卧室的门被推开了，迷迷糊糊中，孙晓红睁开眼，天哪！一个男人的身影突然出现在她的卧室，可把她给吓坏了！

一个多月前，孙晓红刚和前夫杨立万离了婚。女儿媛媛已经十七岁了，初中毕业后在本市的一所中专学校寄宿就读。婚姻的不幸让她早早就与孤独相伴了。可是，这个午夜出现的诡异男人是谁？他到底想干什么呢？

孙晓红大喊了一声，谁？"啪"的一声，房里的灯亮了，竟然是前夫杨立万站在卧室门口。孙晓红惊得立即坐起身，质问道："你怎么进来的？咱们离婚了，这里已经不是你的家了！"

说起前夫杨立万，孙晓红是又恨又怕。当初，他俩是经人介绍相识的。杨立万人长得挺精神，嘴巴能说会道，他还有一项能挣钱的手艺——缝纫，因此在短暂的相处过程中孙晓红很是中意对方。两人的恋爱，顺理成章地发展到了结婚这个美好结局。可是，婚后不久，孙晓红发现，丈夫经常抱怨做缝纫活太累，三天打鱼两天晒网，到后来竟常常背着自己去赌博！

发现丈夫经常赌博还不算，其实，最让孙晓红感到寒心和害怕的是他那多疑并且动辄暴跳如雷的脾气。在家里，因为脾气粗暴、好赌博，孙晓红劝过他，可他根本听不进去，为此两口子吵闹打骂时常发生。打骂纠缠起来孙晓红哪里是杨立万的对手，摔东西、拽头发、拳打脚踢都是家常便饭。婚后十几年的日子孙晓红一直不得安宁，但是为了年幼的女儿，不能忍她也忍下来了！凑合着等到女儿初中毕业外出上学了，见杨立万依然不思悔改，我行我素，孙晓红下定决心向杨立万提出了离婚，并要求女儿由自己抚养。双方吵闹磨合了好一阵子，最后终于达成了离婚协议。可是，杨立万并不甘心，孙晓红至今还清楚地记得，那天他们领了离婚证分道扬镳时，杨立万狠狠地盯着她，丢下一句："别以为你现在自由了，让我瞧见你把别的男人带回家，我就要你的命！"

面对离婚后又突然深夜出现在卧室里的前夫杨立万，孙晓红感觉自己就像做噩梦一般，既然两人已经离了婚并且杨立万已经搬出去居住，那他为什么还要深夜进入自己的卧室？他又是怎么进来的呢？

法官翻阅案卷得知，原来，就在当晚九点多钟，离婚后一直住在父母家，裤兜里只剩下十来块钱的杨立万转悠着来到孙晓红的住处，见孙晓红大门紧锁，人不在家，就抱着侥幸心理试着用随身揣着的自家钥匙开锁。好在离婚后，孙晓红还没有更换门锁，就这样杨立万顺利地进门上了二楼，躲进了漆黑的小卧室。在等待孙晓红回来的时间里，他无意中发现了一把以前做裁缝时用过的剪刀，这把剪刀瞬间在他的脑子里闪过一道电光。他一边将剪刀的螺丝卸下，一边想着，如果看到孙晓红带别的男人回家，他就要用这半把剪刀去捅对方。

晚上十一点钟左右，孙晓红搭乘牌友的摩托车到了家门口。和往常一样，一个人开锁、进门、扣上了门栓。一番梳洗后，她径直上了二楼的卧室准备休息，丝毫没有发现和预感到危险就在身边。

当孙晓红惊恐地发现杨立万并质问他时，杨立万一脸不屑地说："我是来看女儿的，你还以为我想见你啊？"见惊魂未定的孙晓红脖子上竟然带着一条银色的项链，杨立万又不怀好意地说："哟，这么快，身上的黄金首饰就升级成铂金的啦，是不是把哪个野男人带回来住，人家送的？"说着，就从口袋里掏出半把剪刀，逼问孙晓红原来戴的黄金首饰放在哪儿了。见孙晓红一声不吭，杨立万威胁："你再不说，小心我拿剪刀捅你！"

杨立万手拿着剪刀向孙晓红的头部比划。孙晓红见状赶紧用右手去挡，右手掌一下子被剪刀割开了一道大的血口，手指也被划破，涌出了不少血。杨立万心里有些慌了，但很快又装作若无其事的样子走到电脑桌旁，告诉她："你这样子死不了。"见桌子上放着孙晓红的手提包，杨立万准备顺手去拿。这包里装了孙晓红前几天刚从银行取出来的1800块钱，孙晓红怕被他全部抢去，情急之下顾不得鲜血直流的右手，赶紧从床上跳下来，将包一把抢过去用床上的被子捂住并直接坐在了被子上。这时，杨立万告诉孙晓红他没钱用了，要去外地找朋友帮忙找事做，让她给点钱做路费。孙晓红怎么肯呢？离婚时就已经给了你两万块钱，双方已经两清了，这才一个多月怎么又没钱了？

这两万元是怎么回事？离婚了，为什么要给前夫两万块钱呢？其实当初孙晓红闹着要离婚时，杨立万也觉得自己生活有孙晓红管着很不自由，看到孙晓红坚持要离婚，他就同意了。孙晓红感觉轻松了许多，以为终于可以开始新的生活，可事实并非像她想的那样。前两年，家里被征了几亩地，政府给了一些土地补偿款。孙晓红说孩子以后上学就靠这笔钱了，硬是死死护住没让动用。还有房子，孙晓红提出，房子和存款双方谁都别争，全部归女儿所有。她以为这样双方心理上都容易接受，可杨立万却偏偏不同意："这给女儿不就是给了你孙晓红吗？不行！即便为了方便女儿的抚养，你也只能享有房子的居住权，一旦再婚就必须给我搬出去！除此之外，还必须得给我两万块钱，否则甭想离！"面对以此相要挟的丈夫，孙晓红实在是无计可施，最终她只能接受了两万元买断这场婚姻的现实。

在民政局签好离婚协议、办好登记离婚手续后，孙晓红如约交给了杨立万两万块钱。这之后的一个多月里，由于没有了老婆的管束，杨立万生活得很是潇洒，成天不是赌博，就是到洗头房与一些不三不四的女人厮混。两万块钱如流水一般很快离他而去。与七十多岁的父母住在一起的这些天，自己的不务正业免不了经常被老人唠叨抱怨，潦倒的杨立万不由得又对孙晓红心生怨念。

此时，见孙晓红又提起那两万块钱，杨立万很不耐烦地说："那个钱早用完了，叫你给你就给，拿1000块钱！"孙晓红内心很是恼怒，但是不给钱他能善罢甘休吗？无奈之下，她只好顺从。杨立万接过钱，起身要走，转念一想又怕孙晓红报警，于是逼着她交出手机，并将手机卡抠出来用手拧坏，又将床头柜上面的电话线也拔了，卷成一团装进了口袋。最后他从电视机柜上抓起那半把带血的剪刀，临走前丢下一句话："你和你娘家人都跑不了，迟早我会杀了你们！"离开孙晓红的住处后，由于害怕日后被警方追究，他将那半把剪刀、电话线和手机卡全部扔到了马路边的荒地里。

经历了这些事情，孙晓红吓得不知所措，她不敢轻举妄动，而是听着杨立万的脚步已经走远了，觉得他不会再回来了，才哆嗦着从楼上下来，找人去报警。那报警后前夫杨立万会停止对孙晓红的威胁和骚扰吗？

派出所接报后，立即出警来到孙晓红的卧室勘查现场，并赶到杨立万的父母家找杨立万调查核实，但是杨立万并不在家。老人告诉警察，儿子吃过晚饭就出去了，到现在也没回来。警方经过初查后判断，这并非一起简单的家庭矛盾纠纷，杨立万的行为涉嫌抢劫，应予立案。

可就在警方寻找杨立万的时候，第二天，他竟然给孙晓红打来了电话，当得知前妻真的已经报警后，杨立万一直责怪孙晓红小题大做。由于前一晚到她那去本来是想拿走自己的换洗衣服，但后来走得太匆忙，把拿衣服的事儿全给忘了。于是，电话中杨立万告诉孙晓红自己还要回来一趟拿衣服和鞋子。孙晓红怎么敢再让他回来啊！他再回来还不定对自己怎么样呢！孙晓红赶紧将家里的衣物收拾了，托人送到了杨立万的父母家，并且捎口信说公安正在调查让他再也不要回来了，在孙晓红看来，只要杨立万跑得远远的，不再骚扰自己就好。她也担心杨立万报复自己，所以这件事她没敢对警察说。

法官在翻阅案卷时了解到，当公安机关准备找杨立万调查核实事发当天的情况时，他却从此消失了。在走访了有关部门及村民，查找并固定了相关证据后，警方对杨立万展开了网上追逃。孙晓红以为，有了警察介入，杨立万应该不敢再来骚扰自己了吧?！但她没有想到的是，威胁依然在步步向她逼近，杨立万又回来找她麻烦了。

那是一个多月后的一天晚上，当孙晓红从邻居家串门回家后，依旧在进门后扣上门栓，梳洗完毕上了二楼。走到卧室门口，她伸手按亮电灯，天哪！杨立万竟赫然端坐在自己的床边。惊恐中的孙晓红大喊"救命"，转身就要跑出去。杨立万一把拽住她，求她看在女儿的面子上，容无处可去的他在家住一晚。见孙晓红吓得站在原地不敢动弹，这个一贯横行霸道的男人似乎瞬间崩溃了，蹲下身来用手不停地揪扯着自己的头发："我实在是没地方去了，父母肯定早被公安盯上了，回去就被捉。你可千万别再报警了！总不能把孩子的亲爸爸送去坐牢吧?"杨立万的这个举动让孙晓红始料未及。看着眼前的这个男人，她不敢预想如果现在强硬地赶他走会产生什么样的后果。犹豫再三，孙晓红对杨立万留宿一夜的要求予以了默许。可是，这一来，如果杨立万一直躲在这儿不肯走该怎么办？孙晓红不由得又担心起来。得赶紧想办法把他给劝走！思忖再三，孙晓红告诉杨立万，在他离开的这段日子里，公安局正到处调查他的行踪，听说已经全国通缉准备抓他了。这里左邻右舍的人多眼杂，也不是藏身之地呀！杨立万听了，一声没吭，只是叹气。

渐渐的，夜深了，杨立万已经熟睡，可是孙晓红却辗转难眠。她担心杨立万什么时候狗急跳墙，还会做出伤害自己的事情。这样一想，孙晓红更是合不拢眼，那么，她该怎么办呢？

第二天一早，一夜未眠的孙晓红将杨立万叫醒，塞给他600块钱，催着他赶紧动身离开。杨立万本还想待到晚上再说，见孙晓红一再坚持，自己想想也觉得多待一分钟就多一分危险，于是只好仓皇地离开了。

这一次，孙晓红也没有去报警。她还是怕将来杨立万会因此报复自己。以前和他在一起时，每次被打后，杨立万都会威胁她，如果报警，他顶多拘留十五天，但出来就得找孙晓红算账。这些不堪回首的往事让孙晓红心惊胆战，只要杨立万不再找自己的麻烦，她也不想让前夫去坐牢。能不能逃得过公安的抓捕，那就得看他的运气了。

杨立万躲得了初一躲得了十五吗？2013年1月，此时的杨立万已经逃到了百里之外的一个小县城，因无处可藏身，只能终日窝在朋友开的一家按摩店内混时光。当地公安机关在一次"黄赌毒"整治行动中，对全县的发廊、洗浴按摩场所进行全面检查时，杨立万被堵了个正着。由于他已经被网上追逃，一经盘查，身份水落石出，继而被警方抓获。

杨立万对他用剪刀划伤孙晓红并索要钱物的事实供认不讳，但他不承认自己是抢劫。庭审中他辩解，两人以前是夫妻，如今找孙晓红要点儿钱算不上违法，而且当时拿剪刀的目的只是吓唬她，他和孙晓红之间是普通的家庭矛盾，因此不构成公诉机关指控的抢劫罪。可是对于他的辩解，法官又该如何认定呢？

那么，本案真的是所谓的"家庭矛盾"或"夫妻打架"那么简单吗？

法官解案：>>>

通过侦查机关的调查取证，法官能够认定，孙晓红与杨立万已经离婚，并且分居生活，各自经济独立，也没有债权债务纠纷，此时杨立万再纠缠威胁孙晓红要钱，主观上已经具有将他人财物非法占为己有的目的，当然不属于婚姻家庭纠纷。那么他构成了哪一类犯罪呢？根据我国刑法第二百六十三条规定，以暴力、胁迫或其他方法抢劫公私财物的，处三年以上十年以下有期徒刑，并处罚金。这里的"抢劫"，既包括强行将财物抢走的情形，也包括对被害人当场使用言语或暴力相威胁，使被害人不敢反抗，被迫当场交出财物的情形。而本案中，孙晓红之所以给前夫杨立万1000块钱，是基于杨立万的威胁语言和暴力行为给她带来的内心恐惧。因此，杨立万的行为符合抢劫罪的构成要件。那么是否像杨立万所说，他只要了1000块钱，数额不大，就不构成犯罪了呢？由于抢劫罪是侵犯财产类犯罪中危害最大、性质最严重的一种，它不仅侵犯了公民的财产权利，同时还侵犯了公民的人身权利，因此法律规定只要实施了劫取财物的行为，不论是否实际抢到钱财，原则上都构成抢劫罪。因此，杨立万索要1000块钱虽然不多，却仍逃脱不了抢劫的罪名。

法官在审理中发现，时隔四个月之久，凶器已经找不到了，这会影响对杨立万犯罪事实的认定吗？本案受害人的陈述以及被告人的口供中，关于杨立万划伤孙晓红的右手这一情节能够相互印证，并且对持剪刀、拔电话线和抠手机卡等细节均作了一致的描述，再结合孙晓红案发当晚的诊疗病历以及案发现场遗留下来的另外半把剪刀，法官认为犯罪事实可以认定。

我国刑法第二百六十三条还规定，有下列情形之一的，处十年以上有期徒刑、无期徒刑或者死刑，并处罚金或者没收财产，其中第一种情形就是"入户抢劫"。那么杨立万进入了孙晓红家里索要钱财，他是否属于入户抢劫呢？本案现有证据也不能证明杨立万在起初进屋的时候就有了抢劫的念头，因此不属于"入户抢劫"情形，否则等待他的可就是十年以上的有期徒刑了。

那么法院将会对杨立万判处怎样的刑罚呢？杨立万最终被法院认定犯抢劫罪，判处有期徒刑三年六个月，并处罚金三千元。宣判后，杨立万没有提起上诉。

法官点评：

一起看似普通的刑事案件虽然审结了，但本案当事人在案件背后的恩怨情仇却让法官陷入了思考。杨立万，正当壮年，本有一技之长，完全可以凭借自己灵巧的双手，和家人一起过上幸福生活。但由于他对家庭的严重不负责任和对妻子的暴力相向，最终导致了家庭破碎。离婚后，非但没有反省自身，改掉赌博的恶习，反而认为前妻软弱可欺，借机找碴，自己触犯了法律，构成了抢劫罪，入狱后的他真是悔不当初啊！

方剑磊

方剑磊,1976年出生,曾就读于西南政法大学、西南大学,法学硕士。曾在法院系统行政庭、办公室、民四庭等部门工作,2014年在重庆市江北区法院挂职副院长,2016年在西南政法大学民商法学院挂职副院长,现为重庆市第一中级人民法院民四庭副庭长,四级高级法官。两次荣立个人三等功,两次获评重庆市高级人民法院优秀工作者。在《人民司法》《人民法院报》《新华内参》等刊物、报纸发表过多篇文章,曾获人民法院院报山城杯新闻大赛一等奖、第27届全国法院系统学术讨论会三等奖,全国法院系统2017年度优秀案例分析暨促公正、法官梦第四届全国青年法官优秀案例评选三等奖。爱好广泛,曾多次在重庆市法院系统举办的演讲、书画、摄影、文学作品比赛中获奖。2015年,获得中央电视台社会与法频道《法律讲堂》栏目最佳选题奖和最高出镜奖。

法官感悟

有人说：人生的幸福指数是 U 形曲线，在中年最低。而我，恰恰就在幸福指数最低的时候，有幸成为了中央电视台《法律讲堂》栏目的主讲人。

当面对 CCTV，即便通过了笔试、复试，进入面试后，我还是权当"潇洒走一回"。当考官问：你得过什么演讲方面的奖没有？我答：幼儿园故事大王。全场轰然。但没想到，我竟然入选了。后来我才明白：原来，放松和自如是主讲人的最佳状态。而法官作为主讲人，必须得做到：法官身份、舒服表达；核心是：说人话。

入选后，我又很幸运地遇见了一位极其职业的编导。报选题、拟提纲、写稿件，反复个三五遍是家常便饭。虽然我们常喊：臣妾做不到啊！但其实都明白，只有反复地斟酌、修改、完善和练习，才能将节目做到最好。

法治，是当前的热词，同时它又是稚嫩的，更需要大家去呵护，去培育，形成传统，就如慢火熬出的汤，千锤百炼的钢。我们能将司法实践中一个个有趣的案件，通过 CCTV 传播出去，是职责更是幸运。而当远在四川汉源的观众来单位找到我进行咨询时，我才知道：我们所做的这点儿小事，又正在为法治作贡献。

我依然记得第一次进演播室，被不断叫停的窘态：汗水湿透整个衬衣，站在垫高的木台上，双脚不停地打战……但心理学上有个词叫：concentrate and relax，专注即放松。当我专注于每一期节目，即便再累，但心情是轻松的。对于一个处在幸福低谷中的中年男人来讲，这是弥足珍贵的小确幸，而这更要感谢我身后的所有人。

我是不是被骗了

主讲人：重庆市第一中级人民法院　方剑磊

执行主编：陈贝贝　　编导：丁泽

  七月份的一个下午，外边儿骄阳似火。南方小城某派出所办公室里，闯进来一位老人，老大爷六七十岁年纪，进门就慌慌张张地跟值班警官说："同志，我是来报警的！我可能遇上骗子了！"气儿还没喘匀，大爷就滔滔不绝地跟警官诉起苦来。

  原来，这大爷姓李，李大爷说自己炒股投入了一百多万元，现在亏得是一塌糊涂，剩下不到30万了。

  一般买卖股票都是通过正规的证券机构，这股票赔钱也是常有的事儿，这怎么能算被骗了呢！

  警官正纳闷，李大爷哭丧着脸继续解释道："同志，您是有所不知，我是跟一家公司签下了合同，让他帮忙推荐股票，公司当初保证我只赚不赔的。亏了的话，这公司就照损失全额赔偿！"李大爷说，一心想要炒股挣钱的他一看这事儿这么靠谱，便前前后后给这家公司汇去了21万元的各种服务费。

  "可现在，股票赔的一塌糊涂，这个公司却根本找不着人了啊！"李大爷着急地说。

  警官听了李大爷的这番解释，第一反应便是遇上骗子了！可李大爷这时却又说了这么一句："警察同志，其实我也不确定自己是不是真的被骗了！我今天来，其实是想让您帮我确认一下！"

  这话怎么说呢？到底是不是被骗了，自己怎么还搞不清楚呢？21万，这在当时当地可不是个小数目，可以买一套两居室了。李大爷的这21万究竟是不是被骗走了呢？

李大爷一边擦汗，一边断断续续地说出了整个儿事情的来龙去脉。

李大爷是个资深的股民，炒股多年了，虽说没有一夜暴富，却也小有收获。李大爷总觉得自己资金充沛，知识丰富，有胆量、够果断，应该是赚大钱、赚快钱的料，但现在只慢慢悠悠地赚了点儿小钱太屈才了。退休后，有了时间的李大爷为了在股市中大展拳脚，对各种股评的信息、新闻更是十分留意。

去年的一天，李大爷打开电视，就看到一个电视台正在播放一档证券节目，一位"专家"正讲解股票，推荐他们公司设计开发的股票分析软件。

这位戴着金边眼镜的专家，讲起这个分析软件来，那真是分析到位，讲起这个分析软件的好来，那是头头是道。只见这个专家随意选择了一只股票，套入分析软件，一旦到了股票该买进的点，电脑屏幕上就会红灯提示，而一旦到了卖出的点，马上又会绿灯提示。按照这些提示进行的操作，基本上都保证了在股票相对低点的时候买进，而在相对高点的时候卖出，稳赚不赔！电视上，专家不断变换股票对这套股票分析软件进行验证。验证了好几回，涨跌信息都非常准！让人不得不服。

李大爷这边刚有些动心，这个栏目便提供了以400开头的免费服务电话，说能够结合分析软件针对个人提供准确的股票信息。既然是免费的，李大爷便抱着试试看的态度将电话拨了过去。

接电话的小姐姓詹，自称是李大爷的专属财富专员，声音甜美，普通话标准。她说：股票分析可以免费提供，但是要得到能准确预测股票涨跌行情的分析软件则需要入会。如果李大爷交3880元的入会费，不仅可以获得一套可以预测股票涨跌的软件，还可以获得公司提供的一只绩优股的股票信息，一般情况下，保证一个月就可以赚5至10个百分点。

李大爷一听，小算盘打得飞快，既然说保证5—10个百分点的利润，我若把手头那20万的闲钱投进去，一个月至少得赚1万啊，这三千多元的投入，一转眼就回来了，可以试一下！因此，李大爷当天就按照对方提供的账号将3880元汇了过去。

没过多久，李大爷就收到了一套软件光盘。李大爷一试，这软件与一般市面上的股票软件没有太大的区别，对股票涨跌判断也不是很准，分析结果都像是放"马后炮"。难道，这软件是个假货？正当李大爷感到有点怀疑的时候，财富专员詹小姐打来了电话，恭喜李大爷成为他们的会员，并推荐李大爷购买一只叫"某某华丽"的股票。

李大爷将信将疑，试着买了5万。没想到，一个星期后，这个叫"某某华丽"的股票果然华丽，连续涨停。这5万元瞬间就变成了7万元，足足挣了2万。李大爷高兴得合不拢嘴，心想这3880元花得太值了，这个公司看来有实力，值得信任。只是后悔自己投得太少。

因此，李大爷马上卖掉了自己股票账户上几只不温不火的股票，凑足了30万元决定大干一场。

可这时候电话那头的詹小姐却说："李大爷，您只是初级会员，只能享受一次我们公司提供的准确股票推荐信息！"

一听这话，李大爷有点儿急，这才刚刚尝到了点甜头，怎么能放弃呢？连忙问，怎样才能得到准确、持续的股票推荐信息呢？

"那得成为我们公司更加高端的VIP会员！"詹小姐说，只要李大爷成为VIP，以后就不是她为李大爷服务了，公司将会指派更高级的财富分析师对他进行一对一的服务，到时针对李大爷想买的股票，分析师将会提供更准确的信息，获利将会更有把握，利润将更大。

"但是，必须先交纳2万元的升级费。"詹小姐说完补充道。

李大爷心想，一来这家公司好像确实有实力，二来这2万元也是我刚赚的，即使打了水漂，也无所谓，三来这次我投了30万元，那赚回来的肯定不止2万元。舍不得孩子套不着狼。

想清楚后，李大爷毫不犹豫地按照对方的要求将2万元汇入了指定账户。很快，一名自称叫陈康的分析师与李大爷取得了联系。还别说，李大爷这个VIP，按照陈康的推荐，购买的3只股票又赚了不少！30万元一个月不到，就变成了42万元，扣除2万元的升级费，足足赚了10万元！李大爷心想，这 2 万元花得也太值了，2 万进去，10 万出来，足足翻了 5 倍。这公司的分析实力看来不一般，信息太准了，早知道我把老伴儿存的 50 万也投进去，那该多好。

正当李大爷还在思考怎样给老伴做工作的时候，分析师陈康打来了电话。陈康说啊："李大爷，根据咱们提供的信息，您又赚了不少吧。不过啊，这些提供给您信息是完全通过数据分析出来的，对市场的把握也不一定很准，所以说还是有一定风险的。不过啊，如果成为超级 VIP 会员，我们将为您提供经过分析的上市公司内幕信息，您将获得更加稳定高额的投资回报。至于为什么稳定，那是因为是内幕信息，再加上我们雄厚的分析实力，信息来源可靠；为什么高额，那是因为我们此类客户一般的年化收益率至少在 100%。"

"年化收益率 100%，这就是翻番啊！要是我将老伴儿那 50 万加上，我就有了 100 万的本金，一年后一翻番，那就变成 200 万了，以后我和老伴儿就可以过上富翁的日子了，这后半辈子就不用愁了。"李大爷心里这么一想，动心了，便问："那陈老师，要成为这超级 VIP，有什么条件吗？"

电话那头这时传来陈康有点儿神秘的回答："由于涉及内幕消息，因此，成为超级 VIP 得交会员费 6 万元，保密费 8 万元。而且，只对 VIP 用户有效，数量很有限。"一听数量还有限，尝到了巨大甜头，又梦想成为富翁的李大爷，现在对该公司已是深信不疑了。而且，李大爷心想，我赚都赚了 12 万了，如果这 14 万全没了，也亏不了多少，所以立马将 14 万给打了过去。

随后，李大爷把自己购买股票软件和信息的事儿跟老伴儿说了，还给老伴儿展示了账户余额。老伴儿一看，果真赚了不少。而李大爷对老伴儿是一边汇报，一边炫耀，一边游说。最终，老伴儿同意将自己保管的 50 万元也交给李大爷炒股。

就这样，李大爷拿到了老婆的钱，总共凑足了 100 万元的本金，按照分析师陈康的推荐又买了三只股票。短短半个月后，这李大爷的账户股票市值就变成了 110 万。李大爷每天看着这些账户上的数字，睡觉都是笑着的。

一个月后，李大爷的股票市值已经达到了120万。

讲到这儿，李大爷对派出所的警官说道："警官，我前前后后赚了二十多万呢，您说说，我这是被骗了吗？要是被骗又怎么会赚钱呢？您再帮我分析分析。"

于是，李大爷接着讲述了事情的下半段。李大爷说，赚了这么多钱是很高兴，但觉得这一年才翻番，是不是慢了点啊？要是半年能翻番，那该多好。这股市上不也一直流传着某某"股神"几个月翻几番的故事吗？

这么一想，李大爷主动拨通了分析师陈康的电话，说出了自己的想法，就是问公司还有更值钱的信息提供吗？

陈康说："有，我们有一种专门针对超级VIP会员的钻石保障收益服务，这种服务提供的信息，一般能保障年化收益率至少在200%，而且，我们公司提供这种信息还将签订纸质合同，一方面书面保障您的收益，另一方面也要求客户不能对外泄露我们提供的信息。这种服务得交纳保证金3万元，保证金是为确保信息安全，不会被泄露，就您一个人知道，不能对别人说。分析费2万元，是因为这种信息将耗费大量的人力物力予以分析筛选。"

李大爷心想，这次只交5万元，不多，收费理由也挺合理，而且，不是才赚了20万吗。我交了钱还剩115万，再投进的话，按照200%的收益，这半年就得赚上一百多万。李大爷这赚快钱、赚大钱的欲望已经像滚雪球般越滚越大，刹不住车了。

没过多久，李大爷通过传真与这家投资公司签订了协议，约定公司向李大爷提供保障年收益不低于200%的三只股票信息，收取保证金、分析费共5万元，若达不到约定收益，公司将向李大爷返还所有会员费用，并赔偿炒股亏本的所有损失。

随后，李大爷如约汇去了5万元，至此为止，李大爷总共向这家公司汇入了21万，除去这些投入自己净赚了大概15万。因此，李大爷信心十足地按陈康提供的信息，用115万又购买了三只股票。

可俗话说：人无千日好，花无百日红。半个月后，李大爷的股票不仅没赚，反而亏了十多万，赚的钱一下就给跌没了。李大爷倒也没急，心想这也许是股票筑底，后市肯定会大幅拉升的。可又过了半个月，这支股票不仅没拉升，反而又亏了十多万，这回亏的可是本钱了啊。本金 100 万，可股票市值仅剩下八十来万了。

李大爷有点儿坐不住了，赶紧给公司分析师陈康打电话。陈康安慰李大爷说：这是股票庄家在洗盘，坚持住，很快就会反弹了。李大爷心想，也对。再说这不是还有协议在嘛，亏了公司得赔我呀。

因此，李大爷选择了坚持，而股票也在坚持，不过，是在坚持下跌。又一个月过去后，李大爷的股票市值就仅剩下了三十余万，除了赚的 15 万本金，自己亏了六十多万了。

李大爷急了，赶紧给陈康打电话，想让公司赔他的损失。陈康很镇定地说：这种亏损的情况，公司还是第一次遇到，因此非常重视。李大爷的情况他们已经向公司总部报告了，公司正在核对李大爷的损失，一旦结果出来，马上就会将亏损的本金六十多万和所有会员费、服务费 21 万，总共八十余万打到李大爷账上。李大爷一听，心里感觉有了些底。

可又过了半个月，这一点儿消息也没有。李大爷再次拨通了陈康的电话，可刚一接通就给挂了。李大爷以为陈康在开会，强耐着性子，半小时后又打了一次，却发现陈康居然关机了。李大爷感觉有点儿不对劲，又赶紧打原来那个财富专员詹小姐的电话，居然也关机了。李大爷这时是彻底慌了，找出那些公司的资料和合同，一个个的电话打过去，都没人接，连 400 那个电话也停机了。

之后的一个多月里，李大爷的股票市值还是保持在三十来万上下晃悠。遇到这种情况，李大爷告诉别人怕被当笑话讲，告诉老婆怕被骂！内心备受煎熬。直到这股票市值眼看要跌破 30 万时，李大爷实在扛不住了才赶紧报警。

跟警官和盘托出整个经过后，李大爷还是拿不准自己这会儿究竟是不是被骗了？公司电话是打不通了，可是股票啊，今天跌，明天可能涨。李大爷担心,万一报案后,这股票涨回来了,公司又找到了,只是人员变动了,地址换新的了,电话变更了,这不是诬陷别人吗?而且,这公司以前推荐的股票都准,如果是骗子,不可能有这么厉害啊?还有,这协议里面不是不能对外泄露消息,万一这一报案,公司以我泄露消息为由不赔偿了怎么办?

听完李大爷的分析,警官也感到蹊跷,李大爷究竟是不是被这家投资公司骗了呢?为了不打草惊蛇,办案人员随即对这家公司进行了初步的调查。不查不知道,一查,还真发现了一些蛛丝马迹。

第一,这公司虽然名义上叫山东某投资公司,而实际上公司的真名叫重庆某科技有限公司,不但名字不同,公司注册地也不在一个地区。也就是说,重庆的这家科技公司实际披着一件山东某投资公司的"马甲"。而且,这家公司不仅仅只有这一件山东"马甲",此外,还在成都、福州、云南成立了多个不同的公司当"马甲"。

第二,这家公司注册地虽在重庆,办公地点却是在福州的租赁房,而且不停地变化;同时网络服务器却又放在了江苏。仿佛有意在躲避什么。

第三,这家公司真正的控制人并不是注册显示的黄某和赵某,而是一个名叫陈丽的女子。也就是说,是陈丽冒用别人的身份信息注册的公司。

这一切都显示这家公司肯定有问题!

无独有偶,随后的时间里,多达数百条类似李大爷这样的报案信息不断地反馈到全国各地的公安部门,而这些信息同时都指向了重庆这家公司。报案量之大很快引起了上级公安部门的高度重视。为便于统一侦查,公安部门决定将该案移送至重庆警方进行侦破。

重庆警方迅速成立了专案组,根据李大爷等人提供的银行打款记录,顺藤摸瓜,很快发现有人在福建省福州市取走了李大爷的汇款。经侦查,警方确定,取款的这个人不是别人,正是这家公司实际控制人陈丽的丈夫郑勇。

警方立即采取行动,控制了这名叫郑勇的关键人物,并从他身上缴获了3个U盘。而这3个U盘,恰恰就成为了警方破案的关键线索。

警方连夜统计了U盘上所存入的各项信息,一年零三个月的案发期间,该犯罪集团通过提供虚假的股票信息大肆骗取全国各地股民共计165人，诈骗金额达到四百余万元。

在掌握了大量、确切的犯罪证据后，公安机关果断出击，迅速收网，先后抓获了办公地写字楼内的涉案人员共计四十余人。同时，真正的幕后老板陈丽也随即落网。

警方侦查终结后，检察机关依法向重庆市江北区人民法院提起了公诉。

案件就这样来到了江北区法院刑事审判庭黄法官的手中。黄法官初步查阅了案件卷宗材料后，心中顿时浮起了一个和大多数人一样的疑问：既然这家公司是个骗子公司，提供的又是虚假的股票信息，那么，李大爷等被害人怎么往往在入会初期还会获利呢？

很快，案件在重庆市江北区人民法院公开开庭审理。法庭上黑压压地坐满了旁听的群众，其中不少都是来自全国各地的受害者。李大爷也不远千里，来到了庭审现场。

在法庭的调查阶段，法官向陈丽提出了困惑所有受害人心中的问题：被告人陈丽，为什么你提供虚假的股票信息，还能让受害人在初期获利呢？

陈丽抬起头看了一眼法官，随口回了一句："'金字塔'理论没听说过吗？"

骗子骗钱还有理论？旁听席上传来一阵议论。陈丽停顿了一下，说出了这骗局的奥妙所在。

原来，陈丽首先制作了一条虚假的广告片，然后就找一些审查不严格的小电视台播放。如果，通过观看电视节目之后有10000人与公司联系，业务员在推销了股票软件后，就会通过掌握的他们的信息，电话推荐任意1支股票，而这10000人中，总会有人赚钱。

假如这10000人中恰好其中有1000人的股票上涨了，业务员就会对这1000人进行电话"轰诈"，推销所谓的VIP客户，同时再继续随意地推荐股票。如此一来，这1000人中也还会有人赚钱。

假如，其中又有100人的股票上涨了。业务员马上接着又会以成为超级VIP客户骗取钱财。就这样，以此类推，层层过滤，就形成了一个像"金字塔"一样的骗局。

而且每次骗钱的数额，业务员都会根据被骗股民之前赚钱的多少，精心设计，不多也不少，就和您之前赚的差不多，所以让李大爷这样的股民欲罢不能。

当陈丽讲出这诈骗的机关所在后，旁听席上一片哗然。"骗子！诈骗犯！"有人在旁听席上喊。

可就在此时，法庭上，陈丽的辩护律师却提出，陈丽并没有犯诈骗罪，她犯的是非法经营罪。这时，旁听席上又是一片哗然——这唱的又是哪出呢？

本案涉案金额四百余万、被害人达到165人，在此情况下，情节已经属于特别严重。如果根据我国刑法第二百六十六条的规定，陈丽被定为诈骗罪，将有可能被判处十年以上有期徒刑或者无期徒刑。而根据我国刑法第二百二十五条的规定，陈丽如果被定为非法经营罪，却只可能被判处五年以上有期徒刑。简单点儿说，就是同等条件下，对非法经营罪的处罚会比诈骗罪轻。所以辩护律师为陈丽提出了"非法经营罪"的定罪意见。

法官解案：>>>

本案中，陈丽等人虚构公司是合法的股票咨询公司、有专业炒股队伍、知晓股票内幕信息等事实，隐瞒了公司的真相，并且对成员进行培训、传授犯罪方法，骗取客户信任，以非法占有为目的，收取客户入会费、升级费等各种费用，然后对骗得的钱财予以私分和挥霍。这便是使用欺诈的方法骗取他人数额较大的财物的行为，侵犯了他人财物的所有权。陈丽等人的行为完全符合诈骗罪的构成要件，因此应当以诈骗罪追究刑事责任。

不久之后，重庆市江北区人民法院对该案进行了一审公开宣判，以诈骗罪判处被告人陈丽有期徒刑十三年，并处罚金20万元。该犯罪集团中其余被告人也分别被判处了相应的刑罚。同时判处陈丽等人对尚未追回的被害人经济损失承担退赔责任。陈丽不服一审判决上诉后，重庆市第一中级人民法院二审维持了原判。

法官点评：

"股市有风险，入市需谨慎。"是我们常挂在嘴边的一句话，然而纵观此案，犯罪分子精心策划，巧设圈套，非法骗取大量钱财，固然可恶；但同时，股民们投机取巧、一夜暴富的心理何尝不是导致其深陷诈骗泥潭的因素呢？

所以说，君子爱财，一定要取之有道！

耿 青

  1979年5月出生，华东政法大学法律硕士。曾在安徽省宿州市中级人民法院刑一庭、民三庭工作，现任民二庭副庭长。自1999年进入法院工作以来，荣获"全国法院办案标兵"、安徽省第二届"百姓心中的好法官"、宿州市先进个人，两次荣立个人三等功，两次获得省高院个人专项嘉奖，当选第二届宿州市政法人物、宿州市第一届妇女代表大会代表，连续十多年被评为优秀法官、先进个人等。多次担任法院系统文艺汇演、专题活动主持人。2004年入选《法律讲堂》栏目主讲人。

法官感悟

一年前,经过省高院和最高法的层层选拔,我荣幸地成为安徽省首批进入中央电视台《法律讲堂》栏目的主讲人之一。

俗话说隔行如隔山。从法律人到媒体人的转变,我遇到了重重困难。初写稿件,用写惯了法律文书的笔法,把原本很生动的案例几乎写成了判决书,机械而刻板,没有任何可读性。主编不厌其烦的指导,事无巨细的帮助,一遍一遍地修改,我才坚持了下来。逐步地掌握了这个栏目对稿件的要求和观众的需求,把讲案例和讲法律结合起来,让观众在听故事中学习法律、掌握法律,而这正是央视开办这个栏目的宗旨。

进入录制阶段后,情感的投入、语速的控制、手势的运用,这些原先认为很简单的事,一下子也都成了我的障碍。录制时被主编叫停多次,甚至重录。看着主编、导演、灯光、摄像,那么多老师为我的不适应而忙前忙后,甚至加班录制到深夜,心里真的好感动,同时也更坚定了我克服困难的决心。终于在各位老师的鼓励下,我成功录制了两期节目,并且取得了较好的收视率。

感谢《法律讲堂》栏目带给我的自我突破和自我提升,它开启了我人生新的一页。同时我也为自己能成为一名站在央视平台上为大家讲法、释法的法官而感到自豪。

自残的儿媳

主讲人：安徽省宿州市中级人民法院　耿青

执行主编：杨晖　编导：王守先

随着主审法官一声传唤，法庭大门缓缓地打开了，法警带上来了一位三十岁不到的妇人，容貌清瘦而憔悴，一双大眼睛显得有些呆滞无光，双手戴着一副明晃晃的手铐。很显然这位妇人是安徽某中级人民法院即将开庭的一起刑事案件的被告人。

最惹人注目的是她的鼻子，包裹着厚厚的医用纱布，像是受了很重的伤。一个受了重伤的女人，怎么反而成了阶下囚呢？

这时旁听席上突然站出一个四五岁的小女孩哭着叫妈妈。这是亲生女儿的声音啊，她再熟悉不过了，女人不由自主地转过身来，激动的身子晃了一下，颤抖的嘴唇张了又张，悔恨的泪水潸然而下。顺着女儿所站的方向，看到了一位与自己年龄相仿的年轻人和被他搀扶着的老太太，她再也抑制不住自己了，泣不成声地忏悔道："妈！我错了。"老太太闻言也眼含泪水动情地说："媳妇！知错就改，没事儿！"

这，又是怎么一回事呢？女人为什么要向自己的家人认错呢？难道她所犯的罪行和她的家庭有关吗？通过案件的庭审，她终于道出了事情的原委。

时间倒回，从头说起。本案的被告人名叫张玲，不仅人长得标致，而且头脑灵活、聪明过人。她和她的丈夫吴志都是安徽省宿州市一个小镇上的居民。娘家和婆家都在这个小镇上从事出售农药、化肥的生意。按说乡亲相邻的，理应互相帮助、和睦相处。但受到利益的驱动，同行成了冤家，娘、婆两家经常为了挣生意互不相让，闹得不可开交。不管两家有何积怨，但张玲和吴志却是自幼青梅竹马、感情颇深。家庭矛盾没有阻挡住两个年轻人爱情的发展，最终二人不顾双方家庭的极力反对，结婚成了家。

如果张玲过门后，能以亲情为重，主动与婆婆和睦相处，从中调和娘家与婆家的矛盾，化干戈为玉帛，让两家合作共赢、共同发家致富，该多好。

可是张玲的行为并没有像想象的那样去发展，自嫁进婆家后她仍然心存芥蒂，和婆婆关系一直相处不好。虽然父辈的积怨对张玲没有太深的影响，但吴老太对自己婚姻的百般阻挠，让张玲从心里无法接纳吴老太这个婆婆。而吴老太呢，这世上的好姑娘那么多，怎么偏就是冤家的女儿进了自家的门，这让她也无法接纳张玲这个儿媳妇。常言道，一个巴掌拍不响，媳妇不敬，婆婆找碴，针尖儿对麦芒，对刺儿都逞强。

尤其是在张玲生了一个女儿、弟媳生了一个儿子之后，婆婆看张玲更是不顺眼，对弟媳却是疼爱有加。这更加引起了张玲的妒忌和不满，积怨在心。婆媳关系，日渐恶化。

张玲是个要强的女人，决心也要生个儿子出来，为自己挣个脸面。果然，在女儿四岁的时候，张玲又怀孕了。再次的怀孕，并没有丝毫改善婆媳之间的关系，反而是孕期中女人敏感、暴躁的脾气，使得张玲与婆婆更是三天一小吵、五天一大吵。矛盾日渐升级。在又一次因为家里一些鸡毛蒜皮的小事儿吵得面红耳赤过后，吴老太有气没地方出，便对邻居说："看张玲那样！她是生不出儿子的。就是生了，她也养不活。"

奶奶诅咒亲孙子，这可是件新鲜事儿！一时间传遍了镇上的街头巷尾，引起非议，评论不一。恼得张玲大哭了一场。而张玲的娘家人听说以后，也很恼怒，跑上门来，质问吴老太，怎么能如此狠毒地对待他们家的女儿。两家人为此又是大闹了一场。张玲和吴老太婆媳二人，简直到了水火不容的程度了。

无巧不成书，在张玲怀孕五个多月的时候，真的意外流产了。失子之痛迁怒在了婆婆身上，张玲认为这是吴老太的诅咒造成的后果，尽管看到吴老太也为此后悔、伤心，但她认为这是"猫哭耗子——假慈悲"。因此由怨生恨，心中慢慢滋生了报复的念头。

特别在张玲流产后，又看到婆婆对小叔子的儿子视为掌上明珠，当宝贝一样爱不释手时，张玲怒火中烧："好你个偏心的老太婆，不要太得意，你让我没儿子，我让你没孙子！"

人一旦失去了理智，就会变得疯狂，什么傻事都可能做得出来，甚至会一步一步走向犯罪的深渊。冲昏了头脑的张玲产生了一个罪恶的想法，她想把弟弟的孩子骗走，丢弃他乡，永远也找不回来。

一天，丈夫吴志外出进货，家里其他人都在忙生意，只有张玲一人在家看护两个孩子。张玲认为机会来了。她先把自己的女儿安顿在了邻居家看管，然后悄悄地带着小叔子的儿子去了邻近的一个镇子上，企图把孩子丢弃在那里，自己一人回家。可是，当她躲在人群中，看到孩子因为找不到家人而大哭的时候，张玲的心又软了。毕竟是自己亲眼看着长大的孩子，怎么舍得扔下不管呢？加之原本善良的本性使然，张玲放弃了原来的计划，又把孩子带回了家。

因为丢了孩子，家里乱成了一锅粥。焦急万分的家人看到张玲带着孩子回来了，心里悬着的一块石头落了地。张玲佯称，因为孩子太闹，便带他出去玩了一会儿，才又带回来的。家人庆幸之余，却让婆婆吴老太感觉到了事情的蹊跷。"既然你想带孩子出去玩，那你为什么不把你闺女一起带去？你把这孩子带到哪里去了？带出去这么长时间，都干了些什么？"面对婆婆的连续追问，张玲支支吾吾，回答不出合理的解释。接着又从被带走的孩子断断续续的描述中，家人基本上了解了事情的端倪。小叔子可是气坏了，心想："你张玲太恶毒了！自打你进了吴家门儿，就对老人不敬，经常和老人家大吵大闹，我都没太跟你计较。没想到你这次竟然敢对我儿子动坏脑筋，他可是你的亲侄子啊！你可真能想得出来，下得了手！今天若不教训教训你，不知你以后还会做出什么坏事来。"愤怒的小叔子再也按捺不住了，一拳打在了张玲的脸上，张玲的鼻子立刻被打出了血。

委屈、愤恨、屈辱、无助，一时间，各种各样的情绪都涌上了张玲的心头。丈夫外出进货不在家，自己就被吴家人欺辱到如此地步，这严重地伤害了张玲的自尊心。再看婆婆吴老太，对小叔子的打人行为非但没有阻止，反而是一脸的幸灾乐祸。张玲是看在眼里，恨在心里。

如果此时的张玲能够认识到自己的错误，能够表示认错道歉，求得家人的谅解，还为时未晚。但是张玲并没有这样做，而是沿着错误的斜坡越滑越远。

挨打受伤的张玲怨气难消，变本加厉，把复仇的种子深深埋在心底。"老太婆！你不要高兴太早，这事儿不能就这么算了，你让我挨打吃了亏，我也不能让你好过，我对你孙子下不了手，那就治治你儿子，我要让你儿子坐牢。"

张玲也略懂一些法律知识，知道只有犯罪才能坐牢，而伤害要达到一定的程度才构成犯罪。

这里要说说故意伤害罪，根据我国刑法第二百三十四条的规定，故意伤害他人身体的行为为故意伤害罪。而故意伤害他人身体的行为必须已经造成他人人身一定程度的损害，才能构成犯罪。只是一般性的拳打脚踢、推拉撕扯，不会造成损害结果的，不能以犯罪论处。就结果的严重程度而言，有三种形态，也就是轻伤、重伤和死亡。如果没有造成轻伤以上程度的伤害，属于轻微伤，不能以犯罪论处。

张玲被小叔子打了以后，并没有盲目地去报案，而是先要搞清楚自己的伤，到底达到了什么程度，小叔子能不能构成犯罪。脸上被打了一拳，伤到了鼻子，流了血，很疼。但到了晚上，血流止住了，鼻子也没有那么疼了，这能构成轻伤吗？张玲心里也没有底儿。

第二天，张玲一大早就跑到镇上的医院去看了医生。医生仔细地检查了张玲的脸和鼻子之后对她说："没伤到什么，仅仅是一些皮外伤，只要鼻子不再流血，就不碍事儿了，回家多注意休息就好了。"听了医生轻松的回答之后，张玲心有不甘地说："医生，再给检查一下吧！""仔细检查过了，真的没事儿。如果你实在不放心，给你拍个片子，你一看就知道了。"医生回答。

在张玲的主动要求下，医生给她开了CT检查。

检查结果出来了，令张玲大失所望。原来，被打的面部一切正常，鼻子只是流了血，并没有造成实质性的损伤，说明没事了。怎么办呢？难道白挨了一拳？难道就此罢休了？这不太便宜他们了吗？不行，必须让他们为此付出代价。张玲坐在医院的长廊上，苦思冥想，久久不愿离去。

看着医院里匆匆来往的行人，有的帮助病人化验、拿药、办理住院或出院手续，还有的搀扶伤胳膊、断腿的病人检查、拍片子。看到这里，张玲突发奇想，想出了一个歪点子。造成轻伤害还不容易吗？没有他伤，可以自伤呀！自己伤自己太容易了吧！而且，打伤了别人还要负责任，自己伤自己总没人管吧！于是跑到了医院厕所里，趁着没人的时候，对着镜子，用拳头朝自己的鼻子猛打了一拳。张玲疼得倒吸了一口凉气，鼻子又流血了。鼻子虽然很疼，但张玲心里还是得意的。她想，这下子总可以了吧，这真是个好法子。

于是，张玲又去找了另外一个医生，开了CT检查单，再去检查。不料检查结果出来，还是不行，仍然没有达到伤筋动骨的程度。按照张玲自己的判断，轻伤应该是构不成的，也就是说小叔子构不成犯罪，也就不能让他坐牢。

张玲没辙了，失神落魄地走出了医院，缓缓地走在医院门前的人行道上。经过一番折腾之后，还是没有达到预想的结果。张玲摸着隐隐作痛、塞满药棉的鼻子，回想着与婆婆一次次较量的往事，总觉得吃了亏，而且是吃了大亏。尤其是这一次"偷鸡不成反蚀一把米"——丢弃孩子计划没得逞，又挨了小叔子一顿打，太不划算了。就这么算了吗？这口气就这么咽下了吗？

失了神的张玲只顾想着心事，也没看路，一头撞在了迎面走来的一个人身上。"哎呦！玲玲，你这是怎么了？丢了魂一样！"被撞的人叫了起来。张玲抬眼一看，原来是自己的邻居加好友，多年的闺蜜。"噢！没什么，鼻子流血了，来医院看看。""鼻子怎么了？对了，你们家昨天发生什么事儿了？闹得开了锅似的？又吵架了？啊？你这鼻子，不会是被打了吧？！他们也太欺负人了，吵架还不够，还动手打人了！你可不能服软，可不能饶了他们，不然以后他们会永远爬在你头上，你以后就没好日子过了！"

闺蜜的话触动了张玲的心思，加深了张玲报复的欲望。但是该怎么办呢？检查两次了，鼻子都没事儿啊！有句话叫作"不到黄河心不死"，可张玲现在是"到了黄河心还不死"。嗯！还是要用鼻子做文章！她心想。人要是中了邪，拉都拉不回来。满腹心事的张玲不知不觉地走到了医院后面的一条小巷子里。到处看看，四周无人。张玲捡起地上的一块半截砖头，咬着牙，闭着眼，朝着自己的鼻子狠狠地砸了一下子。霎时，血流满面，痛苦难言。

她强忍着疼痛，抹去脸上的血迹，急忙跑到医院再去拍片子验伤。结果是鼻骨骨折、鼻膜穿孔。这下总可以构成轻伤了吧！张玲煞费苦心，不惜付出伤骨流血的代价，终于如愿以偿了。

她拿着医院的检查结果，跑到公安局报案，声泪俱下地控诉了小叔子故意伤害她的行为。公安人员传唤了小叔子，小叔子承认打了嫂子，陈述的过程也与张玲举报的一致。经过鉴定，张玲的伤情已经构成了轻伤，小叔子按照故意伤害罪，被刑事拘留。

无事生非，自残致伤，害了小叔子坐牢的张玲，自以为聪明，做了很得意的事，自己以后终于可以扬眉吐气了。然而，纸终究是包不住火的，皮再厚的包子也有可能露馅儿的时候。张玲还没有高兴多久，事情就发生了逆转。

外出进货的丈夫吴志回来后，见妻子被打，弟弟因此坐牢，是既心疼妻子，又怜惜弟弟。觉得自己不是个好儿子、好丈夫、好哥哥、好父亲，对不起家人。愧疚之余，首先带着妻子到医院里治疗鼻伤。

在医院，对张玲的鼻子做完相关的治疗以后，夫妻二人准备回家。刚走出治疗室，迎头遇见了第一次给张玲看鼻子的那位医生。医生看见了张玲那被纱布五花大绑着的鼻子，心里犯了嘀咕。这是怎么回事？这女人的鼻伤怎么越治越重啊！难道是我误诊了？！医生越想越纳闷，拦住张玲，非要问个究竟。而张玲对医生的疑问，就是避而不答。

医生与张玲的对话，引起了站在一旁的吴志的怀疑。回家以后，吴志一再追问张玲事情的原委。怎奈这张玲面对丈夫的追问，来个装傻讹人，顾左右而言他。

吴志知道从张玲那里问不出个所以然了，就悄悄地跑到医院的病案室，调出了张玲的三张CT片，又分别找到了前后给张玲看鼻伤的三个医生，问明了究竟。

"知妻莫若夫"，凭着对妻子一贯好耍小聪明的了解，吴志立刻就明白了事情中的蹊跷，也明白了弟弟可能是蒙冤坐牢的。吴志家也没回，拿着这三张CT片，直接就去了公安局，把自己心中的猜测告诉了公安人员。

经过公安机关的调查，事实的真相逐渐水落石出。当小叔子刚被放回家，一家人刚刚团聚，公安局的车又来到了这家人的门口。公安人员又来干什么呢？这次是来找张玲的，一副手铐直接戴在了她的手上。张玲被带走了。

这一家人经过了这段日子的一波三折，怎么也接受不了这戏剧性的变化。尤其是吴志，怎么也想不明白，弟弟出来了，妻子怎么又进去了呢？！是因为她的鼻伤吗？她的鼻子是自己伤的，与别人有什么关系！公安机关抓她干什么呢？

公安人员告诉吴志，张玲是因为涉嫌诬告陷害罪，被刑事拘留了。什么是诬告陷害罪呢？我国刑法第二百四十三条规定，捏造事实诬告陷害他人，意图使他人受刑事追究，情节严重的，构成诬告陷害罪。张玲故意捏造了被小叔子打致轻伤的事实，并向公安机关告发，使得小叔子因此受到了刑事拘留，完全符合了该罪的犯罪构成。

法官解案：>>>

诬告陷害罪，是指捏造事实，作虚假告发，意图陷害他人，使他人受刑事追究的行为。这里的"他人"，是指所有的第三人，既包括一般的干部、群众，也包括正在服刑的罪犯和其他在押的被告人和犯罪嫌疑人。诬告陷他人，必须是以使他人受刑事追究为目的。如果不以使他人受刑事追究为目的而捏造事实诬告的，如以败坏他人名誉、阻止他人得到某种奖励或者提升等为目的而诬告他人有违法或不道德行为的，不构成本罪。

面对公安人员的讯问，张玲对自己诬告陷害小叔子的事实供认不讳。很快，案件经检察机关起诉到了法院，法院以张玲犯诬告陷害罪，判处有期徒刑八个月。

张玲虽然认罪，但对于判处八个月的有期徒刑，认为判的太重了。于是，上诉到了中级人民法院。

二审法官是位年逾五十的女法官，多年的审判阅历，使得她有着丰富的审判经验，加之女法官特有的细腻，阅完卷宗后，她就敏锐地发现这不是一起普通的刑事案件，而是由于家庭矛盾引起的，本不应该发生的案件。

家庭矛盾是由于各方面因素引起的，很多问题很难说清谁对谁错。试看本案，如果张玲能自嫁进吴家，就以亲情为重，尊敬老人，和谐相处，不以怨报怨，主动调和娘、婆两家的矛盾，又怎会发生如此严重的后果呢？如果吴老太能不计前嫌，大度地接纳张玲，一碗水端平，两个媳妇儿一样对待；如果吴志能从中调和妻子与母亲的婆媳矛盾，对家庭矛盾不采取回避且听之任之的态度；如果小叔子看到嫂子带回了儿子，能宽容对待，不动手打人，也不会酿成如此严重的后果。如果这一家人的家庭矛盾一开始就能得到调解，把矛盾化解在萌芽状态，那么，这起刑事案件可能就不会发生了。

想到了以上那么多的如果，二审法官最终作出了判断，这起案件不能轻易地作出判决！如果仅仅是简单的判了这起案件，只会加深这家人之间的矛盾。

常言道，"清官难断家务事"，既然断不了，二审法官决定劝和这桩家务事。

二审法官首先提审了张玲，动之以情、晓之以理，指出她错误思想的根源，和她违法犯罪所造成的危害性。张玲经过这沉痛的教训，本就已经后悔不已，经过二审法官的耐心教育，更是真心悔悟了，表示认罪伏法，坚决悔改。然后法官又找到吴志,使吴志深刻地认识到,作为丈夫、儿子的他,在这场家庭矛盾中、在妻子走上犯罪的道路上,有着不可推卸的责任。事情的发展,本就超出了吴志的预料范围,他怎么也想不到,被他看作是小事的家庭纠纷,会让妻子坐了牢。吴志表示以后一定要担起肩上的责任,调和好妻子与家人的关系。二审法官又找到了吴志的弟弟,让他认识到激化家庭矛盾、让嫂子犯了罪,他也有责任。小叔子本就和张玲没有太深的矛盾,经过法官的说服教育,小叔子表示,只要嫂子认错,他也就原谅嫂子了。最难做工作的就是吴老太太了,冰冻三尺非一日之寒,婆媳矛盾也不是一日两日了,吴老太怎么也不能原谅张玲。但二审法官并没有放弃,而是一次一次地上门劝说,并把张玲的悔过信,和在看守所内录制的张玲亲口向婆婆、家人道歉的视频给老人家看,加上儿孙们的亲情感化,最终融化了吴老太那颗冰封的心,表示原谅了张玲。于是就出现了节目开头时,法庭上一家人见面的那一幕。

被告人的认罪态度和取得被害人的谅解,都是量刑的重要情节。由于二审法官开庭前所做的大量工作取得的成功,使得二审开庭非常顺利。二审法官当庭宣判,改判张玲有期徒刑八个月,缓刑一年。张玲被当庭释放。一家人重新团聚,喜极而泣。

法官点评:

《诗经·大雅·仰》之曰:"靡哲不愚",意思是说没有一个聪明人不出现愚蠢的时候。只要不做傻事倒还罢了,如果自以为聪明,却做出愚昧无知的事情来,想害人反而害己,聪明反被聪明误,自套镣铐,进了大牢,那就太不值得了。

法官的工作不仅是单纯的定罪、量刑,法官应当人性化,即使对待刑事案件也不能仅仅做到压制,而是尽量去化解矛盾,解决矛盾。社会就是由一个个小家庭组成的大家庭,只有小家庭和谐了,大家庭才能和谐、稳定,这才是法官工作的价值所在。

韩鸿翔

韩鸿翔,男,1978年生,河北内丘县人,毕业于隆尧师范学校,从事教学工作10年。自学了汉语言文学专业和法律专业,通过国家统一司法考试后,于2006年被选招到内丘法院工作,现任金店法庭庭长。2013年年底入选中央电视台《法律讲堂》栏目法官主讲人。2010年在全国法院系统第二十二届学术论文讨论会评比活动中获优秀奖,2012年12月作为课题组成员撰写的司法统计分析被最高人民法院评为一等奖。2015年,获得中央电视台社会与法频道《法律讲堂》栏目最佳选题奖。因工作成绩突出,两次荣获省高院个人二等功。

法官感悟

我自到法院工作以来,一直在基层法庭工作,审判的案件大多是家事纠纷。目睹听闻了几百个家庭的悲欢离合,这当中我感触最深的当属父母与子女对簿公堂:有的父母在法庭上说到悲伤处老泪纵横,气得哆哆嗦嗦说不出话来;有的父母半夜三更睡不着觉,给我打来电话,诉说子女的种种不孝;还有的父母过节时翘首期盼一家团团圆圆,结果身边空空如也,为了见到孩子,走上法庭……

社会的细胞——家庭,如何更加和谐安宁,子女与父母如何更好相处,一直是我灵魂深处在不断思索的问题。应当说天下没有一个父母是希望生个子女来跟自己讨债的,也没有哪一个子女生来就是想跟父母作对的,细细分析原因,大多数家庭层层矛盾形成之初往往是从"逃避矛盾"开始的,加上"坚持己见",结果"矛盾累加",最后发展到"水火不容"。

天下没有十全十美之人,父母也不例外,但细细品来,家事问题也没有个标准答案,很难说谁就是对,谁就是错。遇到矛盾怎么办?不能逃避,要倾心于交流,不管矛盾再大,父母的电话一定要及时接,不管身在何方,总要常回家看看。人人都有老的时候,想想自己老了需要什么,现在就多给父母点什么,只要用心用情,再大的矛盾总能把它解决。其实父母所要的甚少:衣、食、住、行,再加上子女的身影而已。

法官,就是要在司法的过程中,用自己正确的人生感悟和价值观,来教育每一位当事人,进而不断推进中国法治的进程……

儿子不离婚，我离

主讲人：河北省内邱县人民法院　韩鸿翔

执行主编：陈贝贝　　编导：丁泽

2013年秋天的一个早上，一位六七十岁的老太太，头发花白，拄着拐棍一瘸一拐地来到法庭。法庭的郝法官见状问道："大娘啊，你这是怎么了？"谁知道这位老太太还不好意思说话了，把手中的诉状向法官一递，说："你看看吧，我这状子都写好了。"法官一看是大出意外，这位老人到法院要求离婚来了。

这老太太都这么大岁数了，到底碰到了什么过不去的坎儿，非要离婚不可啊？法官正想着，老太太说话了："我真是没法过了，法官你快点儿判我们离了吧。我今年快七十了，丈夫王大海这么多年来好吃懒做，打麻将输了钱就找我出气，这不我这腿就是他打折的。法官，除了判我们离婚，我们俩还盖了三处楼房，我也要分一半。"

这位老太太叫吕红菊，她办完立案手续走了以后，法官看着起诉书，心里纳闷："这吕红菊与王大海结婚快五十年了，王大海有百样不好，吕红菊看不上，想离早就离了，干嘛非要等到这么大年岁才闹离婚呢？"为了尽快查出究竟，法官马上通知王大海到庭应诉。

王大海来到法庭，看上去还很健壮，但是精神不太好。"你家老太太要和你离婚？你知道吗？"法官问道，说着把诉状给了他。王大海看了看诉状说："法官，别提了。她说我懒是吧？还说我打她，这都是她瞎编的。我要是懒能盖三处房子吗？家里的事儿全都是从我们三儿子王平找媳妇儿闹起来的。吕红菊和我离婚不是目的，目的是逼着让儿子离婚！"

这老两口儿离婚怎么跟小两口儿还有关啊？法官就更纳闷了！王大海没等招呼就向法官倒起苦水来。原来啊，老两口儿的三儿子王平谈了一个对象，吕红菊看不上眼，死活不同意。王平可不听母亲吕红菊的，跟女朋友悄悄领了结婚证，躲在外地打工去了，只给父亲留了手机号和打工地点。吕红菊找不到儿子王平，就发了疯似的跟王大海闹腾，要王大海说出王平在哪儿打工。可丈夫王大海却不配合，问什么都是"不知道"。这下吕红菊气疯了，把家里窗户、门、沙发都砸了个遍。尽管如此王大海为了儿子的婚姻幸福，还是守口如瓶。

吕红菊见从丈夫这儿是问不出个一二三了，便另想办法拆散儿子的这桩婚事。想来想去，吕红菊想到个妙招——断了儿子的财路！你王平带着媳妇在外租房子、生孩子，没钱总不行吧。为此，吕红菊先是把家里的钱都放在老大和老二那里藏着，然后不再让王大海种地，也不让他打工，想用这种方式彻底切断儿子王平的经济后援。按照吕红菊的想法，如果王平在外面坚持不下去了，迟早会跟这媳妇离了。

结果让吕红菊没想到的是，儿子王平非但没离婚，反而跟媳妇更亲近了，这可气坏了吕红菊。这天为这事吕红菊和丈夫王大海又干起架来，这一架吕红菊可吃了亏，因为雨天地滑，躲闪间老太太一下摔了个四脚朝天。紧接着吕红菊感到一阵刺骨的疼痛，禁不住大声地嚎叫起来。老大正好下班回来了，一看这情况，连忙打了120，和王大海一块儿把吕红菊送到了医院。医院一检查发现大腿骨有点骨折，吕红菊在医院住了十几天。住院期间，吕红菊让王大海通知老三王平，可王平愣是没回来看母亲一眼，吕红菊为此伤透了心，逢人就说："嗨，话真是说得一点儿不假，娶了媳妇忘了娘啊！"

吕红菊是彻底失望了，为了让儿子离婚，闹不行，切断财路也不行，能试的都试过了，可这儿子好像是铁了心了。吕红菊也是个倔脾气，经过这么一番折腾，也是狠了心要棒打这对鸳鸯。想来想去，吕红菊想到：用自己离婚来逼迫儿子离婚——娘不要了，打小最疼他的爹难道也不要了？

"所以啊，法官，吕红菊不是真想和我离婚，她是为了逼老三回家，才上法院告我的呀！"听了王大海的诉说，法官问王大海，对于离婚有什么想法。王大海说："吕红菊这是脑子进水了，吃饱撑的瞎折腾，我们两人夫妻感情啥事没有，吕红菊把腿摔伤前我们还在一个屋里睡呢。所以说，要离婚，我坚决不同意。"

吕红菊说离婚是因为王大海好吃懒做，有家庭暴力，王大海说离婚是为了逼老三王平回家，到底谁说的是实话呢？为查明事实法官又通知吕红菊来到法庭，这一追问，还真是这么回事。吕红菊承认丈夫跟自己在三儿子婚姻这个问题上不是一条心，为了逼儿子离婚，所以自己要先离婚；但是，如果三儿子王平跟媳妇离了婚回家来，自己能考虑不离婚，可以撤诉。

郝法官一听明白了，矛盾的根源还真在这儿，这老太太闹的，也太把打官司当儿戏了，不过人家既然告到法院要求离婚，法官还是得管的。现在知道这老太太让儿子王平离婚回家是目的，郝法官就打算把王平当突破口，离不离婚的先两说，最起码先让王平回家，这儿子一回家，老太太一高兴，法官再从中做做工作，没准儿老太太思想也就转过弯了，谁都不用离婚了。

怎么跟王平说呢？一个共赢的方法就是让王平和媳妇一起回来跟母亲赔不是，让母亲接受儿媳妇。于是，法官很快电话联系上了王平，希望他能回趟家，好好跟母亲商量商量。可电话那边，王平却冲法官嚷起来："清官难断家务事啊。我说法官，现在不是我不愿回去，而是不敢见我娘呀。"

这就怪了，怎么连娘都不敢见了？电话里王平是一声长叹连着一声长叹："说来话长啊。"原来，王平跟女朋友李红大学毕业后就到保定同一个单位打工，母亲吕红菊知道了以后，不顾自己这么大年纪了，一个人找到保定，跟王平谈了一天两夜，非要王平放弃现在的女朋友，但是王平没有答应。李红对这么倔强的未来婆婆从来没见过，不自觉得插了几句难听话，准婆媳之间是一顿小吵。谁知第二天吕红菊跑到他们公司领导那里去说这事儿，还到处跟王平同事宣扬，李红是看中他们王家的楼房和钱，才把王平给缠住了。吕红菊这么一闹，把李红也气得不得了。

见这情形，保定公司领导让王平先把家里事处理好了再上班，其实就是委婉地劝王平辞职。一看保定是待不下去了，王平和李红一气之下，到了离家更远的天津来打工。谁知道得知此消息的吕红菊又追到天津大闹，在天津李红跟准婆婆一顿大吵，吕红菊又闹到公司里去了，最终闹得王平和李红在天津也没有工作了。

结果这下李红也急了，她下了死心，就是死也要跟着王平。于是两个人偷偷领了结婚证，再次换了公司地点，吕红菊再也找不到了。为了劝说王平，吕红菊每天不断地给王平打电话，有时李红气不过，在电话里还和吕红菊相互掐几句。最后实在没有办法，王平只好把手机号也换了，王平的手机号只有他爸爸王大海知道，至此吕红菊和王平断了联系。

"法官，您说说，我还敢见我娘吗？这一见面就要吵架，为这我已经丢了两个工作。现在我妻子怀孕了，不能生气；再者为了养孩子我还得工作攒钱呢。我没时间，也不敢回家。"电话那头儿，王平无奈地跟法官解释。

郝法官一听王平这态度，看来原本想让王平回来认错缓和关系，然后再通过调解让吕红菊接受儿子婚姻选择的这条路不好走，怎么办呢？追根索源，问题还在吕红菊这儿。吕红菊为何如此坚决地反对儿子的这门婚事呢？一听法官这么问，王平又是一阵长叹，说当时我还是真没有考虑母亲的意见，因为我们俩是同学，是青梅竹马。

原来，王平上初三的时候，偶然跟李红成了同桌。李红是小个子，但是人长得很匀称。李红成绩比较好，平时给了王平不少帮助。王平上了六年小学和两年初中，还没有跟女生当过同桌呢，现在跟个小美女当了同桌，心里每天都在乱跳。王平从家里带来好吃的，总分给李红一些，尤其是当有人欺负李红时，王平多次挺身而出。在青春期这种对爱与情的朦朦胧胧之中，两人互有好感。后来两个人都上了本县同一个高中，虽然不是同班，但也经常交往，互相帮助。高三时，李红因糖尿病住了一段时间医院，王平还偷偷地到医院看了她两次，李红心里万分温暖。李红的成绩比王平好，本来可以考到更好的大学，但是因为生病影响没有考上，但像是老天安排，却和王平考到了同一所大学。李红父母希望李红再复读一年，考个好的学校，李红说不再考了,她要和王平一块儿上大学。就这样两人又一起朝夕相处了四年,顺理成章的,两人毕业后就同居了。

法官听后想想也真是的,这青梅竹马的爱情可不是那么容易拆散的。法官就想:能否再找到吕红菊做思想工作,希望吕红菊从根上能接受王平和李红的婚姻,别再为这事闹离婚了。可吕红菊一听法官要来劝说认了王平的婚事,马上来了劲:"法官,他俩想在一起过,想都别想!"说着把儿媳妇数落个百般不是:"首先,李红这人面相不好,尖嘴猴腮的,那是个要饭吃的面相,我可不想儿子以后跟李红要饭吃。其次,这个李红个子不高。有道是爹矬矬一个,娘矬矬一窝。也就是说当娘的个子不高,以后生孩子,不管生几个都是小个子,我可不想王平的孩子以后个个是矬子。最后,也是最重要的,李红有糖尿病,这个病能遗传,我可不希望自己的孙子以后个个都是病秧子。法官,还有啊,这孩子不懂事,跟我说话不是吵就是骂,骂得很难听,没一句好听话。您说说,这样的儿媳妇谁敢要啊?"

听了吕红菊的这番话,法官梳理出了事情发生的来龙去脉:起初是老太太对儿媳妇有偏见,表现出不满意后,儿子儿媳又没找到恰当的沟通方式,最终惹恼了老太太,儿子儿媳后来的做法又对老太太不够尊重,伤了她的心。最终,母亲只有把对儿子的责备加倍转嫁到了儿媳妇的头上,这才让这本该在家庭内部解决的矛盾愈演愈烈,最终闹上了法庭。

尽管吕红菊反对儿子婚姻的初衷是为了儿子好,可也的确没有尊重儿子的意愿。这矛盾的根儿说到底其实还在吕红菊这儿。于是,法官开始向吕红菊耐心地讲解婚姻自由的有关法律规定,希望吕红菊遵守国家法律政策,不要再干涉儿子的婚姻了。法官虽苦口婆心,可吕红菊根本听不进去。

最后实在调解不成,法官只好选择开庭判决了。吕红菊要求离婚,这婚能判离吗?《中华人民共和国婚姻法》第三十二条中规定了几种在调解无效时,应准予离婚的情形,咱们一项一项来说说:(一)重婚或有配偶者与他人同居的。显然吕红菊的情况不符合这一项。(二)实施家庭暴力或虐待、遗弃家庭成员的。王大海有没有实施这种行为呢?没有。吕红菊虽然说到了自己的腿折了的事,但是法庭已经查明,那不是打折的,是自己摔折的。所以这项也不符合。(三)有赌博、吸毒等恶习屡教不改的。王大海也没有这种情况。(四)因感情不和分居满二年的。关于这一项法庭也查明了,他们在三个月前吕红菊腿没有摔伤时,还在一个屋吃饭睡觉呢,所以说这一项也不符合。(五)其他导致夫妻感情破裂的情形。那么其他导致夫妻感情破裂的情形包括什么呢?《最高人民法院关于人民法院审理离婚案件如何认定夫妻感情确已破裂的若干具体意见》中规定了十三项视为夫妻感情确已破裂的情形,细细一看,吕红菊也是一条也达不到。

吕红菊要求离婚是为了儿子好,王大海不同意离婚也是为了儿子好,其实他们夫妻俩感情也没有破裂,在这种情况下,法院最后判决驳回了吕红菊要求离婚的诉讼请求。

这场离婚风波刚过去,离婚判决生效还没两天,吕红菊却又到法庭起诉来了。但这次告的不是离婚,而是赡养,要求三个孩子每人每年给付赡养费一万元。

这次负责这个案件的还是郝法官,他一看这案子,心想:这老太太又是要闹哪一出啊?这向儿子们要求赡养费究竟是老两口儿的意思还是吕红菊单方面的意见呢?为了弄清状况,郝法官决定先给王大海打个电话。电话中,王大海明确表示现在不用孩子们赡养,这次诉讼是吕红菊自己的意思。因为这次诉讼还牵涉到吕红菊的另外两个儿子,鉴于已经知道吕红菊和三儿子之间的矛盾,郝法官先给老大和老二打了电话,想听听他们的意见。老大老二在电话里明确告诉法官:"你们法院该怎么判就怎么判吧,我妈这还是跟老三置气呢,她并不会真向我们要这么多赡养费的。"

法官一听明白了,老太太吕红菊这次诉讼要钱的目的其实还是通过经济控制儿子,从而逼王平离婚。很快,法官再次约见了吕红菊。吕红菊开门见山道:"我这儿有一张协议,法官您看看。"法官拿协议一看,上面写着:甲方母亲吕红菊,乙方儿子王平。协议内容只有一条:王平自愿从2013年1月1日起,每年给母亲吕红菊一万元赡养费(每年10月1日前付清)。后面有吕红菊和王平的签字、捺印。吕红菊说:"就凭这个,老三他每年至少得给我一万块钱。"

如果吕红菊拿出的这份协议是双方的真实意思表示,那么王平确实就要按协议履行赡养义务,每年给老太太一万元钱,这对本来收入就微薄,又刚有嗷嗷待哺初生婴儿的王平来说将是致命的打击。

送走了吕红菊,郝法官立刻拨通了王平的电话,了解协议签订的真实情况。结果,法官话音刚落,王平在电话里就喊上了:"那个协议是我妈逼我写的啊!"

"怪了,你都不回来见你母亲了,你母亲怎么逼着你写啊?"

王平就说,2013年春节前,他和媳妇李红虽然领了结婚证,但一直没有举行仪式,王平心中一直觉得对不起李红,就硬着头皮回家跟母亲商量举行婚礼的事。一听儿子不但领了证,还要办婚礼,吕红菊果然炸了锅:不准结婚!没一点商量的余地!

王平一看母亲这态度,转身要走,吕红菊好不容易才见到儿子,哪能轻易让他走了,非得让王平说说以后管老人的事,不能光让老大老二管,自个儿在外图清静。吕红菊这回干脆要求儿子直接和她签下协议,每年给一万块钱赡养费。

王平一听,当时就说拿不出这么多。吕红菊这下有道理了:没钱还在外面和那女人吃喝享乐,那就在家里住吧,别走了。王平一看这架势,不愿再跟母亲纠缠,这才签下了协议,方得离去。电话中,王平告诉法官,协议不是自己的真实想法,只是当时的权宜之计,还说其实自己根本没有这个经济能力,请求人民法院变更赡养费的数额,至于给多少钱,法院依法判决。

如果真如王平所说,协议是在逼迫之下订立的,那么老太太吕红菊要一万元赡养费的要求,法院就得重新考量了。可是谁说的是真的呢?恐怕最后都要用证据来说话。

很快,案件开了庭。开庭那天,王平来了,面容憔悴。

庭审中,因为协议上有王平的签名,现在王平又否认是自愿签订的,本着"谁主张、谁举证"的原则,就要由王平承担举证责任。但是王平却什么证据也没拿出来。在这种情况下,法官只能推定协议是王平自愿签订的,属实有效。这样一来,王平将会面临必须向母亲支付一笔对他来说数额巨大的赡养费的局面。

一看这情况,王平急了,急忙拿出了一份从银行打印的自己工资收入明细单,说:"法官,你看看这个,上面清清楚楚显示着我最近这几个月的收入都是两千元上下,我妻子没工作,这点儿钱还要养家糊口,我是真的没有能力一年拿出一万元的赡养费。"

对于王平所说的这些,吕红菊都不关心,就一句话:要么拿一万元赡养费,要么离婚回家。王平一看母亲这态度,拖着哭腔说道:"娘啊,你这不是为难我吗?你只要能接受这个儿媳妇,我们愿做牛做马天天伺候您呀。现在非要我拿一万块钱,我是真拿不出来啊。"一听王平这话,吕红菊突然也放声大哭,一下子给王平跪了下来,哀求着:"平平啊,就可怜可怜你娘,回来吧!"

郝法官一看这情况,马上过去要把吕红菊扶起来,吕红菊怎么也不起来,这时王平突然也"咕咚"一声给母亲跪下了,说:"娘,你真想逼死孩子吗?"说完眼泪"哗哗"直流,泣不成声。

母子俩当庭相对而跪,令在场的人都大吃一惊。最后法官费了好大劲儿终于劝开了双方。案件发展到这一步,法官面临两个问题,一个是解决法律问题,吕红菊要求的赡养费究竟该判多少?另一个是解开吕红菊的心结问题,如何才能接受这个儿媳妇。

先说法律问题。子女对父母的赡养义务,我国婚姻法和老年人权益保障法都有规定。本案中既然协议是有效的,王平就应当按协议履行。但是,王平不是什么老板大款,就是一个普通的打工者,自己还要生活,的确没能力支付这么多钱,如果判决按协议执行,就相当于把王平逼上了绝路。另外,吕红菊也没有提供证据证明自己确实需要每年三万元的赡养费。那么赡养费究竟该判多少呢?有没有一个衡量的尺度呢?现在法律还没有统一规定,审判实践中一是以老人的实际需要为原则，二是农村老人的赡养费参考本省农村居民人均年生活消费支出进行计算，三是再加上老人住院就医等特殊需要的费用支出。本案中，吕红菊的赡养费应当在每年5600元左右，这样平均下来，每个儿子负担数额应当是在1900元以下，与协议中约定的10000元差得太多了。因此，协议属于显失公平。所以，法官对赡养费数额依法进行了适当调整，最终判决：三个儿子每人每年给付吕红菊赡养费2000元，共计6000元，吕红菊的医疗费由三个儿子各担三分之一。

法官解案：>>>

在众多赡养案件中，老人的需求每家与每家不同，老人的目的也每家与每家不同。如果国家规定的数额过低了，老人不够用；数额过高了，孩子们可能拿不出这么多钱，而老人却用不完。因此，法律无法规定统一的赡养费标准。法院在审判实践中就形成了以老人实际需要为原则的审判理念，一方面是参照本地或本省人均生活消费支出作为通常情况下的判决标准，另一方面同时考虑老人看病、护理、饮食、住房等特殊需求进一步适当调整。

但是法官明白，法律问题解决得再对，吕红菊的心结问题不解决，按下葫芦还会再起个瓢。到现在，吕红菊的心结其实主要还在儿媳妇身上：之前有了矛盾，儿媳妇得理不饶人，做得绝情，让老太太很没面子；现如今，闹到这地步，即使原谅了儿子儿媳，答应他们进门，吕红菊更怕儿媳妇还把自己当仇人。

所以，判决后郝法官建议王平小两口道："你们是晚辈，没什么拉不下的面子，主动给老太太该赔礼赔礼，该道歉道歉，这样老人的气才能消，也就是给老人个面子不是？"

也许是这场家庭纠纷中大家都已身心俱疲，也许是儿子当庭一跪，让母亲看到孩子太多的辛酸和无奈，不愿再苦苦相逼，也许是王平、李红听从了法官的意见，而后转变了态度，主动给老太太买了东西示了好。法院判决后，王平和吕红菊竟都没有上诉，母子、婆媳之间的融冰之路走出了第一步。半年后，王平夫妇抱着刚出生不久的孩子回了家，婆婆见到孙子，第一次在小两口儿面前露了笑脸……

吕红菊出于母爱，一心想给儿子找个好媳妇，这并没有错，但是并不该让母爱绑架儿子的婚姻自由，毕竟，婚姻是孩子们自己的选择。而王平和李红在和母亲的这场矛盾中，如果不选择逃避，而是积极面对，理性处理，努力化解矛盾，我想最终一家人也不会非得对簿公堂了。

法官点评：

这只是一个极端的个例，但这个极端个例中所折射的问题触目惊心，令人心痛。无数父母怀着沉沉的爱心，为了孩子能够幸福一生，自己付出了无数的心血，甚至一生幸福的代价。但是他们并不知道，他们的努力都是在错误的道路上越行越远，用错误的方式一步步亲手将孩子的幸福扼杀，最终事与愿违。在社会大变革中，父母与子女、老人与孩子，如何能够更加和睦地相处，更加有效地教育，是大时代留给我们的课题。理性、交流与尊重不失为一剂良方。

何 璇

1988年8月出生于新疆伊犁,汉族,中共党员,2010年6月法学本科毕业,2014年进入米东区法院工作,现任乌鲁木齐市中级人民法院办公室科员,乌鲁木齐市法官乐团小提琴手。2015年8月参加《法律讲堂》"法官解案"特别节目主讲人选拔赛(乌鲁木齐市赛区)获得二等奖,并获得中央电视台社会与法频道《法律讲堂》栏目2015年度"最佳新人奖",最新录制的《要钱不成要人命》于2017年7月3日播出。

法官感悟

直到现在坐在这里码字,我还隐隐有种做梦的感觉。接到通知是参加乌鲁木齐市赛区《法律讲堂》栏目"法官解案"主讲人的选拔,一周的准备时间,自己选案例,写稿件,背稿,参赛。预赛当天从未有过的紧张,这与以往的朗诵比赛、主持人比赛、演讲比赛不同,集专业知识、现场表现、形象气质于一体,有最专业的老师,最挑剔的评委,于是,我手心冒汗、两腿发软。

知道结果是两周后,竟然入选了。然而,这才是"噩梦"真正开始的地方,开始漫无目的地找选题,开完庭就扎进同事办公室,一起讨论选的案件是否合适,题材是否新颖有意思,上报,被毙,再上报,再被毙,越是虐心的案例越感兴趣,越是残酷的案情越是津津有味,一度感觉自己患了自虐症,无比享受虐心案件刺激的过程。

选题通过,开始撰稿的漫漫长路。由于白天工作繁忙,只能挑灯夜战,稿件洋洋洒洒写了万把字,却要严格缩减到6500字,要知道写稿容易删稿难,就这样一遍一遍更改,一行一行斟酌,在央视主编陈贝贝老师的严格要求下,第一篇央视录像稿件出炉了,捧着带着硒鼓味道的录像稿,百感交集。

终于,走进梦想中的中央电视台,静静享受着节目录制的过程,也近距离地感受到中央电视台编导们敬业、严谨的工作作风,真心感谢在此过程中帮助和鼓励过我的家人、朋友、领导、同事,更要感谢陈贝贝老师一路上的高标准、严要求,以及对一个新人的耐心,祝愿《法律讲堂》栏目在大家的共同努力下越走越远。

孩子在校出了事儿

主讲人：乌鲁木齐市米东区人民法院　何璇

执行主编：陈贝贝　　编导：侯旭鸣

父母把孩子送到学校上学，有个磕磕碰碰是难免的事儿，可是，如果孩子受伤了，到底是有监管义务的父母负责，还是有看管义务的学校来埋单呢？让我们来看下面的两个案例。

2014年冬天的一个下午，大雪纷飞，小飞爸爸正忙着给家里的蔬菜铺进货，突然电话响了起来，一看是儿子的班主任赵老师打来的，这个点儿还没放学呢，难不成是小飞在学校闯祸了？

小飞爸爸心里一阵慌乱，接通电话后，只听到赵老师用焦急的口吻说："小飞爸爸，快来一趟医院吧，小飞的手被砸伤了。""砸伤了？在哪儿砸伤的？严不严重？"小飞爸爸一边急切地询问小飞的情况，一边往外跑。电话里赵老师吞吞吐吐，小飞爸爸一着急就挂了电话，出门打了个出租车直奔医院。

到了医院，看见小飞躺在病床上，双手被包扎得严严实实，眼睛哭得又红又肿，还一边抽泣一边喊疼。见到爸爸来了，小飞"哇"的一声大哭了起来。爸爸一边心疼地抱起小飞，又一边抚摸着儿子的后背，说："别哭别哭，爸爸在。"没等小飞爸爸问，站在一旁的赵老师凑上前去，说："小飞爸爸你别着急，结果还没出来，小飞的手只是被砸伤了。"正说着，医生拿着诊断结果进来了——孩子右手开放性损伤伴骨折，建议住院治疗。

"骨折？住院？"小飞爸爸瞪大了眼睛，急切地问赵老师："怎么会这么严重，小飞的手到底是被什么伤成这样的？"赵老师赶忙把事情的原委给小飞爸爸叙述了一遍。

原来，第一节课下课后，学生们都从教室走出来玩儿，突然"咣当"一声，接着就传来一个孩子的哭声，整个楼道乱作一团。赵老师闻声赶去，就看见小飞坐在地上，楼道里好好挂在墙上的暖气包竟然倒了下来，旁边小飞的同学说，暖气包倒了，砸到小飞的手了。赵老师看了看小飞的手，不停地流血，地上也都是血滴。问小飞什么感觉，小飞哭得上气不接下气，只是边哭边喊疼，赵老师赶紧把小飞送到了医院，随后便通知了小飞的爸爸。

赵老师说："小飞爸爸，你放心，孩子是在学校受伤的，医疗费我们付。"说完就去交钱了。看到赵老师这么主动去承担责任，小飞爸爸也不好多说什么。赶紧和小飞妈妈准备孩子的入院手续。

一个星期后，小飞出院了，医生叮嘱小飞爸爸，一个月以后拆石膏。看着儿子打了石膏的手臂，再想到儿子的手是被重重的暖气包砸到，小飞父母说不出的心疼，可是学校主动付了住院费、医疗费，小飞的伤也在慢慢恢复，小飞爸妈也没太追究。但是，小飞的伤并没有想象的那么乐观。

三个星期过去了，一天晚上，小飞突然发起了高烧并喊着右手拇指疼得厉害，赶紧找来了体温计一量：39°5！小飞爸爸二话没说，连夜带小飞去了医院。医生拆开石膏一检查，发现右手又红又肿，尤其那个拇指还出现了溃烂，经过全面检查，最后诊断为右手拇指感染，右手拇指骨髓炎，需要继续住院治疗。

小飞爸妈本想孩子快好了，可以回学校上课了，没想到节外生枝，患上了骨髓炎，这可怎么办？这个病到底有多严重？好不好治，有什么后果？小飞爸爸就像热锅上的蚂蚁，四处打听。

就在住院后的第三天，小飞的姑姑打来电话，说她的一个同学正好在老家一家三甲医院工作，还是外科的主治医生，医疗设备也好得多。为了让小飞接受更好的治疗，小飞爸爸决定带儿子去这家医院看病。

可是，小飞的父母都是外地来新疆打工的，平时攒下来的两万元已经花光了，虽然学校第一次垫付了医疗费，但平时买药、给小飞买营养品，已经花了不少，无奈之下，小飞爸爸硬着头皮拨通了赵老师的电话："赵老师，您好，我是小飞爸爸，您看，小飞的手不但没好，反而更严重了，我们想带小飞去老家医院看病，这个钱……"

没等小飞爸爸说完，赵老师就打断了他，说："小飞爸爸，你的心情我可以理解，但是小飞受伤后医疗费我们已经付过了，这都过去两个月了，你又让我们学校付钱就不太合适了吧，再说，新疆的医疗水平也是很不错的，没有必要花那个冤枉钱出去看病吧，我还有课，先不说了。"说完就挂了电话。

小飞爸爸很生气，这不明明是推卸责任吗？但仔细一想，赵老师毕竟是小飞的班主任，也不好意思再多说什么，向亲戚朋友东拼西凑了一点儿钱，当天办理了出院手续，买了第二天的机票，前往老家郑州看病。

经医院检查，小飞的右手拇指开放性损伤伴指骨骨折，并伴有骨髓炎。

又经过半个多月的治疗，小飞的病情明显好转，但不幸的是，小飞拇指指间关节活动功能丧失。经司法鉴定所鉴定为十级伤残。这意味着小飞的拇指再也不能像以前一样握笔写字、拿东西了。

看到这个结果，小飞一家都懵了，没想到结果这么严重。十指连心，虽然是儿子的手骨折了，但如同割下小飞父母心头上的一块肉般疼痛。小飞后续治疗、康复还需要钱，家里的这个经济情况支付这么多医药费显然是有困难的。事到如今，学校却是这副态度，实在气不过的小飞爸爸就带着病历和鉴定材料，直接去学校找赵老师。

临出门前，小飞妈妈特意嘱咐，别跟学校闹僵了，毕竟孩子在那里上学，闹僵了对咱小飞不好，孩子考不上重点更糟心。

到了学校，找到赵老师，小飞爸爸小心翼翼地递上鉴定书和病历，说："赵老师，这个孩子他是在学校受伤的，又是十级伤残，您跟校长说说，看看医疗费能不能再出点儿，剩下的我们自己承担。"

赵老师翻了翻病历，说道："小飞爸爸，这个事情学校已经调查了，我也请示了学校的领导，是你家孩子自己调皮去扳倒了暖气包，不能全怪学校，我们付了第一次的医疗费已经尽到责任了，至于去外地的治疗，那是你们自己的事儿，不属于学校的赔偿范围，你回去吧，剩下的钱学校不会出的。"

听老师这么说，小飞爸爸的气"腾"的一下就上来了，小飞治病花了几万块钱，大部分都是向亲戚朋友借来的，这段时间小飞父母一直照顾小飞，家里一点儿收入都没有，如果学校不赔偿，别说给孩子看病买营养品，就连日子都过不下去了。想到这些，小飞爸爸实在忍不住发火了："你们讲不讲道理，我家孩子29公斤重，暖气包30多公斤，你说他扳倒了暖气包，简直荒唐！"小飞爸爸拿着桌上的病历扭头就走了，回到家里，小飞爸爸和小飞妈妈一商量，觉得学校态度强硬，单靠自己是要不来钱了，于是决定到法院去评理，便一纸诉状把学校告上了法庭，要求学校支付小飞三次住院的全部费用，共计六万多元。

很快，案子开庭了。小飞爸爸、妈妈都来了，情绪很激动地说："我们孩子在学校出了事，手都残疾了，难道不应该学校赔偿吗？"而学校却说："孩子是你们的孩子，不是出了什么事学校都要负责的！小飞是自己调皮去搬动暖气包，当然是你们做父母的承担责任。"双方吵得不可开交。

孩子在学校出事，学校到底该不该负责任呢？

法官解案：>>>

按照我国法律规定，无民事行为能力人在学校学习、生活期间受到人身损害的，学校应当承担责任，但能够证明学校尽到教育、管理职责的，不承担责任。

小飞当初的意外究竟是什么情形？学校当时究竟有没有尽到教育、管理职责呢？

小飞爸爸告诉法官："不是像学校说的，我儿子搬动后暖气包掉下来的，而是暖气包钉子脱落了，我儿子经过时，暖气包倒了下来。"

之后，小飞爸爸向法庭出示了小飞被砸伤后的陈述，陈述中说，小飞下了第一节课去上厕所，他扶着水房前的暖气片在走，突然暖气片倒了下来，他还看见一个钉子也掉了下来。法庭上，小飞爸爸提出，暖气包一定是质量不合格，学校疏于管理，因此学校应当承担责任。

而学校的委托代理人赵老师说："是钉子脱落了，这点我们承认，但暖气包不合格不是我们学校的事儿，是建筑安装公司的事儿啊！怎么能让我们承担责任呢！"

那么，学校到底有没有责任呢？

孩子在学校学习、生活期间，学校应该采取积极有效的措施消除潜在的危险，对于可能产生的危险进行加固和维修，并且学校应当对暖气包尽到的修缮工作承担举证责任。

张法官问赵老师，学校有证据证明你们尽到了暖气片修缮义务吗？赵老师摇了摇头。按照法律规定，学校应负有举证责任，如果学校不能提供证据证明，则推定学校有过错。因此，法官当庭推定学校是全部过错。

最后，法院判决，小飞属于不满十周岁的无行为能力人，学校没有能提供证据证明自己履行了教育管理的职责，也没有做好学校设施的修缮工作，因此应当推定学校有全部过错，共赔偿小飞医疗费等共六万多元。拿到全额赔偿款的小飞爸爸并没有那么高兴，孩子的手永远残疾了，这个损失是用多少钱都没法弥补的。

虽然在这个案子中，学校给出事儿的孩子赔偿了全部的费用，那是不是只要孩子在学校出了事儿，学校就一定会负全责呢？未必。我们接着看下一个案例。

2013年12月的北京，处处张灯结彩，而刘星一家在阴冷潮湿的地下室宾馆收拾着第二天返回乌鲁木齐的行李。刘星妈妈手里拿着一沓医院的诊断证明书，抽泣着，诊断书上四个字格外刺眼"左耳全聋"。一想到自己的孩子才十岁就左耳失聪，刘星妈妈的眼泪"吧嗒吧嗒"往下掉。刘星爸爸坐在床边，一根接着一根地抽着烟，烟灰洒落了一地。

事情是这样的，两个月前的一天上午，下课铃响了，孩子们一窝蜂地从教室涌出来往厕所跑。突然，刘星不知被谁撞了一下，感到耳朵一阵剧痛，接着摔倒在地。等刘星缓过神来，觉得耳朵疼得嗡嗡直响，他看见隔壁班的张亮也坐在地上，额头肿了个大包，张亮摸着自己的额头使劲地揉。这会儿上课铃响了，刘星和张亮各自爬了起来，回教室上课去了。

放学回到家，刘星跟妈妈说被别人撞了一下，耳朵疼，刘星妈妈给儿子涂了点儿红花油，看了看耳朵，只是发红，也没有其他大碍，就让儿子早早睡了。

第二天早上醒来，刘星冲进厕所一阵呕吐。这可吓坏了刘星的父母，他们发现，刘星的左耳已经发紫，脸色发白，还不停地呕吐。于是刘星妈妈赶紧带刘星去了医院，经诊断，为突发性左耳耳聋，医生开了几种口服药，让一周以后复查。出了医院，刘星妈妈带着刘星去学校了解情况，正巧碰到学校的张校长在门口值班，刘星妈妈大概说了儿子的病情后，张校长让刘星妈妈带着孩子先治病，学校一定配合处理好这件事。刘星妈妈看学校态度积极，没想那么多，就回家了。

一周以后去医院复查，结果竟是"左耳混合性耳聋"，这大大出乎刘星爸爸妈妈的意料，原以为儿子只是由于碰撞发生短暂的耳鸣，怎么碰了一下就把耳朵碰聋了。这眼下，两口子既怀疑医生误诊又害怕耽搁治疗的时间，决定先给孩子治病，再去学校问究竟。

刘星的父母把家里的积蓄全都拿了出来，准备带儿子去北京治耳朵。这年冬天特别冷，为了节省费用，他们在一个交通比较便利的地方找了一家还算干净的地下室宾馆，两口子带着孩子先后跑了十多家著名医院的耳鼻喉科，最后的诊断结果居然都一样——左耳全聋，建议植入人工耳蜗。这才有了开头刘星妈妈伤心落泪的一幕。

一回到乌鲁木齐，刘星的父母便直接去了学校，要求学校和撞倒刘星的张亮赔偿医疗费。张校长带着刘星妈妈找到张亮询问当天的情况，可是张亮始终低着头，什么都不说。又找来事发当天在场的王老师，王老师说，那天放学，看见教室的门没锁，发现刘星在教室里趴在桌子上哭，王老师问刘星怎么了。刘星说，耳朵疼，被撞了。老师又问刘星，谁撞的？刘星说是隔壁班的张亮。但是王老师事发时没有在现场,没有亲眼看见两个孩子发生碰撞;班主任李老师当天家里有事,请假不在学校,也是第二天听说了这件事儿,班主任李老师之后也去找了张亮问情况,张亮还是低着头什么都不说。

刘星妈妈这下有点着急了,找不到谁撞了刘星,谁来赔医疗费?儿子不能白白受了这个委屈啊!

于是刘星妈妈要求调取学校的监控录像,可是监控录像的视频只保存15天,现在一个多月过去了,视频已经自动删除了。刘星妈妈坐在张校长办公室,说:"我的孩子才10岁,耳朵就聋了,以后怎么找工作,怎么生活,学校必须对我们孩子负责。"张校长却说:"孩子是在我们学校出的事儿,没错儿,但是,是张亮撞的刘星,刘星耳朵听不见也是因为被张亮撞倒导致的,你应该找张亮的父母去赔偿。"

刘星妈妈觉得校长说得也在理,于是从学校找到了张亮妈妈的电话,没想到张亮妈妈却说:"你找错人了吧,我孩子又瘦又小的,怎么可能撞倒了你家孩子,还能把耳朵撞聋了?"说完就挂了电话,再打就不接了。

刘星妈妈没了法子,将张亮和张亮父母、学校一并告上了法庭。

案子就这样到了刘法官手里。一周后,接到诉状的张亮妈妈找到了刘法官说:"法官,你说我们冤不冤,刘星出了事儿,怎么就赖我们头上了,他不找学校赔,反而来找我们,这不明摆着和学校串通好来讹钱吗?"刘法官询问了事发当天的情况,张亮妈妈一口否认自己儿子撞了刘星,法官见张亮妈妈态度坚决,便让她领了传票,通知了开庭时间,让她先回去了。

开庭那天,刘星父母、张亮一家以及张校长都到庭参加了诉讼。还没等法官问,张亮妈妈就说:"我儿子没有撞刘星,这件事儿跟我们没有关系。"而学校也说:"刘星是被同学撞的,不管是哪个同学,都应该让撞他的孩子承担责任,我们学校是没有责任的。"

看见学校和张亮妈妈都摆出一副事不关己的姿态,刘星妈妈掩面哭了起来:"这还有没有天理了,我儿子刚刚十岁就一只耳朵听不见了,你们叫我怎么办,叫我儿子怎么办?"

刘法官示意刘星妈妈冷静一下，说道："这件事情，孩子是当事人，双方是否同意让张亮出庭接受法庭询问。"张亮妈妈想了想，说："问吧问吧，反正不是我儿子撞的。"

张亮出庭后，刘法官问道："张亮，你认识刘星吗？"张亮先是低着头不说话，过了半晌，斜着眼睛看了妈妈一眼，张亮妈妈挤了挤眼睛，正好被刘法官看到，张亮小声说："不认识。"刘法官觉得不对劲，顿了顿嗓子，提高了语调说："张亮，在法庭上是要讲真话的，告诉阿姨是不是你撞了刘星。"张亮右手抠着衣角，突然抽泣起来，边哭边说："妈妈说要赔很多钱，我就没有说实话，是我撞的，法官阿姨，别把我抓起来。"坐在被告席上的张亮妈妈的脸"刷"的红了，停了停却说道："就算是我儿子撞的，耳朵聋也跟我们没关系，我都调查过了，刘星上一年级的时候自己掏耳朵，造成耳膜穿孔，这次肯定是后遗症。"

"什么？耳膜穿孔？原告，你是否认可这个事实？"刘星妈妈说："的确，我儿子一年级的时候自己掏耳朵，造成了耳膜穿孔，但是当时已经痊愈了。如果不相信，你可以去医院调查，也可以做鉴定。"

法庭的这次调查还真查出了意外！那么刘星耳聋和之前的耳膜穿孔到底有没有关系呢？这可决定着最后的责任认定。为了弄清楚，休庭后刘法官立刻就带人去医院调查。

可是到了医院，法官却了解到，由于刘星当时是门诊治疗，医院并没有保留刘星治疗耳膜穿孔的就诊材料，没有记录，就查不清楚刘星左耳耳聋的真正原因了。这可怎么办？

想来想去，法官决定，还是建议刘星的父母找相关部门做一个左耳耳聋的因果关系鉴定，搞清楚耳聋的真正原因。

几天后，鉴定结果出来了。结论是：目前鉴定材料无法证实其左耳耳聋与被鉴定人被他人撞到左耳存在因果关系。这也就意味着，刘星耳聋的原因还是找不到确切的答案。

拿到鉴定结论的刘法官发愁了。电光火石间刘法官突然想到，如果刘星耳朵一直有问题，那么他的老师和同学应该是清楚的，能不能从他们那里找到答案呢？于是刘法官又到了刘星所在的学校，找到了刘星的班主任、授课老师和同班同学了解情况。

经了解，刘星耳膜穿孔后向学校请了假，治愈后回学校和之前没有什么区别，和他单独交流即使声音不太大刘星也可以听清。班主任老师说因刘星座位在第一排，没有发现他有听不到的情况，他耳膜穿孔治疗后基本没有请过假说再要去治疗耳朵。这么说来，刘星的耳膜穿孔当初应该是治愈了。

案件再次开庭，刘法官认为，虽然鉴定结论没有直接证明刘星耳朵失聪与碰撞的因果关系，但是刘星的同学和老师的陈述均可以证明其耳膜穿孔后已经治愈，并且鉴定人员说耳膜穿孔不会引起听力损失。因此，可以推定刘星左耳耳聋与这次碰撞是有直接关系的。

法官解案：>>>

在这个案子中，因为刘星和张亮是在校园课间操时发生碰撞受了伤，所以张亮就是本案的直接侵权人，因此其监护人，即张亮的父母，需要承担70%的主要赔偿责任，而事故发生时，刘星和张亮都未满十周岁，学校对于刘星、张亮具有更加严格的安全保障义务，同时，学校没有妥善保存事故发生时的视频证据，在保存管理上有过错，因此学校应当承担剩下30%的责任。

最后，判决下来了，判决张亮父母赔偿刘星十万多元，学校赔偿刘星四万多元的款项。十几万元，对于工薪阶层的张亮一家来说不是一笔小的数目，但是对于左耳失聪的刘星一家来说，又只是杯水车薪。如果父母对孩子多一些安全教育，老师对学生多一些保护措施，可能悲剧就不会发生。

法官点评：

这两个案例在现实生活中并不少见，孩子有没有自我保护的意识，家长有没有尽到教育指导的义务，学校有没有完善管理的措施，都在孩子的校园

法官解案 生活中起着至关重要的作用。孩子送到学校，需要学校一方作为教育者，对孩子尽到监督和管理的责任，同时作为家长，更要在平时向孩子普及安全保护知识，让孩子有自我保护的安全意识，只有家长、孩子、学校共同努力，才能让孩子有一个安全且愉快的学习氛围。

胡 平

1973年出生，安徽大学法学本科、法学学士学位、中央党校研究生学历，1994年参加全国法院统招考入安徽省宿州市埇桥区人民法院，历任书记员、助理审判员、审判员、副庭长、庭长。为跟上不断发展和更新的法制进程，提高司法审判水平，经过不懈努力，工作之余以执着的精神和毅力通过了国家司法考试，也从有着13年刑事审判经验的刑庭法官成长为最接地气的基层法庭庭长，2014年被中央电视台社会与法频道《法律讲堂》栏目选为"法官解案"节目的主讲人，2015年已有多期节目陆续播出，2016年年初被该栏目组授予"2015年度最佳新人奖"。所在的基层法庭连续多年被评为"先进集体"，2015年因个人工作成绩突出，被安徽省高级人民法院授予嘉奖。

法官感悟

　　2014年年末，经过严格的初试、复试、面试后我成为央视《法律讲堂》的主讲人，直至2015年7月14日播出我第一期节目时都感觉自己像是在做梦一样！

　　至今，《法律讲堂》已播出了我的多期节目，但使我最难忘的还是第一期的录制。初去央视除了激动就剩紧张，编导杨晖老师为了消除我们的紧张感，提前一天带我们去试讲。镜头前我总是讲不好，杨晖老师对我说："稿件没问题，但是感觉和状态你要好好找找，这个节目不同于你们平时的开庭，是以讲故事的方式来讲解法律知识。要记住你是法官在说法，不是演员在演戏，要从端坐审判台的审案人转变为站在法律讲台前的主讲人，既要有法官的职业距离感，又要让观众有亲切感。"这可真难啊！回到住处我对着镜子边练边慢慢揣摩。第二天等我录像的时候已是晚上七点多了，看着辛苦劳累了一天的老师们，我告诉自己加油！

　　第一次的录像很顺利，当我走出录像室时老师说他们都被带进故事里了！节目播出后我收到了不少观众的来信和电话，咨询有关法律问题。从这儿可以看出《法律讲堂》栏目的影响力，同时栏目组老师给我们提出了更高的要求，使我们在《法律讲堂》的舞台上不断进步。回头看看，找选题、一遍遍修改稿件的艰辛过程就不算什么了。"功夫不负有心人"，所以，不要给自己不敢尝试的事情找借口，只要自己足够努力，你以为做不到的，也许就在来的路上。

女儿是自杀还是他杀

主讲人：安徽省宿州市埇桥区人民法院　胡平

执行主编：杨晖　　编导：王守先

2012年10月的一天，安徽某地法院即将开庭审理一起过失致人死亡案，这天上午，审理这起案件的刘法官刚到单位，就看见法院门前已经聚集了很多人，还打着"严惩凶手，还我女儿"的横幅。一个怀里抱着一张大照片的中年妇女疯了似的跑到刘法官面前"噗通"一跪，边哭边喊着："法官啊，你可要为我做主啊！你看看我的女儿她多漂亮啊，才刚刚二十岁啊！就被那个混蛋给害死了！"刘法官明白了，这位妇女是这起案件被害人的母亲，前不久失去独生女的夫妇俩向法院提出了刑事附带民事诉讼，刘法官连忙把她扶起来安慰说："快起来，快起来，有话咱慢慢说。"刘法官把这女人劝到了法庭里，并安排法警给她倒了杯水，安抚她和家人的情绪。这期间，这个女人一直紧紧地抱着照片，生怕别人会夺去似的，这女人的头发花白且凌乱，身上的衣服好像很久没有换洗了，面容枯黄，目光呆滞……一副悲痛欲绝的样子，她怀里照片上的女孩儿相貌姣好，灿烂的笑容美得像一朵盛开的花，的确是一个相当漂亮的女孩儿！

在一旁的家人向法官诉说着："刘法官，她是我姐姐，两口子就这么一个宝贝闺女，不光人长得漂亮，工作也好，好不容易把孩子给盼大了，都觉得以后的日子会越来越好了，哪能想到这么倒霉的事会落到我姐头上？这让他们俩可咋活啊！今天我姐夫说了，到了法庭也不要法官费事审了，见了吴俊就把他打死！"听了这话，刘法官劝说他们一定要冷静，千万不能一时冲动做出傻事，节外生枝，只会带来更大的伤害。

待这女人及家人的情绪稍微稳定后,刘法官到法警队与法警们召开庭前预警分析,商讨如何控制法庭秩序,保障庭审顺利进行。很快,开庭的时间到了,在被告人被带入法庭的那一刻,原告席上被害人的父母"腾"的一下跳起来喊道:"吴俊,你这个该死的东西!给我家莲儿抵命!"由于庭前准备充分,法警把两位原告人及时给拉住了。平静片刻,庭审依然有条不紊地进行。随着公诉人一组组证据的出示,案件的事实逐渐呈现出来……

原来,本案的被害人叫白莲,今年20岁出头,大学毕业后在一家效益不错的企业做文秘,白莲不光脸蛋儿长得好,而且身材苗条,往那儿一站亭亭玉立的,白莲家境很优越,父亲是一家企业的负责人,父母天天把她当成宝贝一样捧着,白莲妈妈最大的心愿就是一定要给白莲找一个门当户对的好婆家。法庭上的被告人叫吴俊,年龄比白莲大5岁,长相还真和白莲家人说得差不多,不怎么俊,高中毕业后没有回农村老家,在一家工厂里打工,收入只能勉强糊口。这让人很难想到他和各方面条件都很优越的白莲会是一对恋人。他们是如何相恋的?白莲怎么还因他而死了?这到底是怎么回事呢?

法官根据开庭前检察机关移送的卷宗材料了解到,白莲和吴俊是在一次聚会中相识,吴俊一眼就相中了美貌的白莲,这个吴俊已经在社会上闯荡多年,又先后谈过五六次恋爱,对白莲这么大女孩儿的心理掌握得一清二楚,他大胆地对白莲介绍了自己,然后逮着一个机会当着很多人的面狠狠地夸赞了白莲,这让白莲在这场聚会上很有面子。聚会结束时,吴俊想办法要到了白莲的手机号码。打那以后,吴俊一有时间就给白莲打电话、发信息,表示关心和问候,还约白莲去吃饭、逛街,情窦初开的白莲哪能经得住吴俊疯狂的追求?在白莲生日那天,吴俊用了两个多月的薪水给白莲买了件礼物,缠着白莲到了一家餐厅,二人正在吃饭时,吴俊突然对着白莲单膝下跪,拿出事先准备好的戒指,大声向白莲表白,请求白莲做他的女朋友,并说以后会永远对白莲好,白莲被吴俊弄得不知如何是好,答应了他的求爱,就这样,吴俊获得了白莲的芳心。恋情刚开始时,吴俊对白莲那是百般呵护和体贴,白莲天真地认为只要吴俊对她好,自己和吴俊各方面的差距都不是问题。父母虽然很宠爱她，可在白莲的记忆中爸爸妈妈总是忙于厂里的生意，很少能抽时间陪自己，有时候好多话想对爸妈说，可总说不到一起，还经常说着说着就闹起别扭来，尤其是她上班后来提亲的人很多，妈妈天天拿着一把帅哥的照片比较来比较去，看看谁的条件最好，像选驸马似的，一点儿也不考虑是不是白莲喜欢的、想要的，每当父母和白莲谈此事的时候，白莲就会想办法逃跑。但和吴俊在一起时，开心不开心的事都能说，不开心、耍小性子时吴俊还变着法子哄她开心，所以白莲把自己的全部都给了吴俊，每当父母对她说谁谁看上了她，要她去相亲时，白莲总会以年纪还小、不想出嫁、单位竞争压力大等借口予以回绝，这样的借口倒也没有引起父母的怀疑。因为是偷偷地和吴俊恋爱，白莲先后拒绝了多个向她表示爱慕的追求者。当然，这些都是白莲的父母后来才知道的。据白莲的父母讲，女儿曾告诉他们说和吴俊恋爱大半年后，白莲渐渐感觉吴俊对自己没有以前那么热烈和体贴了，也不经常陪着她了，后来变成白莲主动找吴俊，吴俊还爱答不理的。白莲偷偷地跟踪了吴俊好几回，发现吴俊竟然背着她和别的女孩儿约会，有次吴俊在公园里正和一个女的卿卿我我，被白莲给逮了个正着。白莲哪能接受得了这个呀，哭着闹着要分手，吴俊又是赌咒又是发誓的，保证以后再也不敢了，能说会道本来就是吴俊的强项，虽说费了点儿劲，最后还是把白莲给哄好了。可好景不长，吴俊说和朋友应酬多，挣的钱不够花，反而向白莲要钱，最初白莲也是尽量给，可白莲也是刚工作不久，能有多少收入啊，时间长了，两人因为经济、性格和朋友交往的问题经常发生争吵，吴俊在白莲面前也逐渐露出了真实的面目，以前追白莲的那些劲头都没了！说来也怪，真是应了"男人不坏，女人不爱"这句话，白莲越是黏着吴俊，吴俊越不把白莲当回事儿，可白莲反越觉得吴俊有男人味，认为自己已经离不开他了，从二人来往的短信里，我们看到平时白莲总爱亲昵地喊吴俊"哥哥"，好多次两人吵架后还是白莲哥哥长哥哥短地哄着吴俊开心，这白莲真像是上辈子欠了吴俊的。

时间又过去了半年，这半年里，吴俊和白莲是吵吵闹闹、分分合合，闹了好多出。再加上白莲一直不敢让他去见父母，也不愿对外公开恋情，还有和白莲在一起时大家诧异的表情，让吴俊越来越感到压抑和自卑，吴俊对到手的白莲多少有点厌倦了。俗话说"纸终究包不住火"，白莲的父母从别人的嘴里知道了女儿和吴俊谈恋爱的事，老两口说什么也不相信，再三追问下，白莲承认了，还没敢再往深里说，白莲父母就已经气得浑身发抖。眼瞅着女儿就要参加单位的晋升考试了，白莲的父亲在要求女儿和吴俊分手的最后通牒无效后，采用了缓兵之计，要求他们先分开一段时间，等白莲考试后再说此事，并由白莲妈妈看着白莲下班后不准外出，不准接吴俊电话。白莲爸爸亲自打电话给吴俊，让他们分手，可没想到吴俊却对他说："你以为是我离不开你女儿？和你女儿在一起我心累得很！管好你的女儿，让她不要纠缠我就行！"听了这话，白莲的父亲别提有多堵心了，直恨自己的女儿真是瞎了眼。面对父母的反对，白莲先是服软，对父母嬉皮笑脸地撒娇，百般讨好，请求父母同意她和吴俊的事。白莲曾经对吴俊说，父母就她这一个孩子，打小就宠她，只要她坚持，父母也没辙，但她没想到，在这件事上，父母意见是如此统一和强硬。几天下来，白莲实在是撑不住了，几乎是咆哮着对父母哭喊："我和他已经恋爱了这么长时间了，这时候再分开，别人会怎么看我？你们不同意，不是想逼我死吗？"接下来几天，白莲又闹起了绝食，可她父母这次是铁了心，任凭白莲怎么折腾也不动摇。再说这白莲虽然被妈妈看住了人，可哪能看住心？我们法官调阅证据材料，从白莲偷偷发给吴俊的短信可以看出，她让吴俊对父亲说二人已有男女之实，父亲就不会再反对了，吴俊就把白莲的短信全部转发给了白莲爸爸，差点儿没把白莲爸爸气死，吴俊这样做，让白莲爸爸更加认定吴俊就是一个非常不靠谱的男人！女儿怎么被这样的人给骗了！说破了天都不能让女儿嫁给这个人！白莲爸爸恨透了吴俊，可是为了女儿他不得不先忍着。然而不幸发生了，对白莲父母来说犹如五雷轰顶、晴天霹雳！

这天，白莲爸爸刚下班回家就接到公安局打来的电话："你女儿跳河了，赶紧来河边看看！"白莲父母开始还不相信，核实确实是警察打来的电话后立即以最快的速度赶到现场，只看见河面上漂着女儿的包，哪里还有女儿的踪影啊？见到此情此景，白莲的妈妈晕倒在现场，一个多小时后，民警打捞上来白莲冰冷的尸体，经过法医鉴定，白莲系生前溺水死亡。父母扑倒在女儿的尸体上伤心欲绝地痛哭："女儿啊，你出门上班还好好的，怎么会淹死在河里了？是谁害了你啊？一定是吴俊这个混蛋！"白莲的父母认定白莲就是被吴俊所害！那么，白莲死的时候吴俊是否在现场？白莲的死与吴俊是否有关呢？据警察讲，白莲跳河是吴俊拨打"110"报的案，警察接到报警电话后赶到现场，看见吴俊在河边呼喊着白莲，这才知道发生了什么，通知了白莲父母，等打捞上来尸体后，公安人员将吴俊带到派出所里问话，吴俊始终说自己深爱着白莲，不可能会杀害白莲，白莲是自杀。由于当时没有证据证明吴俊实施了犯罪行为，公安人员让吴俊先回去，但因白莲的父母对女儿的死因有疑义，警方把本案作为刑事案件立案侦查。

　　白莲究竟是自杀、他杀或是意外事件？主审本案的刘法官阅卷后得知，由于案发当时只有白莲和吴俊二人，没有其他目击证人，白莲落水的过程都是由吴俊陈述的。吴俊在接受讯问时说，案发前他和白莲约好了见面地点，接白莲上车后，白莲让他把车开到他们约会常去的桥上，他不同意去，白莲就抓住方向盘，拗不过白莲，他才把车开到出事的桥上，白莲让他停车后下了车，他看到白莲站在没有护栏的桥边，突然感到很害怕，就把白莲拉上了车，可白莲又下了车，就这样来回拉扯了四五回，最后一次，他拽着白莲的一只胳膊要白莲上车，但这时白莲却往前一跳，他死死地抓着白莲的胳膊，白莲悬在空中，他一边让白莲用另一只手抓住桥边，借劲儿上来，一边高呼救人，可周围一个人也没有，渐渐的，他的手承受不住了，白莲对他说："哥哥，我胳膊疼，你放手吧，忘了我。"说完这话后白莲从他的手中滑落，坠入河中。吴俊的描述就像《泰坦尼克号》中男女主人翁最后诀别的场景，事实真的是吴俊说的那样吗？但白莲的父母可不信吴俊说的这些话，他们坚持认为是因为他们反对女儿跟吴俊交往，白莲提出分手，一定是吴俊恼羞成怒，把白莲带到没有护栏的桥上，将白莲推下河淹死的。他们认为吴俊该偿命！可是，案发时没有目击证人，警方又该如何认定呢？侦查人员对白莲的同事和常联系的朋友进行了走访，了解到白莲的性格确实像她父母所说的那样很开朗，大大咧咧的，特别是案发当天白莲在单位和往常一样，下班时还笑着和同事打招呼离开办公室，没有一点儿异常表现。白莲的同学、朋友还证明白莲带着吴俊一起和他们吃过饭，给大家介绍时说和吴俊是一般朋友，没说他们是男女朋友关系。他们也说，以他们对白莲的了解，白莲不会自杀，更不会为了吴俊而自杀。看来，多数人认为白莲不可能自杀，是吴俊说了假话，但给一个人定罪是要靠证据来说话的。证据的匮乏，加大了破案的难度，案件一时陷入了僵局，就在这时，白莲的父亲给侦查人员提供了吴俊转发给他的短信，这让侦查人员眼前一亮。吴俊和白莲的信息往来一定不少，就从短信入手，排查有用线索！侦查人员迅速调取了吴俊和白莲的通信记录，用科技手段还原了短信的内容，真是"不看不知道，一看吓一跳"，短信里还真有令人想象不到的一番事实。案发两天前，吴俊多次发信息给白莲，声称："我们不该再在一起了，我厌倦了这一切，我恳求你不要再来黏我，你们家是皇亲国戚，我一老百姓高攀不起！"等几条具有要分手内容的信息。白莲给吴俊回信息说："别扔下我一个人，别分手了，你可以打我、骂我，但不能不要我。"原来是白莲不愿和吴俊分手啊！法官在查阅案卷时了解到，公安机关经过两个多月的调查，没有证据证明白莲是被吴俊所害，最终认定白莲是自杀，但在案件侦查结束后，将本案移送检察机关对吴俊提起了公诉，追究吴俊的刑事责任，这又是为什么呢？原来，公诉机关认为，从现有证据看，吴俊明知白莲有跳河的想法，却把白莲带到危险的河边，并且发生了白莲跳河身亡的后果，行为构成过失致人死亡罪。依照《中华人民共和国刑事诉讼法》的相关规定，吴俊被指控刑事犯罪的同时，白莲父母有权提起附带民事诉讼，白莲的父母要求吴俊赔偿死亡赔偿金、丧葬费、精神抚慰金等损失二百余万元。侦查机关和公诉机关都认定白莲是自杀，但是法院对本案又该如何审判呢？

法庭上，围绕着被害人的死亡，控辩双方展开了激烈地辩论，就连原本是统一战线的被害人父母和公诉人之间意见也出现了重大分歧。白莲父母坚持认为吴俊是故意杀人,罪不可赦;公诉人认为本案是过失犯罪,依照《中华人民共和国刑法》第二百三十三条的规定,应在三年以上七年以下量刑;而吴俊的辩护律师则认为,吴俊是应白莲的要求,不得已去的河边,白莲提出跳河的目的是为了对抗父母的反对,白莲在跳河前情绪稳定,没有异常现象,白莲是自杀,属于意外事件,白莲的死亡与吴俊没有直接因果关系,吴俊无罪,也不应当承担民事赔偿责任。控辩双方出现了自杀、他杀、过失犯罪和意外事件四种截然不同的观点,这几种观点还各有各的道理。本案如何定性至关重要,不仅人命关天,而且关系到吴俊是否构成犯罪。主观上是故意还是过失?法律绝不能放过一个坏人,但也不能让一个无罪的人受到冤枉。慎重起见,合议庭的法官们驱车到了案发现场,刘法官站在出事的桥上,望着桥下静静的河水,想着,白莲到底是怎么从这儿落入水中的?是推?是跳?还是意外失足掉下去的?回来后刘法官反反复复把卷宗材料看了几遍,又对短信仔仔细细进行了分析,渐渐理出了头绪。让我们看一下他们主要的往来信息:案发当天,白莲早上7点多就给吴俊发信息说:"我今天要死给他们看,一会儿你带我去河边,这河一定要跳!"到9点钟时,白莲共发了5条这样内容的信息给吴俊,10点左右,吴俊给白莲回信息说:"没跳吧?这事儿你说怎么解决?白痴!没用的东西!活着现世!"下午5点,吴俊发信息让白莲给他卡上汇500块钱,白莲说没有,招来吴俊一顿臭骂。5点半时,吴俊发信息问白莲:"出来玩吗?"白莲说:"好,你来接我吧。"6点10分时,吴俊打电话报警称有人跳河了!从这些证据推断,吴俊说的是实话,现在白莲已经死了,谁也说不准白莲当时出于什么动机,做出了致命的一跳,也许是对吴俊不满,也许是想吓唬吓唬吴俊,也许这个谜底只有吴俊知道了……

案件经过合议后法官们一致认为,白莲和吴俊在发这些私密短信时不可能预料到这些短信现在会作为证据使用,其中的内容只有他们自己知道,这些短信内容是他们当时思想情感真实的流露,从这些短信内容可以看出,白莲当天上午已经向吴俊表明了强烈的跳河意愿,可是吴俊非但没有制止,反而实施了两个非常严重的错误行为:第一,对白莲说:"没跳吧?白痴!

没用的东西！活着现世！"用这样的语言刺激白莲；第二，亲自开车把白莲带到一座没有任何安全防护设施的桥上。吴俊在明知白莲有跳河意愿的情况下，却仍然把白莲带到非常危险的环境中，主观上存在着过失，这种过失在刑法上属于过于自信的过失，过于自信地认为白莲只是嘴上说说，不会真跳；客观上吴俊有足够的时间和理由不将白莲带到桥上，处理得当的话是完全可以避免白莲跳河行为的发生。把白莲带到危险的环境，同时又是白莲的男朋友，使吴俊产生了法律上规定的先行为义务和特殊身份责任，白莲的死亡和吴俊的行为之间具有刑法上的因果关系。吴俊的行为完全符合过失致人死亡罪的犯罪构成要件，也完全可以与故意杀人罪、意外事件相区分。一审法院以吴俊犯有过失致人死亡罪，判处其有期徒刑五年，同时判决他赔偿给二附带民事诉讼原告人死亡赔偿金、丧葬费等经济损失二十余万元。一审宣判后，原被告均提出上诉，二审法院经过审理，裁定维持原判，驳回上诉。二审法院委托一审法院对两位原告人送达终审裁判文书，刘法官和同事到了白莲家里，见到了卧病在床的白莲妈妈。比起开庭时，她又显老了许多，见到刘法官，白莲妈妈说，他们夫妻俩眼泪已经流干了，家里的厂子也无心经营了，白莲的爸爸天天借酒浇愁，谁也劝不好。白莲妈妈看着裁定书说："判再多的钱有啥用啊，我们一分钱也不想要，就想莲儿能活过来，只要孩子能活过来，我俩再也不会干涉孩子的事了，好赖就随她自己挑吧。"听了这些话，刘法官真不知道该如何安慰白莲的妈妈。

法官点评：

面对父母反对的爱情，白莲选择了以这种方式放手，一个花一样美丽、花一样美好的年轻女孩儿，还没来得及好好感受人生，感恩父母，就这样匆匆随水流逝，着实让人感到非常惋惜。同时让人揪心的还有白莲的父母，也许他们会想，当初要是早点儿发现孩子的恋情，不幸就不会发生了！可世上哪有后悔药卖啊！在这里我们想提醒一下青少年朋友们，要树立正确的婚恋观，慎重的选择人生的另一半，珍视生命！珍爱自己！

黄 朔

汉族，1984年6月出生，海南省高级人民法院环境资源审判庭法官助理。毕业于海南大学法学院，获法学硕士学位，研究方向刑事诉讼法学。2012年进入海南省高级人民法院工作，曾在世界五百强企业、律师事务所工作。曾获2015~2016年度全省法院先进个人并记三等功，2015年度央视《法律讲堂》节目年度最佳新人奖，2015年度海南省高院优秀共产党员，2014年、2015年海南省高院嘉奖等荣誉。主笔《关于海南环境资源跨区域审判等问题的调研报告》等多篇调研文章。多次担任海南省直机关主题晚会、海南省高院法官沙龙主持人。

法官感悟

"生命如舟,载不动太多的物欲与虚荣。"这是我硕士研究生毕业时,校长在毕业典礼上的致辞中提到的话。时隔数年,这句话依旧清晰地在我耳边回响。

我和同龄的青年法官一样,怀揣着梦想,走上法律工作的道路。面对工作的压力,当事人的不理解,业外的纷扰,执业律师的高薪,我也曾彷徨过。但每当我通过耐心调解,使当事人互相体谅,纷争得以化解的时候;每当我加班加点完成判决书,当事人服判息诉的时候,一切彷徨都烟消云散,自豪和欣慰油然而生。

心不动于微利之诱,目不眩于五色之惑,言易而行难。法官作为国家机关工作人员,依法行使国家审判权,肩负着国家赋予的重要使命。作为资历尚浅的青年法官,我们更要时刻保持高度警觉,树立底线意识,时刻铭记一名法官的形象不仅代表个人,更代表司法公信力,要心存敬畏,修身律己。

作为法律人,我们面对着太多的诱惑和考验,往往在逆境和低谷中能克服重重困难,磨砺自身,而在顺境和辉煌中难以把持自己,失去定力。唯有坚守初衷,将生命融入法治中国的沃土,我们的生命之舟,才能洗尽物欲虚荣的铅华,满载着信念、光荣和梦想驶向远方……

天上掉下两万元

主讲人：海南省高级人民法院　黄朔

执行主编：陈贝贝　　编导：侯旭鸣

2013年11月的一个下午，老张去商场买东西，碰巧身上带的现金不够。于是老张拿出银行卡去结算。可奇怪的事儿发生了，老张输入了一遍银行卡密码，不正确，再试一次，还是密码不正确。

老张感到很诧异，这密码是儿子的生日，他记得清清楚楚，不会有错啊！老张急了，赶紧拿着银行卡到了开户银行看看出了什么问题，银行的工作人员一查，这个卡根本就不是老张的卡，卡号根本对不上啊。老张很着急，不是自己的卡？那自己的卡到哪儿去了？卡里还有一万多元钱呢！

他拿出身份证让银行工作人员查询他自己那张卡的情况，这不查不要紧，一查吓一跳。老张银行卡里的15000元钱，已经在十几天前被人用自动取款机取光了，现在老张卡里的余额几乎是"0"。听到卡里的钱被取光了，老张的大脑一片空白……

老张下岗多年，现在在一家工厂当保安，收入不高，还要供儿子上大学，日子过得紧巴巴的。15000元钱对于老张来说是大半年的收入啊！儿子下一学年的学费该怎么办呐！？

卡里的钱全被取光了，老张心急如焚，立马到派出所报案。警官问老张有没有丢失银行卡或者把卡借给了别人。老张想了想说："没有啊……"警官继续询问，除了你本人外谁还接触过这张银行卡？老张突然回忆起了十几天前的那一幕……

这天早上十点多，老张汇完款出了银行大门，一抬眼就看到两沓百元大钞，又看见一个从银行办完业务没走出多远的小伙子，估计这钱就是这小伙子丢的。

老张想叫住小伙子，可转念一想，难道自己的意外之财来了？正犹豫着要不要捡这两沓钱，碰巧一个穿衬衣的小伙儿也看到了，说时迟那时快，小伙子不容分说，弯下腰就把钱捡起来揣在自己的手提袋里。看到老张也盯着这两沓钱，小伙子迅速走到老张跟前，低声说："你别作声，这钱咱见者有份，二一添作五分了它。"

老张听穿衬衣的小伙儿这么一说，略有迟疑，穿衬衣的小伙儿拽了拽老张的胳膊，有点儿不耐烦地说："你怕啥啊？谁叫那人不小心掉钱的，咱没偷没抢的，分了钱之后互不认识。这里说话不方便，走，上我的摩托车，咱们找个僻静点儿的地方分了它。"

就这样，老张稀里糊涂地上了穿衬衣的小伙儿的摩托车，几分钟后，两人来到了一个建筑工地的角落。两人坐下就开始数钱，穿衬衣的小伙儿先点了一遍，老张又数了一遍。崭新的一百元一共两百张，那可是两万元啊！老张虽然有点忐忑，但眼瞅着就能白赚这么多钱，心里甭提有多高兴了。二人合计了一下："一共两万，一人一万。"

话音未落，一个壮实的小伙子走到了他俩面前，老张定睛一看——正是刚才丢钱的人。这丢钱的小伙子大声道："这钱是我丢的！马上把钱还给我！"穿衬衣的小伙儿不服了："你凭什么说这钱是你的？！"丢钱的小伙儿冷笑道："呵呵，我在银行门口丢了钱就回来找，农行的保安说你俩捡到钱鬼鬼祟祟骑着摩托车朝东跑了，我立马追了过来，幸好来得及时，不然真让你们把钱给分了！你们还不服是吧？！银行门口有监控录像，不信咱们去调调？！你们这是偷钱！是犯法！不还钱是吧？！我去叫警察！！"丢钱的小伙儿拿出手机就准备报警。

老张平日里老实巴交的，一听"犯法、叫警察"，感觉自己摊上大事儿了，立马服了软，拦着丢钱的小伙儿不让他报警，赶紧赔着笑脸说："小伙子，对不起啊！既然找到失主了，我们把钱还给你还不成吗，你可别报警啊！"说着老张就把手里的钞票递给了丢钱的小伙儿。看到老张还钱了，丢钱的小伙儿的怒气也差不多消了，说："这就对了嘛！这年头大家赚钱都不容易。"

丢钱的小伙子数起了失而复得的钱来，可数完小伙儿的脸色就变了："嗯？我丢了3万，怎么只有2万。还有1万到哪去了？！你俩是不是把钱藏起来了？！"丢钱的小伙厉声质问。

老张觉得很委屈，低声说："我俩刚才捡的明明就是2万！怎么会是3万？！"丢钱的小伙不依不饶地说："上午10：30我从银行取了3万块钱。这不，有取款记录！"

丢钱的小伙儿拿出手机让老张和穿衬衣的小伙儿看，手机里有一条农业银行取款回执短信，这条短信明明白白地写着："尊敬的用户，您2013年10月25日上午10：30取款人民币3万元。"发信人正是中国农业银行，手机上显示的发信的时间是当天：2013年10月25日上午10：30。

看老张还是不信，丢钱的小伙儿又从皮包里拿出了一张崭新的纸递给老张，说："喏，你看看这个！"老张接过这张纸一看，这是一张借款合同，白纸黑字写得很清楚："借款金额人民币3万元，借期1年，借款利息按银行同期利率支付……"丢钱的小伙说，我上午取了3万元准备把钱借给朋友，这借款合同都拟好了。

老张和穿衬衣的小伙面面相觑，这回算是相信了。"是啊！就算的确是取了3万块钱！可我们捡到的的确是2万元啊！我们真的没有多见到1分钱啊！"老张一脸困惑地说。

穿衬衣的小伙子也满脸委屈地说："大哥，我们真的没有拿你的1万块，不信你搜！"

于是，丢钱的小伙儿像机场安检似的把老张和穿衬衣的小伙儿全身搜了个遍。可除了两个人身上加起来的七百多块钱现金之外，多的钱1分也没有找着。丢钱的小伙一时也不知道该说些什么，皱着眉头像是在思考什么问题。

片刻，丢钱的小伙大声道："我知道了！你们是不是把那1万块钱打到自己账户上了？！"穿衬衣的小伙儿立马反驳："肯定没有！你不要血口喷人！"

丢钱的小伙儿说："到底有没有把钱转走，咱们去银行柜台查查就知道了！只要刚才你们转了钱，银行都有转账记录的！"穿衬衣的小伙儿很不服气，立马就把自己的银行卡从包里掏出来递给了丢钱的小伙儿，说："这是我的农行卡，密码669631，咱们现在就去银行柜台查查！"

穿衬衣的小伙儿拍着老张的肩膀对老张说："大叔啊，这个丢钱的年轻人冤枉我们私吞他的1万块钱，我们必须证明自己是清白的，不然我们麻烦就大了！"穿衬衣的小伙儿凑到老张耳朵跟前低声地说："他胳膊上有黑帮文身，你赶紧把银行卡和密码告诉他，我们现在去银行查查就清楚了，不然他会让黑社会找我们麻烦的。"

一听"黑社会"这仨字，再瞅瞅丢钱小伙儿胳膊上的文身，老张很害怕，赶紧就把自己的银行卡拿了出来。这时老张犹豫了一下，心想：我把银行卡给你，你取走了我的钱怎么办？于是老张把那只拿着银行卡的手又收了回来。看到这情形，丢钱的小伙儿很不耐烦地对老张说："你这老头儿怕什么？我又不要你的银行卡，我把你的银行卡号抄下来，查询一下你的转账情况就行了，抄完卡号我就把卡还给你。卡在你手里，你的钱跑不了！"老张一寻思，也是啊，卡和身份证都在自己手里，自己的钱别人取不走。于是，老张把卡交给了丢钱的小伙子，并说出了密码。

丢钱的小伙儿也说话算话，他把老张的银行卡号拿笔和纸记录下来之后，就把银行卡还给了老张，并对老张说："我们去银行查询一下！你在这里等着。"

说完，穿衬衣的小伙儿和丢钱的小伙儿就一起去银行了。老张便一个人在建筑工地等他们回来。可左等右等，等了一个多小时也没见人回来。老张寻思着，可能是失主发现银行卡里并没有这1万块的转账记录，冤枉了自己，此事就此作罢了。老张再没多想就回家了。

"嗯，对！除了丢钱的小伙子，没有其他人碰过我的银行卡。"回忆完这段经历，老张十分肯定地对警官说。

根据老张的描述，警方提取了银行自动取款机监控视频，经过比对分析，发现取走老张卡上钱的人是当时和老张一起捡钱的小伙子。而从警方调取的银行大厅监控视频中，我们可以看到，在老张填写银行单据的时候，在三四米之外除了捡钱的小伙子，还有一个小伙子盯着老张，好像是在配合捡钱的小伙子。

这个小伙子又是谁呢？通过掌握的有关线索，警方迅速对监控视频中出现的这两个小伙子进行了严密布控，最终将这二人一同抓获。

这两名犯罪嫌疑人，一个叫陈刚，另一个叫李世军。他们一个是和老张一起捡钱的小伙子，另一个居然是丢钱的那个小伙子。这两个人怎么会是同伙呢？

原来他俩早就认识了。根据两人的交代，他们都来自广西某县的同一个村子，从小就很要好，一年多前一起来海南打工，两人想赚点儿钱，但又没赚着，于是想了个来"快钱"的法子，而老张就成了他俩的猎物。

在对老张下手之前，他俩就在农业银行附近踩好了点儿，研究好了行车路线和汇合地点，还像拍电视似的做好了角色分工：李世军扮演丢钱的失主，陈刚则扮演捡到钱后与老张分钱的人。两个人一唱一和，上演了我刚才所说的"故意丢钱引诱老张分钱，失主突然出现要求老张还钱"的这段儿双簧。

一对儿同村好友共同实施犯罪，这不稀奇，不是有句话嘛："上阵父子兵，打虎亲兄弟。"可农业银行为什么也给李世军发了一条3万元的取款回执短信呢？难不成银行里也有人和李世军、陈刚是一伙的吗？

答案当然是否定的。根据李世军、陈刚的交代，其实让农业银行发送取款回执短信的方法很简单：李世军事先把陈刚的电话号码姓名一栏设置成中国农业银行，陈刚只要按照银行回执短信的格式编辑好取款时间、取款金额等内容，然后把这条短信发送给李世军，李世军的手机自然就会收到一条发信人是中国农业银行的取款回执短信了。早已经被吓懵的老张，怎么会识破这个看似简单但的确具有一定迷惑性的欺骗伎俩呢？

前面两人一唱一和的经过大家都好理解，可老张的银行卡又怎么会在他眼皮底下，被瞒天过海掉了包呢？

根据犯罪嫌疑人的交代，原来在老张拿出自己的银行卡的时候，李世军也就是扮演失主的那个小伙子假装拿出纸和笔抄写老张的银行卡号，与老张一起捡钱的陈刚故意和老张聊天儿分散他的注意力，就在这时候李世军趁老张没留神，拿了一张和老张一模一样的银行卡偷梁换柱调包了老张的银行卡，而老张记性又没那么好，加上受了惊吓，就把这张被掉包的卡片当作自己的银行卡收了起来。

可令人费解的是，李世军怎么会在短短一两分钟时间内像变戏法儿似的拿出一张与老张一模一样的银行卡呢？根据警方在犯罪嫌疑人住处搜查到的犯罪工具，李世军、陈刚二人收集了各类银行卡近一百种，基本上市面有的银行卡他们都有备份。他们把目标锁定在从农业银行办完业务的老张身上，就一定会把农业银行近年来发行的银行卡事先准备好，时机一到立马调包。

得到了银行卡还知道了密码，卡里的钱肯定是手到擒来，二人就这样，分几次在自动取款机上把老张银行卡里的存款全部取光了。

经过对案卷证据材料的梳理和分析，被告人的基本犯罪事实还是比较清楚的。可令人不解的是，两名被告人为什么会在读书创业的大好年纪走上一条犯罪道路？两个未经世事的年轻被告人怎么会编出这样一个老谋深算、颇具"技术难度"的圈套呢？

通过与被告人李世军、陈刚几次面对面的交流，承办法官对案件有了更加深入的了解：李世军和陈刚都是90后，高中毕业后都没考上大学，他们去了好多家单位求职却屡屡碰壁，两人合伙儿做生意又赔光了从亲戚朋友那儿借来的钱。雪上加霜的是，李世军的女友也因为他没有工作，家庭经济条件又不好和他分了手，临别的时候还骂他是个"窝囊废"。

李世军伤透了心，叫上自己的好兄弟陈刚离开家乡，去海南的一处建筑工地打工。可不巧的是，辛苦了几个月，工钱却迟迟发不下来，李世军和陈刚一气之下就把工地上的活儿给辞了。

没了工作的李世军和陈刚都很郁闷,待在出租屋里无所事事,用抽烟和看光碟的方法来打发时间,眼瞅着手里的那点儿钱就要花光了。有一天,李世军无意间看到一个警匪影片中,一伙犯罪分子合伙骗得巨款的情节之后大受启发,决定效仿。李世军便把这个想法告诉了陈刚,两个人一拍即合,决定干他一票。于是他们连续用了十多天时间认真查阅网上的诈骗技巧,仔细分析目标被害人的心理特点,精心设计犯罪步骤,反复模拟犯罪实施过程,设下了这个意外之财背后的陷阱。

李世军、陈刚二人在不到两年时间里,以相同的犯罪手段实施犯罪18起,涉案金额29万元,这中间,李世军、陈刚各分得赃款16万元、13万元。这18起案件有几个共同特点:

第一,都选取了银行门口作为犯罪起始地点,因为被害人身上携带银行卡,卡内一般有比较多的钱。被害人往往是独自一人来银行办业务的中老年人或女性,反抗能力和防范意识较差。

第二,被告人充分利用了被害人的心理特点:被害人大多经济上不宽裕也贪图便宜,两沓百元大钞对于他们有很大的诱惑力,因此容易上钩。同时,被害人一般都胆小怕事害怕惹麻烦,又自知捡钱私分理亏,因此只要一提到"叫警察""黑社会"这样的字眼总能让他们退步服软。

第三,犯罪陷阱的设置令受害人难以察觉。其中一人始终站在受害人立场上为被害人着想、替被害人说话,并且整个犯罪过程中对银行卡和密码这样比较敏感的字眼故意淡化,让被骗者在毫无察觉的情况下落入了陷阱。

因此,非常有必要给防范意识较差的老年朋友们提个醒:去银行办理业务最好是在家人或朋友的陪同下;不要轻信银行附近陌生人的话,更不要跟陌生人走;一定要妥善保管好个人的银行卡及密码,任何情况下都不要轻易向他人透露账号、密码等账户信息。

再说李世军、陈刚,两个人自以为犯罪筹划周密、天衣无缝,但法网恢恢疏而不漏,他们都将为自己犯下的罪行付出惨痛的代价。那么这两个年轻人,具体构成了何种犯罪?将会面临怎样的刑罚呢?

公诉机关指控被告人李世军、陈刚二人在海口市多家银行门口，以相同手段调包多名被害人银行卡，继而从被害人账户取款、刷卡或转账，窃取他人财物，其行为已触犯了刑法第二百六十四条的规定，应当以盗窃罪追究二人刑事责任。

针对指控，公诉机关当庭出示了银行自动取款机监控截图、银行账户明细、被告人供述等多份证据。

合议庭讨论过程中，对李世军、陈刚具体构成什么罪名也曾有过分歧：一种观点认为，应当构成诈骗罪。另一种观点认为，应当构成盗窃罪。那么二人究竟是构成诈骗罪还是盗窃罪呢？

法官解案：诈骗罪与盗窃罪的辨析 >>>

诈骗罪是指以非法占有为目的，用虚构事实或者隐瞒真相的方法，骗取数额较大的公私财物的行为。用通俗的话来形容诈骗罪就是：设个圈套让你钻，进了圈套还不知道，主动送钱给骗子。

盗窃罪是指以非法占有为目的，秘密窃取公私财物数额较大或者多次窃取公私财物的行为。盗窃罪的一个重要特征就是秘密窃取财物，也就是犯罪分子采用自以为不会让被害人觉察到的手段，暗中窃取被害人的财物。我们最熟悉的盗窃行为就是采用溜门撬锁、翻墙越窗、潜入室内、划破皮包等被害人难以觉察的手段窃取财物。

本案中，李世军、陈刚采用虚构掉钱、分钱、失主要钱等欺诈手段让老张上了当，进而使老张拿出银行卡，并拿老张的银行卡取走了全部存款。这与诈骗罪的犯罪构成十分类似。但通过仔细分析，我们不难发现，老张在拿出银行卡时仍然是有所警惕的，他已经意识到把银行卡交给李世军并说出密码是不安全的。

因此，老张并没有完全落入李世军二人设下的圈套主动交出银行卡，直到李世军承诺还给自己银行卡以后，老张才拿出银行卡让李世军抄写卡号。银行卡是通过陈刚分散老张的注意力，在老张没有觉察的情况下，由李世军采用暗中调包的手段取得的，这与盗窃罪秘密窃取财物的犯罪构成相一致。

合议庭通过对案件的深入分析，形成一致意见，认为公诉机关指控的罪名成立，应予支持，最终认定本案中李世军、陈刚通过调包方式窃取老张的银行卡并取走卡内全部存款的行为构成盗窃罪。

最终，法院认为，两名被告人在本案中地位相当，不应区分主、从犯。依照《中华人民共和国刑法》第二百六十四条、第一百九十六条等法律的规定，认定本案被告人李世军犯盗窃罪，判处有期徒刑9年，并处罚金10万元；认定本案被告人陈刚犯盗窃罪，判处有期徒刑8年，并处罚金8万元。

法官点评：

李世军、陈刚急于发财、不择手段，最终身陷囹圄。君子爱财一定要取之有道，切不可让利欲之心蒙上双眼，铤而走险，逾越法律底线。本案的受害人老张也用自己的亲身经历警醒世人：没有天上掉馅饼的事，要当心意外之财背后的陷阱。眼前的钞票让人心动，捡起钞票得到的往往不是便宜，而是惨痛的教训。

蒋华明

1979年出生于辽宁沈阳，现任辽宁省高级人民法院审判监督一庭助理审判员、一级法官。2002年通过首届国家司法考试，被授予法律职业资格。曾从事律师工作两年。2004年考入沈阳市东陵区人民法院，次年任助理审判员，在全国优秀法庭——东陵法庭从事民事审判工作五年，其间获得法律硕士学位。2008年经遴选调入辽宁省高级人民法院工作，任助理审判员。其间，曾先后在办公室、政治部新闻中心等部门历任涉外、涉港澳台司法协助事务专办员、网络舆情科科长等职。2012年转入审判监督一庭工作至今。2015年经选拔入选中央电视台社会与法频道《法律讲堂》栏目主讲法官。工作期间，荣获省法院三等功一次，嘉奖三次。曾获评沈阳市东陵区"十佳政法干警"称号、获嘉奖一次。

法官感悟

时光荏苒，转眼从事法律工作已有十五年，两年的律师，十三年的法官。若加上学法的四年，与法结缘的日子刚好超过了我37岁人生的一半。

就在2015年，卡在我人生一半分界线上的时候，我光荣地成为了《法律讲堂》队伍中的一员。感激过往的经历，学生时代对演讲、主持的喜好让我面对镜头不再拘谨、慌乱。五年的基层审判经历，多少回风雨中下乡办案，多少次深夜里挑灯看卷，千百个字斟句酌中精心打磨的文书，无数支辗转难断时燃到手指的香烟，让我也成为了一个"有故事"的法官。后来，有幸经遴选进入辽宁高院，辗转了多个工作岗位，外事工作深化了我性格中的严谨与谦和，而舆情引导工作则让我对宣传有了些许的敏感。

如今，作为审监程序的法官，每天翻看着厚厚的陈年案卷。面对一桩桩经历了几年甚至十几年的再审案件，我的内心能清楚地体会到当事人经年诉讼的艰难。其实，许多民事纠纷缘起并不复杂，成因也较简单。而社会法律意识和诚信观念的缺失才是造成现在"案多""难审"现象的重要根源。一方面当事人身陷诉累，一方面也大大消耗着法院本已有限的司法资源。面对这样的现实，我更感觉到作为一名以讲法、普法为己任的"法讲人"重任在肩。感谢央视让我这个极普通的法官登上了《法律讲堂》这座高高的普法平台，也把我的普法意识提升到了一个新的高点。我愿在这条普法的道路上和所有的"法讲人"共同砥砺前行，作出自己微薄的贡献。

谁是肇事者

主讲人：辽宁省高级人民法院　蒋华明

执行主编：陈贝贝　　编导：侯旭鸣

2004年9月16日，这天晚上，眼看着快到午夜12点了，张家村里已是家家关门闭户，全村的人都进入了熟睡当中，可唯独李阿姨家的灯还一直亮着。

李阿姨当年六十岁，自从老伴儿前年去世后，就守着没结婚的小儿子张滨过日子。张滨时年二十六岁，年纪不大却已是十里八村有名的巧木匠，谁家盖房、上梁、打个家具都爱找他，因为这小伙子干起活很勤劳，经常起早贪黑给雇主赶活，晚上九十点钟回家那是常事儿。李阿姨心疼儿子，总要准备点吃的给儿子补充营养，这一来二去就成了习惯，不看着儿子吃完宵夜，李阿姨是不肯睡觉的。

可今天李阿姨总是觉得有点不对劲，怎么快十二点了儿子在高家村干活还没回来呢？不行，得打个电话问问。于是李阿姨用家里的座机电话拨打了儿子张滨的手机，但连续两次都是无人接听，这可让李阿姨有点儿着急了。可这深更半夜的自己又能到哪去找儿子呢？没办法，李阿姨只能在家耐着性子焦急地等着。

快到凌晨一点的时候，突然一阵急促的电话铃声响起，来电显示正是张滨的手机号码。李阿姨赶紧抓起电话，一张口就说："儿子，你怎么这么晚还不回家啊？"可电话的另一端却传来一个陌生男子的声音："你好，我是交警大队的刘警官，请问你和这个手机的机主是什么关系？"

李阿姨一听顿时慌了神，怎么交警会给家里打电话呢，难道是儿子出什么事了？李阿姨赶紧稳了稳心神说道："手机是我儿子张滨的，他出什么事了？电话怎么在你手里？"这时，对方的语气和缓了许多，说："哦，您是他的母亲啊，您不要着急啊。您儿子出了交通事故，现在昏迷不醒，我们在现场不清楚他的身份，就回拨了他手机上的号码，正好联系到您，请您带上他的身份证件赶紧到第二人民医院的急诊室，您儿子正在那抢救呢。"

撂下电话李阿姨觉得天旋地转，顿时就瘫坐在椅子上，好半天才缓过神来——我儿子现在到底怎么样了，得赶紧去医院看看啊！

于是，李阿姨叫来了已经成家的大儿子张宏开着自家的微型面包车，匆匆忙忙赶到了第二人民医院。

可一到医院的急诊室正好看到两个护士推出来一辆担架车，车上的人已经用白被单蒙了脸。李阿姨疯了似的冲上去一把掀开白被单，只看了一眼就昏了过去，原来这车上推的抢救无效的患者正是李阿姨心爱的小儿子张滨。

由于注射了镇静药物，李阿姨醒来的时候已经是次日上午十点了，她发现自己躺在医院的病房里，满眼血丝的大儿子张宏就坐在自己身边。李阿姨说的第一句话就是："是哪个天杀的撞死了我的儿啊？"说完就失声痛哭起来。

张宏一边安慰着母亲，一边却想着昨晚的另一件怪事。原来张宏看着母亲用药睡去之后，就打算先看看弟弟张滨生前的抢救费用是多少，好叫妻子等天亮一起送来。可到了挂号处一查，这费用已经有人交完了，而且查到交款人名叫马建平。

张宏顿时就糊涂了，这马建平我们也不认识啊，和咱家非亲非故的，为啥要替自家弟弟垫付抢救费呢？难道他就是撞死弟弟的真凶？张宏怕刺激到母亲不敢说出来，可心里却越来越确定这个想法了。

也正是在案发的次日上午，被张宏怀疑为真凶的马建平主动到交警部门投案了。原来，昨晚交警部门接到群众报案赶到肇事现场时，不仅发现了奄奄一息的受害人张滨以及张滨所骑的自行车，还发现了一台倒在村路上的摩托车，经查这台摩托车的牌照是登记在马建平的名下，交警部门作为物证对上述车辆进行了扣押。马建平大概也知道警方很快就会找上门，第二天便主动来投案了。

马建平一到交警部门就承认说自己犯了酒后驾驶和肇事后逃逸的错误，但马建平说，人绝对不是他撞死的。从他的叙述中，交警了解到案件发生的大致经过。

案发当天晚上十点多，马建平和同村的高文波、李文在镇上喝完酒，驾驶摩托车回家。当时天黑，高文波摩托车的前大灯坏了，马建平就骑车在后面，给他照着亮，高文波行驶在前。马建平说，当时老高前面什么情况他根本看不清楚。

快到高家村时，突然听到前面"砰"的一声响，老高突然刹车，天黑、情况又急，马建平说他驮着李文没来得及刹车就追尾撞到了老高车上，当时就晕过去了。马建平说，他行车在后，这人是不是老高撞的他不知道，但绝对不是他撞到的。正是因为不是他撞的人，他今天才敢主动来说明情况。

那么，情况真的如同马建平所说吗？交警部门根据马建平提供的线索立刻传唤了高文波。可高文波给警方叙述的案情却是这样的："我昨晚和马建平喝完酒骑车回家，当时天黑，我大灯坏了，全靠小马在后面照亮。快到高家村时，我就听见后面'砰'的一声，以为小马驮着李文摔倒了，减速回头想看个明白时，却被小马连人带车给撞翻了。我没看见有人骑车过去，马建平是否撞人我没看见，但肯定和我没有关系。他们不肯报警，我就骑车回家睡觉了。"

嘿，这俩人都不说人是对方撞的，但又都说撞人和自己没有关系。可肇事现场一共就这两台摩托车，不是你俩撞的那又是谁呢？

虽然高、马二人在撞人的问题上互相推诿，但经过交警部门的询问倒是解开了张宏心中的疑团。原来，马建平在这起事故中也撞伤了头部，当时鲜血直流，一度昏厥，只得丢下自家的摩托车由李文扶着回到村里，找了车送到第二人民医院治伤，在医院的抢救室里遇到了被120急救车送来的张滨。马建平和李文一眼就认出了张滨就是当晚交通事故的受害人。按照马建平的说法，他是出于好心才为张滨垫付的抢救费。

可对于这份"好心",张滨家人却并不领情。"人要不是你撞的,你凭啥给垫钱啊。我们要求交警部门尽快查明真凶,给我死去的儿子一个交代!"

肇事者到底是谁呢?交警部门对此倒并不犯难,因为当时在肇事现场的可不止高、马二人,不是还有个坐车的李文吗。问问李文不就都清楚了!可令人意想不到的情况出现了,交警部门询问李文时,他选择了沉默,也不知是因为饮酒过量造成了真失忆,还是因为害怕得罪乡邻装起了假糊涂,总之是一问三不知。至此,这起交通肇事案件在侦查阶段就陷入了僵局。

为了打破案件侦查的僵局,交警部门决定运用高科技手段对本案进行技术鉴定。2004年10月8日,交警部门委托公安厅对肇事车辆进行检验。五天后,鉴定结论出来了,高文波驾驶的辽A58679号摩托车右转向灯断端有黑色附着物,与张滨自行车车筐的黑色涂层无机组合对应相同。而马建平驾驶的摩托车的前挡泥板断端附着物没有检出对应的成分。也就是说,高文波摩托车的右转向灯撞坏的部分应该和张滨的车筐接触过,而马建平车辆撞坏的部分不是和张滨的自行车相撞造成的。于是交警部门据此作出了本案的第一份道路交通事故责任认定书,认定高文波醉酒驾驶机动车辆,是造成此次事故的直接原因。因此,高文波负此次事故全部责任,死者张滨无责任。

认定书一出,这高家可就急了!因为高家在鉴定书中一眼就发现了错误之处——马建平当晚所驾驶的摩托车号牌是辽A89213,而鉴定书里却明明写的是辽A58679。这到底是鉴定的谁家的车呢?

面对高家的疑问,交警部门很快出具了一份情况说明,说讯问时马建平一紧张,把车牌号说成了别人委托他修理的摩托车牌号辽A58679,由于其供认有误,鉴定报告也就跟着写错了,但送检的车辆肯定没有问题,就是马建平当晚所驾驶的辽A89213。可高家对这种解释显然不能认同,这可是人命官司!难道你交警部门就敢凭一份有明显错误的鉴定结论定案!我们要求重新鉴定。

于是,2004年10月底,交警部门再次委托公安厅进行第二次鉴定。这次鉴定只针对马建平驾驶的摩托车辽A89213,要确认马建平的摩托车上是否有张滨衣服上的纤维。鉴定结论很快就出来了，未发现棉和化纤纤维。

这两份鉴定的结论似乎都把肇事者指向了高文波。可高家对这第二份鉴定结论就更加不服气了。原因很简单，鉴定我家车时看的是附着物，怎么到了鉴定马家车时又看有没有纤维了呢，明显不是同一标准啊！我们要求重新鉴定。

于是，交警部门再次于2004年11月初委托中国刑事警察学院进行了第三次鉴定。这次鉴定是对肇事车辆进行痕迹检验。很快鉴定报告也出来了，认定高文波驾驶的摩托车与张滨自行车上的痕迹为接触碰撞、互为作用形成。说得通俗点，就是高家摩托车上的破损痕迹是和张滨自行车相撞造成的。据此，可以清楚地认定高文波就是本案交通事故的肇事人！随后，高文波被刑事拘留。

案件发展到这一步，李阿姨总算松了一口气，看来总算找到撞死儿子的真凶了，儿子死得那么冤枉，也算能给他个交代了！

可被刑事拘留的高文波并不服气，他对三次鉴定的结论都不认同，坚称自己没撞人。可公安机关办案也是讲证据的，一次鉴定结果不对，三次结果还能都不对吗？鉴定结果明明白白写着呢，是你高文波撞的人，怎么就红口白牙想抵赖呢？交警部门继续按程序办事，准备将此案移送检察机关。这时，高家人急了。既然是鉴定的问题，我们就找更权威的部门来再做一次，看看结果究竟是什么。于是高家人这回直接进京上访要求鉴定去了。

2005年夏天，公安部相关部门对肇事车辆进行了物证检验。这已经是本案的第四次鉴定了。这次的鉴定结论是：两辆摩托车上都没有发现与张滨车筐上塑料成分相同的物质！

这就意味着，高文波不是肇事者！第四次鉴定完全推翻了前三次的鉴定结论！这下可把李阿姨给搞糊涂了，要是两辆摩托车都没撞到张滨，那自家儿子又是怎么死的呢？

就在这时，公安部相关部门专程派人来到沈阳，会同刑警学院的专家对肇事车辆进行了复核勘验，也就是这次勘验彻底改变了案件的走向。勘验结论赫然写着：马建平驾驶的摩托车前大灯的形状与张滨自行车车筐印压痕迹相吻合，可以形成自行车前部的损坏痕迹，而高文波驾驶的摩托车不能形成上述痕迹。

这时，刑警学院的专家也决定撤回他们曾经出具的第三份鉴定书。如此一来，本案的肇事人一下子从高文波变成了马建平。高家人满心欢喜，还买了鞭炮燃放庆祝。可马建平却被这份鉴定结论硬生生地给搞懵了。怎么前三次都说是老高，这次又说是我呢？马建平陷入了深深的不解。可这事已经不容他多想了。

十天后，交警部门重新作出了一份道路交通事故责任认定书，认定马建平承担本次事故全部责任。之后，马建平被刑事拘留，2005年8月，以涉嫌交通肇事罪，被检察机关批准逮捕。此时，李阿姨悬着的心总算放下了，认为这案子总算有了结论。

但事情可远没有李阿姨想得那么简单。检察机关先后两次对马建平提起公诉，又两次予以撤回。这期间马建平两次庭审均不认罪，反复表示对鉴定结论不服。马家的亲属更是扯起了横幅，十几个人跪在法院门口大呼冤枉，还向检法两院都递交了陈述冤屈的血书。

当然，检察机关最终作出对马建平不予起诉的决定，并非只因马家人的喊冤叫屈。其实理由很简单，那就是，定案的证据也就是那四份鉴定结论，互相之间本身就存在着明显的矛盾，不具有排他性，根据这些相互矛盾的鉴定结论，根本无法认定马建平就是本案的肇事人。而本案唯一的证人李文又不肯出证。因为证据不足，所以根据刑事诉讼法的规定，只能作无罪推定，于是，马建平被释放了。

这样的结果彻底把李阿姨一家给搞糊涂了。出事都一年多了，高家和马家，你推我，我推你，谁也不肯承认撞了人，难道我家一个大小伙子就白死了不成？用李阿姨的一句话说："高、马这两个人啊，肯定有一个说了昧良心的话。"现在既然刑事判不了罪，那我家人都死了，你们不给抵命，总得赔偿损失吧。于是，李阿姨一纸诉状把高文波、马建平一起告上了法院，要求他们赔偿死亡赔偿金二十余万元、精神损害赔偿金3万元。这个数额现在看似乎有点儿少,可在当时正好符合法律规定的标准。

  法院受理后,将案件分给了民一庭有丰富审判经验的宁法官。宁法官面对着从交警部门和本院刑庭调取来的厚厚的案卷不禁陷入了沉思。的确,仅凭本案的四份鉴定结论确实无法对高、马二人谁是肇事者进行明确的区分。肇事者不明确,又让谁来对李阿姨进行赔偿呢?

  宁法官决定,先通过送达开庭传票了解一下各方当事人的情况。面对法院的传票,高文波表现出了极大的意外,后一份交通事故认定书不是说马建平承担事故的全部责任吗,那自然应该由他来赔偿,跟我有啥关系?而马建平也表示不能承担赔偿责任,原因很简单,连检察机关都没说我有罪,那赔偿责任凭什么由我承担呢。而李阿姨一见宁法官顿时悲从中来,啜泣不止,反反复复就是一句话:"我家儿子的事就靠你主持公道了。"

  了解了当事人的态度,宁法官决定到案发现场进行实地勘察。虽然交警部门的卷宗附有大量现场照片,但毕竟不如身临其境感受得真切。宁法官想通过实地勘察找到接下去案件审理的思路。于是,合议庭一行三人在晚上九点驱车来到了案发现场。

  案发现场是一段临近村庄的土路,虽然平坦,但很狭窄,经实地测量路宽只有5.3米,两侧均有边沟,沟外植有四米多高的树墙,整条土路都掩映在树影当中,且没有路灯。关闭车灯后,合议庭三位法官发现这条村路能见度极低,几乎黑得吓人。勘察过案发现场,合议庭成员对案情已是心中有数了。此时,宁法官对案件的处理走向和法律适用已经梳理出了基本的思路,就差几个事实问题要在庭审中逐一落实了。

  开庭时间转眼就到了,高文波和马建平在庭审中都明确表示自己不应承担本案的赔偿责任。看着高、马二人振振有词地发表答辩意见,可气坏了李阿姨。我家一个大小伙子死得不明不白都快两年了,你们却还在这儿推三阻四,到底谁该赔偿,我们说不清,但总得有人承担责任不是,就请法院公断吧。

面对激烈的法庭诉辩对抗,宁法官似乎并不着急。

在法庭调查阶段,他着重询问了三个问题。第一个问题是当晚一共喝了多少酒?对此,高、马二人的回答是一致的,加上李文三人共喝了一斤烧酒、两箱啤酒,而且是平均喝的。

第二个问题是当晚车速有多快?对此,高、马二人的回答也基本一致,喝多了,没看仪表盘,但开得很快,听着风声很大。

第三个问题是当晚能看多远?对此,高、马二人的回答仍是一致的,天太黑,高文波的摩托车又坏了前大灯,就靠马建平一辆车照着亮,前面情况看不清楚。

合议庭经过仔细阅卷分析,反复梳理全案的证据。发现根据现有证据确实无法认定究竟是谁驾驶的摩托车撞击到了张滨,并最终造成其死亡的后果。但高文波和马建平酒后驾驶摩托车,在能见度极低的情况下,于狭窄的村路上高速行驶,本身就是共同实施了一种危险的行为,其行为和后果完全符合共同危险行为的法律规定。因此,法院依法判令高文波与马建平承担连带赔偿责任,赔偿李阿姨死亡赔偿金17万元、被抚养人生活费1.6万元、丧葬费5995元、交通费200元、精神损失赔偿费3万元,合计二十二万余元。高文波和马建平都提起了上诉,2006年10月,沈阳市中级人民法院作出了终审判决,驳回高文波和马建平的上诉,维持原判。

法官点评:

至此,这起本来算不上重大,但却差点儿成了悬案的交通肇事案件总算有了个明确的结论,但结案之后留给我们的思考却还有很多。如果高、马二人没有酒后驾驶,而是早早驾车回家,然后聚在自家炕头上喝点小酒,或许就不会酿成本案中的惨祸。如果撞人后,高、马二人能第一时间把张滨送医抢救,或许就能挽救这条年轻的生命,两人也就不必为了逃脱刑责而互相推诿。如果证人李文不是一直保持沉默,或许案件的真相早已浮出水面,也就无须那反反复复的四次鉴定搞得大家无所适从。这样的假设在事后似乎已是徒劳了，但本案的发生和案情发展恰恰体现了当今社会自律守法意识和诚信意识的缺失。在经济高速发展、人民物质生活水平显著提高的今天，树立法治观念和良好的社会道德风尚已经成为维护社会稳定和健康发展的重要支撑，这也是我们投身普法宣传工作的意义所在。本案发生在十一年前，根据当时的法律规定法院在无法区分是谁撞死张滨的情况下，只能判令高、马二人承担民事赔偿责任。若是换作在酒驾已经入刑的今天，高、马二人即使没有撞到张滨，仅凭醉酒驾驶机动车辆这一项也已经触犯了刑法，要被追究刑事责任。本案中李阿姨和高、马两家所经历的悲痛与困扰告诫着我们："饮酒不驾车，驾车不饮酒。"请珍惜自己，珍爱他人。

靳淑芝

靳淑芝，女，蒙古族，1979年9月出生，研究生，现任兴和县人民法院立案庭庭长、审判委员会委员，党支部书记。靳淑芝自2007年至今连续十年被兴和县人员法院评为先进个人和先进工作者，并于2015年荣立乌兰察布市中院授予的个人三等功；多次获得县级"五四优秀青年"和"三八红旗手"称号，并于2014年被评为乌兰察布市青年联合委员会委员，2015年被评为乌兰察布市优秀团干部，2016年荣获乌兰察布市优秀共产党员，2017年5月荣获第二届"乌兰察布青年五四奖章"个人荣誉称号，2017年9月被评为内蒙古最美女法官。2017年11月被选为乌兰察布市第四届政协委员会委员。

法官感悟

我是一名基层法院的普通法官，偶然的机会，有幸参加了《法律讲堂》"法官解案"节目主讲人的选拔并通过了复试，我为能够被中央电视台的节目选中而兴奋不已，但同时，紧张和忐忑也充斥着内心。因为我对自己很没有信心，要在知名媒体上，给全国观众讲述案件，心里没有一点底气。但是接下来的事情让我逐渐走出了困惑，突破了自我。

在确定了选题之后组稿的过程中，我很快遇到了瓶颈。最主要的问题除了语言上的生硬晦涩外，我完全没有把握写作思路和写作角度，逐渐我对自己失去了信心，甚至想到了放弃。在我心灰意冷的时候，是陈贝贝主编一次次打来电话耐心鼓励，一遍遍悉心指导，我才逐渐找到了写作的灵感。甚至有一天，我俩的通话从十一点半一直持续了近两个小时，她错过了食堂的饭点和宝贵的午休时间，而我深受启发的同时备受感动，她所给我的鼓励让我燃起了自信的火苗。虽然我没赶在第一次录像前完成组稿，但是栏目组还是让我参加了试录，本以为试录只是让我感受一下讲台，出乎意料的是，栏目组却为我认真安排了两个小时的化妆，和正式录像一样，从录像的各个方面作了全面指导，又一次让我深受震撼，栏目组的敬业和认真鼓励着我努力向前，不放弃不气馁。最终，我成功录制了两期节目。

一路走来，正是因为在鼓励中成长，我才得以突破自我，为普法宣传贡献了一份自己的力量！

动物伤人谁负责

主讲人：内蒙古乌兰察布市兴和县法院　靳淑芝

执行主编：陈贝贝　　编导：丁泽

人和动物的距离说远不远，它们就生活在我们的身边；说近也不近，有时候，靠得太近，人们会猝不及防地受到它们的伤害。那么，当动物伤了人以后，谁该为此来买单呢？下面便是三个动物伤人的故事。

那是发生在一年秋天的一个午后，一个马戏团的表演场内，前来观看老虎表演的人们，不断地在为一只老虎精彩的表演喝彩，听到人们热烈的掌声和不断的喝彩声，驯虎师更是加快了手中的鞭子，老虎穿火圈、老虎跳舞、老虎坐板凳……演出是一场接着一场。

只见这只老虎，毛色油亮，体格高大，动作敏捷，精彩的表演紧紧地吸引着人们的眼球。但是，连着七八场表演下来，老虎的动作渐渐慢了下来，疲惫地拖着越来越笨重的身体，不再好好听从驯虎师的安排，只是慑于驯虎师的鞭威，勉强地继续表演着。终于，驯虎师也累了，放下了手中的鞭子，老虎累得一下子卧在了地上。

表演暂时停止了，但是人们却意犹未尽，仍没有要散去的意思，怎么回事儿呢？原来，是马戏团入口处贴着的一块牌匾上的内容吸引住了他们，只见这块木头牌匾上面写着几个大大的黑体字"与虎合影，每张十元。"大家都对此非常感兴趣，平时只能隔着铁笼才能观赏到的老虎，今天不仅近距离看到了它精彩的表演，而且还可以和这个庞然大物合影，大家个个都兴奋地想试试。尤其是人群里的小朋友们，吵吵嚷嚷着让爸爸妈妈快给他们和老虎拍一张照片留念。悲剧，就在这时候发生了。

排队等待和老虎拍照的队伍里，年轻的李军夫妇带着女儿丫丫和侄子、侄女也在其中，5岁的丫丫骑在爸爸脖子上，兴奋地和哥哥姐姐们嬉闹着。不远处的前面，随着驯虎师的喊叫和鞭打，老虎又被赶了起来，勉强地站在那里和小朋友们"合影"，刚才表演时的那股精神劲儿没有了一点儿踪影。尽管如此，拍到合影的人们个个都喜滋滋地离去了。

终于等到丫丫他们拍照了，当丫丫和她的哥哥姐姐们在大老虎的身边站好后，李军不停地按着相机的快门，孩子们又是兴奋又有些拘谨，好奇的丫丫扭头看看身边的大老虎，回头冲爸爸的镜头露出甜甜的笑容，可就在这时，累极了的老虎突然张开大嘴，一下子就咬住了站在它右边的丫丫的小脑袋，人们一下子都呆住了。

李军夫妇声嘶力竭地叫着丫丫的名字，不顾一切地冲上前用力试图想掰开老虎的大嘴，驯虎师赶忙用力鞭打老虎的后背，但是老虎并没有半点松嘴的意思，闻讯赶来的其他工作人员，见此情景，也是束手无策。最后，等人们把丫丫从老虎嘴里救出来的时候，丫丫已经奄奄一息了，虽然经过全力抢救，但是5岁的丫丫因伤势太重永远离开了爸爸妈妈。

得知这个噩耗后，丫丫妈妈当场昏了过去，一个家庭被痛苦重重笼罩着。人们也不禁为这个小生命的离去痛心疾首，扼腕叹息。

李军夫妇无法接受女儿已经不在了的事实，前一分钟还活蹦乱跳的孩子，眨眼间就从他们身边消失了，本来是带着孩子来开心的，如今却再也不能把孩子带回家去了，孩子才5岁呀！丫丫妈妈的精神几乎崩溃了，好几次跑到马戏团，要他们还她的女儿。

可事情已经发生了，活泼可爱的女儿是回不来了，慢慢地，李军夫妇也接受了女儿离去的事实，缓过神以后，他们将马戏团告上了法庭，要求马戏团赔偿他们各项物质和精神损失八十余万元。

接到这个案件的吴法官看完案卷后，心情非常沉重，同样作为一个母亲，可以想象到李军夫妇俩失去孩子是多么痛苦。

开庭的那一天，见到李军夫妇，吴法官心里不由得大吃一惊，没超30

岁的他们都面容憔悴，不修边幅，看上去就像40多岁的人，可以看出失去女儿给他们带来了多么沉重的打击。

庭审中，李军坚持要求马戏团为老虎咬死丫丫拿出八十万元的赔偿，可是马戏团这边却认为，李军夫妇作为丫丫的监护人，也应该为丫丫的死亡承担监护不力的责任。

那么，究竟谁该为这起老虎咬死人的事故负责呢？

法官解案：>>>

我国侵权责任法第七十八条规定："饲养的动物造成他人损害的，动物饲养人或者管理人应当承担侵权责任，但能够证明因被侵权人故意或重大过失造成的，可以不承担或者减轻责任。"

也就是说，如果你饲养的动物造成了他人的损害，那么你就一定要对由此造成的损害承担赔偿责任；但是，如果有证据证明，受损害的一方所受到的损害是由于他自身的原因，就是由于他故意或重大过失造成的损害，那么，动物饲养者就可以不承担赔偿责任或者减轻赔偿责任。

那什么叫"故意或重大过失"呢？所谓故意，在这里是指主动挑逗、攻击动物，而所谓重大过失，就是明知动物有一定的危险性，却疏忽了这种危险性。

那么，在本案中，受损害的一方有没有故意或重大过失呢？

吴法官通过向多名当天在场的游客取证，了解到当时丫丫和哥哥、姐姐站在老虎身边时，孩子们还显得有些紧张，孩子们没有任何激怒老虎的动作，甚至没有摆出任何拍照的姿势，拘谨地站在那儿，突然间，老虎便向站在离它最近的丫丫张开了大嘴。

同时，作为游客的李军夫妇，因为马戏团公开展示了招揽游客和老虎拍照的标牌，加上之前已经有许多大人和孩子们与老虎拍照都安然无恙，驯虎师也就在旁边，所以他们就有足够的理由相信马戏团这样一种专业机构能够保障孩子们的安全,而且拍照行为本身并没有危险,从这个角度来说,李军夫妇有充分的理由信赖马戏团,所以李军夫妇没有过错,不应该承担责任。

最后,法院认为,马戏团作为一个专业驯养动物的组织,对动物负有特殊的管理责任,对游客应该尽到特别提示和特殊保护,但是马戏团却为了营利而忽视了游客的安全,放任游客近距离接触性情暴烈的动物,疏忽了老虎的性情,没有尽到对游客的安全保障义务,而且在出事以后没能够迅速采取有效制止的措施,对丫丫的死亡应该承担全部的赔偿责任,综合各种因素,最后判决马戏团赔偿李军夫妇各项损失五十万元。

饲养或驯养的动物,就一定要非常小心地加以看管和约束,尤其是负有特殊义务的机构,更要对其管理的特殊动物特别谨慎管束,否则,一旦发生动物伤人的事情,就要为它的行为来埋单了。但是,也有一些特殊情形,动物的饲养人却不需要承担任何责任。下面,我给大家讲的第二个故事里,饲养人没有为他的动物埋单,恰恰是受伤的人自己为自己埋了单。

一天中午,张文和黎平要去饭店参加一个朋友的婚礼,黎平还特意穿了一套笔挺的西装,系上了崭新的领带。到了饭店以后,他们发现饭店的前院已经没有了空车位,于是他们就绕到后院去停车。当他们把车停好后,正要走进饭店,这时候,他们看到在饭店的后院里,拴着一条毛色油亮的黑狗,这条黑狗,足足有两尺多高,除了两只耳朵和尾巴是白色的以外,全身黝黑,没有一根杂毛,毛色又黑又亮,肚子圆滚滚的,正在贪婪地啃着一块肉骨头。

平常就非常喜欢狗的张文见这只狗以后,眼睛都发亮了,他惊喜地拉着黎平要走上前看。也许是这只黑狗平常见得人多,对走上前来的两人没有理睬。见这只狗没有任何反应,张文正要上前用手去摸,被黎平拉了一把,黎平说:"小心,狗护食会咬人,咱先试试看,这家伙厉害不厉害。"于是,从旁边找来一块儿小石子,扔在黑狗的面前,黑狗瞟了一眼小石子,无动于衷,继续啃着骨头;黎平又找来一根细木棍,蹲下身子往前试探着轻轻地拍了几下黑狗的后背,黑狗还是没有理睬;这下子,黎平壮起了胆子,他俩又往前走了两步,这时候,黑狗忽然从喉咙里发出呜呜的警告声,并且警惕地用眼睛盯着他。觉得好玩儿的黎平这下子来了劲儿,他假装往前迈了几步,惹得黑狗一下子站了起来,竖起了全身的黑毛,不停地发出低沉的呜呜声,黑狗护食的样子,激发起了黎平的兴趣,他倒要看看,这只黑狗有多么凶,他不断地假装往前靠近,黑狗便不断地朝他狂叫,黎平手里挥舞着小木棍,假装要夺走那块骨头,黑狗见状发疯般地扑向他,他就急忙哈哈笑着躲开,拴着黑狗的粗铁绳"哗啦哗啦"的声音,吸引了后院围观的人们。黎平以为黑狗被粗铁绳拴着,不会挣脱,所以就更加放胆挑逗着黑狗,可结果就在黑狗又一次扑了个空以后,更加发怒的黑狗猛地挣脱了铁绳,还没等人们反应过来,黑狗便低吼着冲向黎平,黎平见状,"啊"地叫了一声,撒腿就跑,可是黑狗很快追上了他,把他扑倒在地,疯狂地撕咬着他。

事后,黎平被紧急送往医院,经过检查,他身上共有十一处咬伤,最严重的是小腿上的一处,竟然缝合了八针,医药费花去了四千多元不说,身上留下了十一处伤疤。出了院以后,黎平就把饭店告上了法庭,要求饭店赔偿全部的医药费和精神损失费六千元。

很快到了开庭的时间,但法庭上饭店却明确表示,他们不会赔偿黎平一分钱,原因是他们认为,要不是黎平故意挑逗,黑狗就根本不会挣脱铁绳去伤人。黎平的受伤是因为他自己故意挑逗黑狗才导致的,所以应该由他自己承担由此带来的后果。那么,饭店的主张能够得到法律的支持吗?

法官解案: >>>

我们前面提到,动物致人损害,动物的饲养人应该承担责任,但是,如果受害人故意或重大过失时,就要减轻或免除饲养人的责任。也就是说,饭店作为黑狗的饲养人,理应为黑狗咬伤黎平承担责任,但是,如果黎平存在故意或重大过失情形的话,饭店就不用承担赔偿责任或只需承担部分赔偿责任。那么,黎平是否存在故意或重大过失呢?很显然,黎平作为一个完全民事行为能力人,应该对故意激怒黑狗的后果有所预见,而他却一而再,再而三地故意挑逗，所以，黎平应该对自己的行为负责；而饭店一方呢，把狗拴在后院，就是对黑狗可能伤人有所预见，已经尽到了管理和注意义务。因而应免除饭店的赔偿责任。最后，法院驳回了黎平的诉讼请求。黎平只能自己为自己受到的伤害埋单了。

以上讲的两个案例，都是饲养的动物伤害了人的案例，一个是动物饲养者因为没有尽到应有的谨慎管理和注意义务，而为受伤的人负了全责；另外一个饲养者因为尽到了管理义务同时由于受伤者存在故意挑逗的行为，所以饲养者免除了全部责任。接下来我要讲的是发生在草原上的一个案例——羊伤人。羊还能伤人吗？没错，羊不仅有时会伤人，而且这个案例中，这羊伤了人以后，羊的饲养者和受伤者还都搭上了十几万。这又是怎么回事呢？

初夏的一个早上，刚吃过早饭的人们，扛着锄头，三三两两地朝自家的地里走去，这时候，村子西头传来急切的呼救声："快来人，快来人啊！"人们着急地顺着声音跑去一看，只见张贵四仰八叉地倒在地上，张贵的邻居刘二边向人们招手，边摇着躺在地上的张贵说："快醒醒，快醒醒。"原来，张贵被刘二家的公羊撞得晕了过去！

一只羊竟然能把人都撞晕过去，这究竟是怎么回事呢？原来，这段时间，张贵和刘二把各自家养的十几只羊，赶到一起，轮流放。这在牧区农村是很常见的，在农忙的时候，关系不错的两家人，会经常合伙轮流放羊，这样既不会耽误农田里的活儿，也能互相帮助把羊养好，要知道，到了年底一只五十多斤重的肥羊就能卖上一千元左右，这对于农户来说，养好羊就是笔不小的收入。今天轮到刘二放羊，一大早，刘二就见张贵急匆匆地向羊群走来，刘二问张贵："张贵，你这么早出来干啥？"张贵站在不远处，猫着腰仔细地辨认了一会儿，指着其中一只羊对刘二说："就我家那只羊，昨天我看到它跳着后腿走路，有条腿好像受伤啦，我想看看咋回事儿。"说着就往羊群里走，这时候刘二赶忙喊了一声："小心公羊。"

也许在大家的印象里，羊是温顺柔和的动物，那为什么刘二要张贵小心这只公羊呢？其实啊，羊在一般情况下是不会撞人的，即便是公羊，也未必一定会撞人，除非公羊受到故意挑逗或者是群里有母羊在发情期的时候，如果有人靠近羊群，公羊才会出现撞人的情形。因为刘二家的这只公羊以前发生过有人靠近发情期母羊而撞人的事情，所以刘二就及时地提醒了张贵一句。

张贵四下里一看，刘二家的公羊正在群外两三米的树下埋头吃草，心想就只看看那只羊的后腿，应该没事儿。于是，他就走进了羊群，可正当张贵蹲下身子查看那只羊的后腿时，手刚触摸到羊，就觉得脑后生风，随着后脖颈一阵剧痛，然后就什么也不知道了。

第二天，张贵被家人带到内蒙古医院检查，经过诊断，张贵的枢椎严重骨折。经过手术，张贵虽脱离了生命危险，但是必须卧床休息，不能起床活动。治疗期间，张贵总共花去19万元。19万元，对于一个年收入仅几千元的农民家庭来说，简直就是个天文数字，但是为了给张贵治疗，家里只有把羊全部卖了，孩子们四处借钱，加上亲戚朋友们，这家几百，那家一千地凑合着帮张贵做了手术出了院。

回到家里的张贵每天得有家人帮忙翻身、起坐，孩子们都回来伺候着，一家人忙活着照顾张贵，地里的庄稼也荒了，羊也卖光了，还欠了一大堆债，生性要强的张贵不由焦急得直叹气。这时候，张贵不由得埋怨起刘二来，都是刘二家那只公羊惹的祸！现在这一切费用，都得让刘二一起赔偿，谁让是他家的羊撞了人呢！于是，张贵就一纸诉状把刘二告上了法庭，要求刘二赔偿医疗费、误工费、护理费、二次手术费等各项损失共28万元。张法官接手这个案件以后，很快通知了被告刘二。于是，这天一大早，刘二早早地来到法院，要求见见张法官。

刘二见到张法官的第一句话就是："法官，你说张贵凭啥起诉我呢？凭啥让我赔他呀？是我的羊撞了他，但他张贵也是有责任的呀。"张法官于是让刘二坐下慢慢说。接下来，刘二就和张法官一五一十地把当天的情况仔仔细细地讲了一遍。原来，刘二认为，两家把羊赶到一起放已经有一段时间了，张

法官解案

贵本应该很清楚两家羊的习性了，他家那头公羊爱撞人的事，张贵也是知道的。同时，刘二说他当时也提醒过张贵，让他小心，可张贵没听，现在出事了，就更赖不着他了。

法官解案：>>>

按照我们前面讲的，动物的饲养人对于动物致人的伤害应该承担赔偿责任，除非能有证据证明，受伤害的人存在故意或重大过失。也就是说，刘二的公羊将张贵撞伤了，刘二就应该对张贵的受伤承担赔偿责任，但是，如果张贵在此事件中也存在故意或重大过失的话，那么就可免除或减轻刘二的责任。从本案的情节和双方的陈述来看，张贵并不存在主动挑逗、攻击公羊的这种情节；那么，张贵有重大过失吗？

在农村长大的张法官也熟知一些养羊的常识，他想：如果如刘二所说，他家这只公羊曾经有过因为有人靠近发情期的母羊而撞人的情形，那么这只公羊遇到类似情况就会很容易再次撞人。现在，只要调查清楚，张贵是否了解刘二家这只公羊的习性，是否知道接近的是发情期的母羊，这两个问题，就可以清楚张贵是否存在重大过失了。张法官决定在庭审时主要针对这两个问题进行调查。

开庭这一天，张贵被孩子们用轮椅推着来到了法庭，双方对羊撞人的事实没有争议，只是都认为对方有责任。这时候张法官突然问："张贵，你知道刘二家的公羊这是第几次撞人了？"张贵不假思索地回答："第三次了，去年和前年他家这只公羊都撞过人。"很明显，张贵是知道刘二家这只公羊的习性的。"那你当时去查看的那只受伤的羊，是公羊还是母羊呢？"张贵有些吃惊地回答："当然是母羊了，群里只有刘二家那一只公羊啊。""那你家这只母羊是在发情期吗？"张法官问的这个问题，让张贵突然意识到什么，坚决地摇头："不知道。"刘二说了一句话："那么多羊，哪只羊在发情期谁也不好说。"刘二的这句话，让张法官豁然开朗，养羊的人对哪只羊在发情期不了解，但是群里除了一只公羊，剩下的二三十只都是母羊，即使张贵不清楚他去看的那只母羊是否在发情期，但群里总会有在发情期的母羊，如果有人在这个时候靠近羊群，公羊一定会有所提防的，所以，这也应该是每一个养羊人都应该有的常识啊！

法官解案：>>>

张法官认为，刘二作为公羊的饲养人和当天羊群的管理人，没有完全尽到管理和看护的义务，应该为公羊撞伤人承担一定的责任；而张贵在明知刘二家公羊存在撞人的习性，也明知接近群里的母羊会带来什么样的危险后果，但他轻信能够避免，仍然走进羊群从而受到了伤害，因此，张贵对此存在重大的过失，所以也应该承担一定的责任。最后，法院判决对张贵的医疗费、误工费、二次手术费等各项损失共21万元，由刘二和张贵各承担50%。一只公羊让刘二付出了十几万元的天价赔偿；而对于同样饲养羊的张贵，不仅也要搭上十几万，同时还要付出自己后半生的健康。

法官点评：

三个不同的案例，三只不同的动物，因为不同的原因，造成他人损害时，饲养人或管理人承担了不同的赔偿责任。这三个案例从不同角度提示我们，饲养动物就要尽到合理、妥善的注意义务，不然就要为饲养的动物伤害了他人来买单了；但是如果受伤害的人存在故意或重大过失时，就会免除或减轻饲养人的责任。而我们在接触一些动物时，自身也要多加防范，否则买单的也许是你自己了。

李 霞

1978年10月出生,汉族,中共党员,法律本科毕业,中国传媒大学研究生在读。现为秦皇岛经济技术开发区人民法院新闻发言人、政治处负责人。2000年起担任秦皇岛电视台新闻节目主持人,到法院工作后兼职新闻播音十余年,并连续10年主持秦皇岛市春节联欢晚会。近年来主持省市级大型文艺演出一百余场,并多次担任外事办英文节目主持。2010年参加中央电视台《星光大道》栏目获得"周亚军",2013年年底入选中央电视台《法律讲堂》栏目主讲人。

近年来,多次立功受奖。2015年获《法律讲堂》栏目优秀节目评选"一等奖",同时获得央视社会与法频道"特别节目奖"及2015年度"最佳撰稿奖"、全国法院系统新闻发言人电视大赛"优秀奖"、全国法院系统演讲比赛"三等奖"。2005年至今,先后荣立"个人二等功"一次,"个人三等功"两次。

法官感悟

2013年年底,我有幸成为了中央电视台《法律讲堂》栏目的法官主讲人。可以通过讲述一个个真实案例向电视机前的观众朋友解读法律条文、传播法治精神,这实在是一件令人开心的事情。

还记得有一个小故事讲的是在20世纪80年代,一个老农牵着一头牛走进了检察院,说自家的牛生病了,让工作人员给"检查,检查"。

这听上去虽然像是个冷笑话,却反映出在那个年代老百姓对法律的认识和理解还是非常有限的。

我们国家的普法工作已经开展了三十年,今年是"六五"普法的最后一年。法治建设发展到今天,人们对法律的认识已不仅仅停留在"杀人偿命、欠债还钱"的层面。越来越多的人懂得拿起法律的武器捍卫自己的合法权益,越来越多的人懂得了用"这是我的权利""这不公平"来保护自己。法治,已逐渐深入人心,并深深地影响着每个人的生活。

请相信,法治是有力量的,这份力量意味着,法学不仅仅是学生的一个专业;法律,也不仅仅是法官、检察官和律师的一份职业。法,应当是守护在每一个公民身边最值得信任的力量。

而作为法官的我们,除了要高举法槌、明辨是非之外,还有一份义不容辞的责任,那就是,引导人们崇尚法律、敬畏法律、信仰法律,让每个人都成为法律忠实的守护者和捍卫者!

我相信,当遵纪守法成为一种习惯、当依法办事成为一种自觉、当恪守法规成为一种自然的时候,法治就能释放出更多的正能量,而当更多的中国人感受到这份力量的时候,那就是我们期待的"法治中国"!

偷来的儿子

主讲人：河北省秦皇岛开发区法院　李霞

执行主编：陈贝贝　　编导：侯旭鸣

2014年4月的一天中午，孟丽的家中热闹非凡，不到100平方米的房间里聚集着十多口人。就在一个星期前，孟丽生下了一个健康的男孩儿，这些人都是孟丽的亲戚和朋友，来给孟丽道喜。临近中午，孟丽的婆婆准备了一大桌丰盛的午餐，亲朋好友围坐在饭桌前，大家有说有笑，沉浸在添丁进口的喜悦之中。

就在这时，门外响起了一阵急促的敲门声。孟丽的婆婆把门打开一看，门口站着两男一女三名身着制服的警察。

民警们走进屋，对躺在床上的孟丽说道："我们是公安局的，请你跟我们走一趟。"说完，便将一副冰冷的手铐铐在了孟丽的手上。

孟丽的丈夫陈鹏飞和在场的亲朋好友都被这突如其来的情况吓了一跳。就在民警们准备将孟丽和这个刚出生的婴儿带走的时候，孟丽的婆婆跑了过来，上前一把抓住了民警的手，急切地说道："警察同志，你们一定是抓错人了，我儿媳妇是产妇，孩子出生才七天，你们不能带她们走啊！"

民警回答说："有没有抓错人，问问你儿媳妇就知道了。"

而此时的孟丽只是低着头，沉默不语，大滴大滴的眼泪顺着她的眼角流了下来。

这到底是怎么回事呢？一个刚刚生了孩子的产妇，怎么会被戴上手铐呢？警察为什么要把这个刚出生的婴儿也一起带走呢？

原来啊，这个婴儿并不是孟丽亲生的，而是偷来的！警方掌握了确凿的证据，证实孟丽就是偷抱孩子的犯罪嫌疑人。

很快，孟丽便以"拐骗儿童罪"被起诉到了法院。审理这起案件的王法官是一个有着多年审判经验的老法官。之前他曾审理过不少类似的案件，但像这种偷来孩子留着自己养的案件还真是第一次遇到。

这一天早上九点钟，案件准时开庭。法警将孟丽带到了法庭。王法官仔细端详了一下眼前的这个被告人：相貌清秀，语气温和，说起话来文文弱弱的，让人无法将她与偷孩子的犯罪分子联系在一起。

那么，孟丽究竟为什么把别人的孩子抱回家自己养呢？她难道不知道这是犯法吗？

一天的庭审活动，还原了一出孟丽自导自演的闹剧。

孟丽今年35岁，2005年，经人介绍认识了与自己同龄的陈鹏飞。陈鹏飞是一家外企公司的销售主管，憨厚沉稳的外表，踏实肯干的性格，让孟丽对陈鹏飞印象不错，而陈鹏飞也对温柔贤惠的孟丽产生了好感。几个月的接触，让孟丽认为，陈鹏飞就是自己可以托付终身的伴侣。于是，半年后，两个人便步入了婚姻的殿堂。

婚后，两个人的生活甜甜蜜蜜，小日子过得很是让人羡慕。

时间一转眼来到了2013年，孟丽跟丈夫陈鹏飞已经结婚八年了，眼看着身边的同学、朋友一个接着一个张罗满月酒，有的甚至都生了二胎，可孟丽的肚子却始终不见动静，小两口有些着急了。

陈鹏飞是三代单传的独苗，父母因为抱孙子的事儿没少在小两口跟前絮叨，这让他们觉得压力很大。为此，夫妻俩跑遍了大大小小的医院，钱没少花，可检查结果显示，两个人都没有毛病。医生说，是因为两个人的心理负担太重，导致无法怀孕，要他们放松心情，调整好心态，等待自然受孕。

可是，大半年又过去了，孟丽的肚子还是不见动静。虽说这怀孕是两个人的事儿，可孟丽的婆婆却认为，生不出孩子是孟丽的肚子不争气。婆婆传宗接代的观念比较重，为这事儿没少给孟丽脸色看。

一天中午，陈鹏飞和孟丽来看望老母亲，一进家门，便看到母亲正在杀一只自家养的老母鸡。陈鹏飞问道:"妈,这不过年不过节的,怎么想起来杀鸡了?"母亲答道:"这老母鸡啊,光吃食,不下蛋,留着它有啥用?"

旁边的孟丽一听,婆婆这话不明显是说给自己听呢吗?她觉得委屈极了,顿时眼泪就在眼睛里打起了转。可一向老实本分的孟丽不敢多说什么,只能忍气吞声。

之后,孟丽与婆婆之间又因为孩子的问题发生过几次不愉快,由于婆婆的态度很蛮横,对孟丽也越来越不好,这让孟丽难以忍受。有几次,孟丽都是哭着回到娘家的。

因为一直怀不上孩子,孟丽和丈夫陈鹏飞之间的关系也越来越疏远了。丈夫甚至主动申请了总公司派驻外地的分公司工作,每个月只有月末才能回家。独守空房的孟丽觉得自己的婚姻恐怕要维持不下去了。

一天,满腹苦闷的孟丽跟自己的姐妹丁华聊起了自己的烦心事儿,听完孟丽的叙述,丁华说:"哎,没想到你在陈家过得这么不顺心,实在不行,你就抱养一个孩子算了,我医院有熟人,看看有谁生了孩子不要的,抱回来不就行了吗?"

孟丽在法庭上这样供述道:当听到好朋友丁华说抱养个别人不要的孩子时,自己动心了。想到自己因为无法生育而受尽婆婆的气,现在就连丈夫也是一个月才回家一次,如果再不把孩子的问题解决了,自己恐怕真的很难在这个家待下去了。

就这样,孟丽跟丁华说好,让丁华帮忙寻找合适的孕妇,帮助自己完成这个"传宗接代"的任务。

几天后,丁华给孟丽打来电话,说她联系到一个刚刚怀孕的孕妇,夫妻俩都是外来务工人员,这次怀的是二胎,因为经济原因,无力抚养,又不想打胎,于是,想等孩子生下来送人,这会儿正联系收养孩子的好心人呢。

孟丽一听,这简直是天大的好消息!她开心极了,马上对丁华说,要跟孕妇见一面。

在丁华的安排下,孟丽跟这个名叫张静的孕妇在一家咖啡厅里见了面。

张静看上去要比孟丽小三四岁，穿着朴素，笑容可掬。见到丁华和孟丽，张静显得有些不好意思，她说，自己已经有了一个四岁男孩儿，由于她和丈夫都是外来务工人员，靠着微薄的收入维持着家里的开销。两个月前，张静意外怀孕了，可就在她怀孕后不久，公公被查出心脏病住了院，这给原本拮据的家庭又增添了一份负担。如果不是因为经济原因，她是说什么也不舍得放弃这个孩子的。

听张静这么一说，孟丽马上向张静表示了自己一直想有一个孩子的愿望，说如果把孩子送给她，她一定会对孩子视如己出，让张静放一百个心。说着，孟丽从兜里掏出一个信封，递给了张静，并对张静说："这里有5千块钱，你拿去买些营养品，好好补补身子。"张静急忙推辞道："这怎么能行，我只是想给孩子找个好人家，不是卖孩子啊！"

丁华见状解释说："张静，你别误会，这只是孟丽的一点儿心意，你可千万别理解成卖孩子的钱，你只管安心养胎，等孩子一出生我们就过来接走，找到孟丽这样的好人家，你就放心好了。"

听到这儿，张静没再说什么，把钱收下后就起身离开了。

法庭上，孟丽供述道：跟张静见面后我高兴极了，从未这样兴奋过。想到自己终于快要做妈妈了，就抑制不住自己内心的喜悦。

但是，孟丽继续说：我并不想让别人知道自己的孩子是抱养的，因为我想让所有人、特别是我婆婆，认为这孩子就是我孟丽亲生的。

可怎样才能做到天衣无缝呢？孟丽想到了一个"万全之策"，那就是，"假怀孕"。

这一天，丈夫回家了，晚上临睡前，丈夫告诉孟丽，自己被公司派驻西藏工作，而且这一去就是半年，要孟丽好好照顾老母亲和这个家。要是换作从前，孟丽一定会觉得对丈夫难舍难分，而这次，孟丽却认为自己的机会来了。

就在丈夫离开后的第二个月，孟丽便开始行动了，她谎称自己"怀孕"了，为了假戏真做，孟丽将棉花等填充物塞进衣服里，让自己的肚子一天天变大。除了孟丽自己和好友丁华以外，所有人都认为她真的怀孕了。

自从得知孟丽"怀孕"的消息，婆婆的态度来了个一百八十度大转弯，三天两头跑来看望孟丽，有时给孟丽买些水果，有时又给孟丽煲好汤，甚至连没出生孩子的小衣服都准备好了。

知道孟丽"怀孕"的丈夫陈鹏飞也是满心欢喜，每天都会打来电话，对孟丽嘘寒问暖，一遍遍嘱咐孟丽要安心养胎，什么都不需要孟丽做，并且告诉孟丽，她最大的任务就是顺利地生下孩子。

可是，孟丽能够顺利地骗过一家人吗？难道丈夫就不会发现什么蛛丝马迹吗？

就在孟丽"怀孕"五个月的时候，这一天，她突然接到丈夫的电话，说公司给了他三天假，让他回家探亲，而且明晚就能到家。

听到丈夫说明晚就要回来，孟丽的心一下子紧张起来，这可怎么办？如果丈夫回来看到自己的肚子，那不就露馅儿了吗？不行，无论如何也不能让丈夫知道自己是假怀孕。

第二天，丈夫早早就到了家，一进屋，便给孟丽一个大大的拥抱，孟丽则表现的跟真孕妇一样，一把推开丈夫，抚摸着肚子说："小心点儿，别碰着孩子。"

丈夫急忙说："对，对，对，你看我啊，光顾着高兴，都忘了跟咱儿子打招呼了。"

说着，丈夫蹲下身来，要掀开孟丽的衣服看看，孟丽赶忙一把拉住了衣角说："小心给凉着了！"丈夫只好将脸凑到了孟丽的肚子上，说："儿子，我是爸爸，你在妈妈肚子里可要乖乖的啊。"

说完，丈夫便扶孟丽坐下，问孟丽反应大不大，有没有什么特别想吃的东西，又问孟丽该给孩子取个什么名字？

法庭上，孟丽供述说："当看到丈夫一脸的笑容，她甚至忘了自己是假怀孕，那时的她完全把自己当成了一名真正的孕妇。她甚至觉得，这应该是作为女人最幸福的时刻了。"

当晚，洗漱完毕的陈鹏飞走进了卧室，刚要掀开被子钻进被窝，就被孟丽一把拽了下来，孟丽说，自从自己怀孕后，睡眠质量特别不好，听不了一点杂音，因为丈夫睡觉打呼噜，一定会影响自己休息，所以，孟丽要求丈夫去客厅睡。

听孟丽这么一说，丈夫也不好说什么，毕竟媳妇是孕妇，八九年了，能怀上个孩子实在是不容易，别说睡客厅了，就是睡地板也认了。

于是，丈夫乖乖抱着被子睡到了沙发上。而这一晚，孟丽却翻来覆去怎么也睡不着。

两天后，丈夫回了公司，见丈夫并未识破自己，孟丽悬着的心也终于落了地。

眼看着距离预产期只有一个月了，孟丽不放心，这一天，她又买了营养品，约上丁华，一起来到张静的家中看望张静。

此时的张静肚子明显大了。见到张静后，孟丽表现得非常关切，拉着张静的手问这问那，恐怕张静缺了营养，亏待了肚子里的孩子。

从张静家出来后，孟丽心情大好，为了迎接即将出生的宝宝，孟丽走进了婴儿用品商店，将奶粉、奶瓶、尿布等必需品准备得一应俱全。

一个月后的一天，孟丽接到丁华的电话，说张静突然宫缩，看样子是要生了。挂断电话后，孟丽和丁华赶到了医院。

这时，张静已经被推进了产房，产房外一个三十岁左右的男人焦急地来回踱步，丁华介绍说，这是张静的爱人王凯。

大约过了一个小时，护士从手术室里走了出来，怀里抱着一个正在啼哭的婴儿，王凯急忙迎了上去。护士对王凯说："你媳妇生的是男孩儿，六斤半，母子平安。"

这时，孟丽和丁华也凑上前去，当孟丽见到孩子的那一瞬间，她感觉到了从未有过的幸福感，想到自己即将成为这个孩子的母亲，孟丽高兴得乐开了花。

可是，接下来发生的事情，却让孟丽始料未及。

这天一大早，孟丽精心打扮了一番，因为今天是她与张静约好接孩子的日子。出发前，孟丽满心欢喜地给丁华打电话，问什么时候可以去接孩子？可电话那头的丁华显得有些支吾，孟丽心头一紧，预感到要发生什么不好的事情，她急忙追问道："怎么了，丁华，有什么变化吗？"

丁华说，张静的家人并不知道张静要把孩子送人，这不，早上丁华打电话问张静什么时候可以去接孩子，结果被张静的婆婆听到，婆婆是一百个不愿意，说就是砸锅卖铁也会把孩子养大，绝不允许张静把孩子送人。

啊？这可怎么办？孟丽顿时觉得天旋地转，为了假怀孕，孟丽的肚子也跟着一天天往里塞棉花变大，亲朋好友都知道孟丽的"预产期"快到了，这个时候张静却反悔了，这戏可怎么继续往下演呢？

不行，一定要想办法说服张静的家人。

挂断电话后，孟丽独自一人来到了张静的住处。没想到，张静的婆婆得知是孟丽来了，连门都不让进，隔着门缝，孟丽是好话说了一箩筐，但张静的婆婆依然态度坚决，说什么也不同意将孩子送人。

回到家中的孟丽顿时瘫坐在沙发上，她怎么也没想到事情会演变成这个样子，想到婆婆想抱孙子的急迫心情，丈夫想当爸爸的喜悦眼神，再想到自己这几个月来假扮孕妇的辛苦，孟丽真是欲哭无泪。

法庭上，孟丽回忆到这一段时已经哭成了泪人，她说："当时，已经到了预产期，亲戚朋友都打电话问我什么时候生，这孩子不生也得生啊！我感觉自己已经被逼上了绝路，没有后路可退了。"

这时，一个可怕的想法出现在孟丽的脑海——到医院抱个孩子来顶包！

孟丽继续在法庭上供述：我当时像是着了魔，一心想抱个孩子回来。为了不让人知道，也不拖累其他人，我决定私自行动，不告诉任何人。

这一天晚上十点多，孟丽独自一人来到妇产医院。趁一名产妇熟睡之机，将一名刚出生的男婴抱回了家。

法庭上，公诉机关用一组被害人的陈述说明了案发的全过程。

月嫂刘某在证言中这样说道："那天晚上十点多钟，我见孩子和大人都睡了,就去水房打水,并将孩子换下来的尿布拿去冲洗,前后大概有十几分钟的时间。等我回到房间后,发现婴儿车里的孩子不见了,于是我便将产妇叫醒。她说并没有听见有人进入房间,也许是护士把孩子抱走了,我就找到了当班护士。"

护士孙某证实说:"案发当晚,15床谢女士家的月嫂来值班室询问,是不是我们把孩子抱走了,我说没有,她又问了其他的护士,大家都说没有,后来家属意识到问题的严重性,就选择了报警。"

而此时,怀抱偷来男婴的孟丽却难以抑制心中的激动,回到家中,她打电话给丈夫,说自己比预产期提前十天生了个男孩儿。

这时,王法官问孟丽:"正常情况下,儿媳妇生孩子,婆婆应该会陪在身边,关于生孩子的过程你是怎么跟你婆婆说的呢?"

孟丽供述道:"婆婆问我为什么生孩子这么大的事儿都没有跟她说一声时,我撒谎说自己是半夜出现的临产征兆,到医院后没多久就顺利产下了一个男孩儿,因为医院床位紧张,我又是顺产,两天后便出院了。而当婆婆看到白胖的大孙子时,根本就不在乎孩子是怎么生的了。所以,婆婆并没有表示出任何的怀疑。"

就这样,几天后,亲朋好友都赶来祝贺。可就在全家人沉浸在喜悦之中的时候,警察却找上门来,这也就出现了故事一开头孟丽被戴上手铐的那一幕。直到这时,全家人才明白这竟是孟丽自导自演的一出闹剧。

法庭上,综合被告人供述、被害人陈述、证人证言等证据,公诉机关认为,被告人孟丽趁人不备,采用偷盗手段抱走孩子的行为构成"拐骗儿童罪"。

当听到这一罪名时孟丽显得有些激动,忙辩解说:第一,我没采用欺骗、利诱的手段啊,我只是偷偷把孩子抱走的;第二,我是想把拐来的孩子自己养,我会像对待亲生孩子一样对待他,绝不会虐待和打骂孩子。所以,我认为我的行为不应当以拐骗儿童罪定罪处罚。

那么,孟丽的行为是否构成拐骗儿童罪呢?

法官解案：>>>

拐骗儿童罪侵犯的是他人的家庭关系和儿童的合法权益。所谓拐骗，可能是直接对儿童实行，也可能是对儿童的家长或者监护人实行。拐骗的手段多种多样，比如，给儿童爱吃的食物、喜爱的玩具、好看的衣服以及带出去玩耍等，骗取儿童的好感后将其拐走。

本案中被拐的儿童是一名刚刚出生三天不具有思维意识的婴儿，既然是新生儿，自然无须采取哄骗的手段，趁人不备，直接抱走即可。我国刑法第二百六十二条中虽然没有明确写明偷抱孩子的行为构成拐骗儿童罪，但这无疑是立法的本意。

同时，法官还认为，现实生活中，拐骗儿童的犯罪分子虽然主观上并不是想残害儿童，但是，他们这种极端损人利己的行为，不仅使受骗儿童的心灵遭受严重创伤，也给儿童的父母和其他亲人造成极大的精神痛苦。因此，对于拐骗儿童的犯罪行为，不论其动机、目的如何，都不应该忽视其社会危害性，必须给予相应的惩罚。所以，法官认为，孟丽的辩护意见显然是不成立的。

经过审理，合议庭认定，孟丽的行为构成"拐骗儿童罪"，应当给予刑罚处罚。依据我国刑法的相关规定，犯拐骗儿童罪的，处五年以下有期徒刑或者拘役。考虑到孟丽是初犯，在将孩子抱走后没有实施虐待、殴打孩子的行为，而且经过说服教育，孟丽认识到自己的行为给家人和社会带来的危害性，对其可以依法从轻处罚。

最终，孟丽因犯"拐骗儿童罪"被判处有期徒刑三年。

拿到判决书的孟丽没有选择上诉，她说，她将在监狱中好好改造，同时，她也将用自己后半生的时间为自己的行为忏悔。

法官点评：

亲人间的冷漠、传统观念的束缚，让原本善良的孟丽铤而走险，以身试法，最终选择了用偷孩子的办法来完成"传宗接代"的任务。孟丽想要成为母亲的愿望本没有错，但是再美好的愿望都不应该以牺牲他人的幸福为代价，更不能越过法律的底线！

李晓梅

徐州经济技术开发区人民法院审判委员会委员、审判监督庭庭长兼审判管理办公室主任,一级法官。人民法院报、中国法院网、中国青年网特约撰稿人,曾出版长篇小说《斗争》、散文集《你是怎么想的》。作品曾获国家级、省级大奖十余次;撰写的5篇审判案例分别入选最高人民法院公报、人民法院案例选和中国审判要览。三次荣立个人三等功。获中央电视台社会与法频道《法律讲堂》栏目"法官解案"特别节目2015年度最高出镜奖、最高收视率和提升率奖。

法官感悟

今晚,央视社会与法频道《法律讲堂》栏目将播出我主讲的节目《瞪一眼,一条命》。这是该栏目第10次播出我主讲的节目了。起初磨砺的痛苦已经被收获的喜悦取代,每当我看到银屏上的自己,都会想起这一路走过的艰辛与坎坷。

两年前,全国法院遴选《法律讲堂》的法官主讲人。我顺利地通过了面试,以为大功告成。没想到,一篇6500字的讲稿,打倒结构重新写了5遍!

犹如一个人的战争,我疯狂地下载各种资料,翻曹禺的剧本,看美国的阿凡达,听田连元的评书,放郭德纲的相声。我感觉自己就像在爬山,爬一座不知道主峰在哪里的山,虽然筋疲力尽,但只能咬牙撑住,因为只有坚持,才能把它踩在脚下。

当我把第六稿交给栏目组主编陈贝贝老师的时候,她说恭喜,这是第一个通过的讲稿。

紧接着,如何找准法官角色的定位和镜头感,如何增强观众的代入感,以及如何与大屏幕配合等,都是我从未遇到过的挑战。有一期节目我录制了三次方才通过,曾经的自信荡然无存。

如此反复,直到做第五期的时候,我才渐渐感到一种平静和自如。陈贝贝老师说:"对,就是这个状态,就是你平时真实的样子!"至此我才找到了自己的定位,慢慢恢复了自信。

挫折感,真的是我在《法律讲堂》做节目最大的收获。但挫折感也是最有益的营养,它能够让我化蛹为蝶,脱胎换骨。因此,我要感激央视《法律讲堂》"法官解案"节目带给我的踉跄与磨砺,记住这痛苦而幸运的点点滴滴。

瞪一眼，一条命

主讲人：徐州经济技术开发区人民法院　李晓梅

执行主编：陈贝贝　　编导：丁　泽

原告王和祥、黄红花，年近六十，是近郊王村的农民，被告胡壮壮，26岁，家住邳州市内，是一名自由职业者。诉状里说王和祥、黄红花有一个儿子叫王聪，22岁了，中秋节后外出打工，到火车站去买票。结果在排队的时候和胡壮壮发生纠纷，被胡壮壮拳打脚踢，次日清晨死在了自己家里。老两口的诉讼请求是要胡壮壮赔偿死亡赔偿金、丧葬费和精神抚慰金共计34万余元。但是除了这个民事诉求外，案卷里还夹着一张纸，上面歪歪扭扭写着这么几个字："杀人偿命，请法院给杀人犯判刑！还我儿公道！"署名也是王和祥、黄红花。

老两口既然到法院走民事程序要求民事赔偿，就说明警方已经认定这不是刑事案件，打人者不用负刑事责任了。可老两口怎么还说打人者是杀人犯，要求法院判死刑呢？这张偷偷塞进来的纸条，摆明是在为儿子申冤。那王聪究竟是怎么死的，是不是还有什么蹊跷？

可翻遍案卷，周法官也没有发现关于王聪死因的相关证据，只有一份由派出所为胡壮壮制作的行政处罚告知笔录，上面说："2013年9月20日15时40分许，你在邳州火车站售票厅殴打王聪……根据《中华人民共和国治安管理处罚法》第四十三条第一款之规定，现决定给予你行政拘留十日、并处五百元罚款的处罚。"

为什么王聪死亡了，而施暴的胡壮壮仅仅是被拘留罚款呢？王聪的死亡究竟和胡壮壮的这次殴打有着怎样的关系呢？

周法官想通过原告的律师了解一下情况，就拨通了律师的手机。可对方一听是王聪的案子，赶紧推辞说："周法官，您别找我了！这老两口太犟了，我告诉他们，王聪的死他们只能追究胡壮壮的民事责任，可他们根本听不进去，临了还是把追究刑事责任的纸条给加进去了！我已经把代理费退了，让他们另请高明了！您要是想知道详细情况啊，还是自己去车站派出所找赵所长吧，他最了解这事儿！"说完就匆匆挂了电话。

律师的这番话让周法官的疑惑更深了，难道真是胡壮壮本应该承担刑事责任，派出所却替他隐瞒了什么秘密？看来，还真有必要到派出所去一趟。

周法官带着书记员来到火车站派出所，在这里，他们见到了处理王聪和胡壮壮案件的赵所长。赵所长一听法官来了解王氏夫妇为儿子四处上访的事儿，也没什么避讳，反倒如释重负的样子，说你们来得正好，这事儿还真得法院给个说法。

给法官让了座，赵所长接着道："这白发人送黑发人，谁看着不难受啊？我也是一个父亲，怎么不理解他们的痛苦呢？我可以不计较他们误解我、投诉我，可我是一名执法者，不能感情用事，要以事实为依据，以法律为准绳，对吧？王和祥说要一命抵一命，我说这案子不能这样处理，王和祥就觉得我偏袒胡壮壮，还说不行自己就把胡壮壮弄死，然后抵命。"说到这里，赵所长显得有些无奈。

王聪的死究竟是不是和胡壮壮有关呢？对于这个疑问，赵所长没多说什么，而是拿出了一份事发时的监控录像，播放给周法官看。

录像里播放的就是纠纷现场，地点是火车站售票大厅，时间是2013年9月20日下午15时36分至42分，监控中赤膊拎着红色行李的就是死者王聪，而排在后面这位穿黄色T恤的高个子青年就是被告胡壮壮。

开始的时候，王聪和胡壮壮先发生了口角，因为没有录音，不清楚两人究竟为什么进行争论。可以看到，是王聪先动手推了胡壮壮一把，两人离开了监控画面，但是从旁观者的反应可以推断双方矛盾并不激烈。之后，两人回到队伍中继续排队，但是通过他们的肢体语言可以看出事情并没有完，两人似乎都在克制，但都有些按不住火儿。

过了半分钟的样子，王聪拎着行李再次离开队伍，去找胡壮壮理论。这次仍旧是王聪先动手推了胡壮壮一把，胡壮壮以组合拳还击，又飞起一脚将王聪踢出两米开外。

此时王聪面部受伤，流血，但行动自如，双方暂告休战。但仅仅一分钟后，王聪冲上来再次攻击胡壮壮，但滑倒在地。在别人的劝说下，王聪自行离开了售票室。

留下来的胡壮壮情绪激动，但也能看出来他其实很紧张。擦拭着身上的血迹，显得非常不安。大约半分钟后，在别人的劝说下，也离开了售票室。

那么双方打斗的起因是什么呢？赵所长拿出了两份笔录，一份是胡壮壮的陈述："一个小伙子过来推了我一把，说你看我干什么，再看我就打你。"另一份是王聪邻居的笔录，说王聪挨打后曾到她家找她儿子，想一起去报复胡壮壮。邻居问王聪为什么被打了？王聪的回答是："我在火车站看了那人一眼，那人问我看什么呢，我想支架子，还没来得及，那个人朝我眼睛打了一拳……"

好，就是因为相互看了一眼，悲剧发生了。可从监控上看，王聪离开的时候伤情也不严重，他怎么会在第二天的早晨死在自己床上了呢？

周法官回想着刚才胡壮壮殴打王聪的一幕，忽然一个瞬间引起了他的警觉，就是胡壮壮飞起一脚猛踹王聪的一幕，这一脚会不会就是造成王聪死亡的直接原因呢？

周法官把这个疑问向赵所长提出来。赵所长说，咱们想到一块儿了，开始的时候，我也怀疑是这一脚要了王聪的命，所以动员王和祥夫妇进行尸检。他们同意后，为了增强客观公正性，我们委托国家注册的司法鉴定所，聘请具有国家司法鉴定资格的专家和我们的法医一起尸检，还通知了王和祥夫妇，希望他们能到尸检现场，但他们拒绝了。

鉴定报告出来了，内容是这样的："左季肋区（也就是被胡壮壮脚踹的部位）见14.5厘米×7厘米范围皮下出血……胸、腹腔诸脏器位置如常，胸骨、肋骨未见骨折；肺淤血，肺水肿；心、肝、肾、脾、脑等组织淤血……未检见致命性机械性损伤征象。"也就是说王聪身上的外伤并不致命，包括左季肋区胡壮壮猛踹的那一脚，也没有造成严重的伤害。

那么问题来了，既然未见致命性机械性损伤，为什么会出现"肺淤血，肺水肿；心、肝、肾、脾、脑等组织淤血"呢？这和王聪的死究竟有什么关系呢？

先看下鉴定报告的结论："被鉴定人王聪不排除氯氮平中毒死亡"。通过资料查询，我们知道氯氮平是一种抗精神失常药，有许多医学专家证实，服用过量的氯氮平会出现呼吸抑制甚至衰竭导致死亡，而急性中毒死亡者会出现多脏器淤血水肿，尤以脑、肺明显，这恰恰与鉴定中的表述相符，说明王聪的确是死于服用了过量的氯氮平。

赵所长告诉周法官，民警勘验现场时不仅在王聪的房间里发现了氯氮平空瓶，还找到了另一样东西，可以断定王聪确实就是自杀的。

那是王聪亲笔书写的一份遗书，内容是："老爸，我真的走了，没能让你安享晚年。我没用，没有出息，您老人家还要好好地过，不要为我伤心。我是个没有出息的人，死了活该，我有可能会上天堂。"

综合上面的证据，周法官确定，王聪确实是自杀身亡，公安机关的处理是没有问题的。可周法官仍感到不解，王聪毕竟是一个成年人，仅仅因为与胡壮壮发生冲突吃了亏就要自杀？这个选择是不是显得太脆弱、冲动并缺少责任感呢？在民警的一份调查中，周法官找到了答案——原来王聪的精神状况确实存在异常。

在这份笔录中，村民们告诉民警说，王聪从小聪明好学，但高中毕业后就变了，经常自言自语，翻白眼儿，说话颠三倒四，村民们都说这孩子学习太刻苦把脑子学坏了。还有村民说王聪住过精神病院，但没治利索，一直吃着药。而这个事实，从王聪屋里发现的2个氯氮平空瓶也能得到印证。

王聪既然精神异常，王和祥夫妇为什么还去外地打工，把他一个人留在家里呢？赵所长说，王和祥一家经济条件并不好，王聪生病后，需要花钱治病，家里的负担就更重了。等王聪的病情稍有好转，一方面是为了给儿子继续治病，另一方面也是考虑到将来王聪还要读大学，夫妻俩就想着去外地打工攒些钱，便把儿子王聪拜托给了已经退休在家的大伯照料。大伯是退休的中学教师，对孩子耐心细致，很有经验。可以说，有了大伯这个保险，王和祥夫妇这才放心走了。

"可王聪又是怎么服毒的？他死前难道大伯没有发现异常吗？"周法官不禁问道。赵所长说，据大伯回忆，王聪挨打当天回到家情绪曾非常低落，想找人报复胡壮壮，但问了一圈，没人愿意帮他，他很伤心，多次痛哭，说自己没用，活着没意思，这让大伯不得不对他多留了个心眼儿。果然，第二天晚上，王聪两次拿刀要割手腕，都被大伯夺下了。当晚，大伯仍不放心，一夜起来三次看王聪，王聪关着门，但屋里始终亮着灯，喊他也答应，但是清晨喊他吃饭的时候就不再吭声了。进屋一看，只见王聪躺在地下，浑身是汗，口中流涎，已经没了呼吸。大伯赶紧拨打120，又请了村里一位医生过来看。医生检查了一番，跟大伯说，这孩子已经没了。讲完这过程，赵所长叹了口气道："您说说，法官，就算我的话王和祥夫妇听不进去，可孩子大伯的话，他们总还是相信的吧！"

案件事实基本明了，王聪是自杀身亡的。对于这一点，王聪的父亲王和祥也是清楚的。可王和祥为何还要坚持追究胡壮壮的刑事责任呢？在赵所长提供的一份笔录中，周法官找到了答案。

"虽然俺儿子不是他当场打死的，但那个人如果不打他，俺儿子也不会回家想不开去死的。""因此，王和祥认为啊，胡壮壮是间接害死了王聪，犯了过失致人死亡罪，所以应该追究刑事责任。"赵所长无奈地解释。

原来是这样！那么，胡壮壮的行为能不能构成此罪呢？我们简单分析一下。首先，胡壮壮的殴打并不必然导致王聪死亡。胡壮壮殴打王聪，所造成的外伤并不致命；而最后的鉴定结论也明确显示，王聪的直接死因，是服用了过量的氯氮平；这说明胡壮壮的行为与王聪的死亡之间不存在必然的、直接的因果关系。其次，胡壮壮也不能预见打人后会产生这种严重的后果。王聪被打后，回到家中服药自杀，的确是一种极端情形，实属少见。一般来说，正常人的心智都是有一定承受能力的，并不都会因为被打，就做出自杀的举动。很明显，胡壮壮的行为并不能构成过失致人死亡罪。

周法官想，尽管法理很清楚，但怎么才能让王和祥夫妇接受呢？老两口儿老年丧子，还要他们保持理性，这不太难了吗？

民警的话，律师的话都听不进去，法官的话王和祥又能听进去吗？回法院的路上，周法官不由心事重重。看来，当务之急是寻找沟通桥梁，通过这个桥梁来打开王和祥夫妇的心结。周法官想，这个桥梁应该是一个人，一个让原告可以信赖，又比较冷静和理性的人。

他想到了王聪的大伯。因为能看出王和祥比较信任这位有学问的兄长，而这位兄长对整个事件又非常了解。于是，周法官给王聪大伯去了电话，把一些法律规定讲给大伯听，说希望他能给王和祥讲清道理。大伯果然通情达理，答应给王和祥做好思想工作。

可是，亲情毕竟只能解决感情问题，案件最终还是需要通过法律途径来解决。周法官认为，此时王和祥还需要一位代理人，而这位代理人，不仅能准确理解法律，而且要具备较强的沟通能力，可以当好润滑剂。王和祥夫妇的情况符合法律援助的条件，周法官就来到了司法局，把案情向工作人员做了介绍。司法局的同志听了，对王和祥也很同情，就指派了为人正直、责任心强的张律师为王和祥进行法律援助。

王和祥与法院间的桥梁搭建起来了。那么，经过哥哥和律师的解释和疏导，王和祥的态度会有所转变吗？半个月后，王和祥在张律师的陪同下来到了法院。

见了法官，王和祥第一句话就说："法官，当初我闹公安的确不合适。"这一句话，明显听出了王和祥态度有所转变。王和祥接着跟法官说道："其实也怪我们，当初觉得孩子病情控制了，想挣些钱供孩子复读，就让王聪一个人在家，谁知道会碰上这个事儿，要是我和他娘看着他，孩子说不定就能看开些，就不会走上绝路了！"

王和祥已经开始理性地看待整个事件，看来，张律师和大伯这两座桥梁都发挥作用了！王和祥接着告诉周法官，之前，为了供王聪上学，老两口儿在外地捡破烂赚钱，王聪为此心理压力很大。去年高考，王聪离分数线只差2分，从那以后就精神恍惚起来，还无法控制地翻白眼儿，看上去就像是在找事儿。王和祥说,可能就因为这个,两个孩子才打起来的。

周法官说:"是啊,胡壮壮平时表现也还不错,也没有前科,因为这事儿已经被拘留罚款了,也算受了教训,但要追究胡壮壮刑事责任确实于法无据,您现在能接受了吗?"

王和祥沉默了一会儿,说道:"非让法院给胡壮壮判刑,是我不对,我现在知道了,但胡壮壮总得在经济上给我个说法吧!"

王和祥的这一要求有没有道理?胡壮壮不承担刑事责任,是不是该承担部分民事赔偿责任呢?

法官解案:>>>

被告胡壮壮的侵权行为虽然不是造成王聪死亡的直接原因,但胡壮壮的侵权行为还是存在过错的。因为这导致了王聪的悲观、负面的情绪,加重了王聪的病情,引发王聪心理的剧烈变化,最终导致了王聪自杀,可以说是造成王聪自杀的诱发因素和间接原因。因此王和祥认为:"如果胡壮壮不打王聪,王聪是不会想不开去死的。"这个观点是有一定道理的,胡壮壮应该按照自己的过错责任赔偿王和祥。

听了法官的分析,王和祥当场表示,要让胡壮壮赔偿他34万元。很明显,王和祥要求赔偿的这34万元包括了丧葬费、精神损害抚慰金、死亡赔偿金在内的全部损失,是按照100%的过错责任向胡壮壮提出的要求。对于这笔赔偿款,胡壮壮是怎么看的呢?

开庭那天,胡壮壮没有到庭。他打电话告诉周法官说,他没脸、也不敢见原告,还说开始他并不知道王聪自杀的事儿,等从拘留所出来,赵所长告诉他时他吓坏了,怎么都不肯相信。赵所长把证据拿给他看,他才确信对方真死了。当时他和妻子抱头痛哭,追悔莫及。可是至于赔偿,他说他也不是不想弥补对王和祥夫妇的伤害,可自己只是打了王聪几下,怎么至于要赔几十万,总不能因为这,让我也活不下去吧?!

胡壮壮拒绝按照全部责任赔偿，王和祥老两口又需要赔偿金维持生活和养老，可该赔多少呢？法律又是怎么规定的呢？

这就涉及"多因一果"侵权责任的比例划分问题。

所谓的"多因一果"，是指在数个过错或者过失共同作用下，造成了同一个损害后果的情况。

分析整个案情，可以看出造成王聪之死的原因主要来自三个方面。

第一，王聪身患精神疾病，这是内在的、起主要作用的原因，可以说，没有这个因素，本案的损害后果几乎不可能发生；第二，就是王聪作为精神疾病患者，他的行为能力和普通人是不一样的，需要更为细致的保护和必要的心理疏导，也就是说，他的监护人将他置于失去监护的状态，致使他和他人发生纠纷，加重病情，这也是造成他死亡的重要原因之一；第三，胡壮壮在不知情的情况下对王聪殴打，导致王聪病重，这个诱因与上面两个因素共同作用形成合力，导致了王聪自杀的严重后果。

那么，胡壮壮在此案中应该承担多大比例的赔偿责任呢？

由于胡壮壮的殴打仅是王聪自杀的诱因，起到的作用相比其他两个因素要显著轻微，居于次要地位，属于间接原因，因此法院酌定相应的过错责任为15%。

2014年10月9日，法院作出一审判决，判令被告胡壮壮赔偿原告王和祥、黄红花各项损失五万余元。宣判后，双方均没有上诉，目前案件已进入了执行程序。

法官点评：

王聪因高考失利罹患精神疾病，因被他人殴打自暴自弃，放弃生命，造成了一家人的悲剧；胡壮壮为自己的一时冲动付出了巨大的代价，尽管没有承担刑事责任，但自责和悔恨也许会伴随他的一生。

青春是躁动的，也是脆弱和敏感的。希望这起案件能唤起全社会对青少年心理健康的关注，共同呵护和关爱青少年的成长。

刘 平

四川汶川人，成都市中级人民法院法官。

于西南政法大学获宪法与行政法学硕士学位；毕业之后，进入成都市中级人民法院从事审判工作，力争成为"学术超女"，将审判实践与法学理论相结合，撰写的多篇法学论文荣获全国法院行政审判优秀业务成果一等奖、全国法院系统第二十七届学术讨论会征文二等奖、四川省法院系统第十六届学术讨论会特别奖、第二届"治蜀兴川"法治论坛征文一等奖等。

于2015年被最高人民法院评选为"全国法院十佳新闻发言人"。2013年以来，成为央视《法律讲堂》栏目的法官主讲人，力求从法官的视角，解析纷繁的法律关系；从女人的角度，探寻法律和幸福的力量。

法官感悟

西方古谚说:"裁判之外,法官无语。"因此,有人问我:"作为一名法官,你为什么要在裁判文书之外,讲法律故事?"

我真的仔细想过这个问题:当我穿着法袍走进法庭,曾有个当事人惊诧地盯着我问:"法官不都是男的吗?"我瞬间深感中国法治之路还很漫长;当我看到一大群人"闯着红灯过马路"时,感叹,就连"红灯停绿灯行"这样最简单的规则都难以被普遍遵守,更何况繁复的法律规则?法治之路虽然漫漫,但我愿意带着真诚和温暖去传播法治的声音,为法治代言。

诺贝尔经济学奖得主约瑟夫·斯蒂格利茨说:"GDP只是测量我们奔跑的速度,却没有告诉我们为什么要奔跑。"为什么要奔跑呢?我想,大抵是为了幸福。作为一名女法官,我特别关注法律和幸福之间的关系,法律能够为幸福做些什么?我们都是情感丰富,脆弱却又坚强的个体,这是人与人之间真正的纽带。幸福是最高的善,而法治正是人们幸福感和安全感的守护者。

我们用真情实感说法,每个真实案例中普通百姓的生活经历,每份判决背后法官的法律逻辑;我们如法律布道者般,向社会传播法的精神和规则意识。

我也一直在寻找和打磨"法言法语"和"生活语言"之间的接口,在此要特别感谢《法律讲堂》栏目组的各位同仁,尤其是央视社会与法频道综合部副主任权勇、《法律讲堂》制片人苏大为和主编陈贝贝,他们耐心地教会了我们这群法学院毕业的法律人,如何通过传媒向大众传递声音。为此,我也常常跑到火车站练习,对空闲的陌生人说:"我给您讲个故事吧。"

我给您讲个故事吧,希望能把法律讲到您的心里。

骚扰曝光之后

主讲人：四川省成都市中级人民法院　刘平

执行主编：陈贝贝　　编导：侯旭鸣

2013年夏天的一个早上，赵乐乐穿着男朋友买的新裙子高高兴兴地到公司上班，这是一家非常不错的香水企业，赵乐乐也很爱这份工作。打开电脑，处理工作邮件，这时，她注意到一封奇怪的邮件，点开一看，竟是一组色情图片，乐乐生怕被旁边的同事看到飞快地关掉了邮箱。最近一个多月来她经常收到不同地址发来的各种露骨的图片，但女人的直觉告诉她，这不是普通的广告垃圾，像是同一个男人发来的。可是什么人会这么无聊和无耻呢？

十分钟之后，销售小组要讨论这一期的工作方案，乐乐正准备策划书的时候，又来了一封新邮件。乐乐点开一看，邮件只有一排小字，但着实吓了她一跳。这行字是："你今天穿的紫色裙子真性感，让人想入非非……"赵乐乐抬起头环顾四周，不会是办公室的同事吧？这个色情狂究竟想干什么呢？

赵乐乐没有声张，毕竟她并不知道是谁发给她的邮件，况且她也不想节外生枝，作为一个没有结婚的女孩子把这个事情说出去对自己也没什么好处。不过乐乐刻意拉开了和办公室男同事之间的距离，开始起了戒备心，是谁发来的邮件？如果以后继续发来，怎么办？

最近大家经常待在一起加班，也都像往常一样认真地工作，没有表现出任何异常和对乐乐的非分言行。乐乐也就当什么事儿都没有发生过，平静地继续她的生活。

不过，好景不长。某天晚上，赵乐乐又收到了一封露骨火辣的色情邮件，正在约会的她没敢把这件事情告诉男友，她想多一事不如少一事。她也怕男朋友查看她的邮箱，惹出误会不好解释，于是就悄悄地把刚收到的邮件删掉了。

第二天，赵乐乐照常去上班。这天早上，销售主管张文斌说他的电脑上有一款软件用不了，让乐乐到他的办公室去帮个忙。当乐乐正在张主管的办公桌前俯下身子为他修复电脑软件的时候，张文斌顺势把手搭在乐乐的腰上，轻声在她耳边说："喜欢昨晚收到的图片吗？"乐乐一瞬间愣住了，她觉得头皮发麻，没想到竟然是隔壁办公室的张主管！乐乐红着脸闪到门口，张主管竟然开口说："你今天这件白衬衣也很性感，都能看到里面穿的是什么了。"乐乐什么都没敢说，快速走出了张文斌的办公室。

赵乐乐感觉受到了极大侮辱，心中涌起一团无名火，但她却一个字都说不出口！她很想转身冲回张文斌的办公室，扇他一个大耳光！张文斌有老婆有孩子，还比自己大十五六岁，乐乐做梦也没想到他竟然是这种人！但是这个张文斌是顶头上司，自己要是闹起来，估计既把脸丢尽了，又丢了来之不易的工作。

整整一天，赵乐乐压根儿没有心思上班，经过反复思考，权衡各项利弊之后，她终于还是选择了沉默。她想，以后大不了离张文斌远点儿，工作之外不搭理、不招惹，料想他也不敢怎样。

此后，乐乐还会时不时地收到骚扰邮件，但她都置之不理，在见到张文斌的时候也当什么事情都没有发生过。在乐乐看来自己对问题的冷处理一定会唤醒张文斌的自知之明。而张文斌却发现乐乐也没敢拿他怎样，甚至连一句话都不敢说。

张文斌后来不再遮遮掩掩，直接拿自己的手机转发黄色笑话给乐乐。一天下班之后，张文斌还打电话说："乐乐呀，你最近在公司表现不错，要不咱们晚上一起吃顿晚餐吧？"乐乐心想就张文斌之前的表现，估计是没酝酿什么好事儿，于是她礼貌地感谢了主管的关心，委婉地拒绝了邀请。

乐乐的沉默和礼貌，反而导致张文斌的骚扰步步升级。情人节前夕，张文斌竟然在下班之后亲自给赵乐乐送了一份礼物，乐乐不好拒绝，等张文斌离开之后，她打开礼品盒，里面竟是一件情趣内衣！乐乐拿着内衣都觉得脏了手，她想把东西丢掉，可是又怕被同事看到了丢人，于是悄悄把东西锁在了一个不常用的柜子里。

又有一次，张文斌亲自带着乐乐和另一名员工王大姐到公司的仓库去为一个重要客户补货。张文斌在途中要求王大姐回办公室再去核实一下香水的货号单，王大姐离开后只剩下乐乐和张文斌单独在仓库。乐乐刻意与张文斌保持了一段安全距离，可是张文斌哪肯放过这个机会，故意借选择货品的时候把手放在了乐乐的胸上！

乐乐躲闪着跑开了，跑回办公室的路上遇到了王大姐。王大姐发现乐乐的眼睛红红的，就问她怎么了，乐乐说没什么，心情不好。王大姐再追问她，乐乐实在忍不住了，就把刚才的事儿悄悄告诉了王大姐，还一再交代王大姐一定要保密。王大姐一听是上司张文斌的事情，又涉及乐乐这个小姑娘的名誉，也不好多加评论，简单安慰了几句，并且保证自己不会说出去。

此时赵乐乐的心里其实早已没了主意，她不敢声张，如果同事们都知道这件事，自己就没脸见人了。本来她也不敢告诉男朋友，万一惹出误会也没法解释，可事到如今她已经无路可走了，最终赵乐乐还是决定将自己的遭遇一五一十地告诉男朋友。男朋友一听就火了，他也没想到张文斌竟然这么嚣张。男友拿过乐乐的手机给张文斌打了个电话打算警告他，可是张文斌的手机关机了，男朋友想了想就给张文斌发了一条短信骂他。

男朋友还对乐乐说："你的害羞和软弱反而会助长他的嚣张气焰。你不能再忍让了！"乐乐觉得男友就是站着说话不腰疼，要知道这家福利不错的香水企业，可是她经过激烈的竞争好不容易才挤进去的，况且自己一个女孩子如果大呼小叫的话，怎么还有脸待在那里？乐乐还是希望大事化小，只要私下警告了张文斌今后别再像今天这么过分，她还是不想闹得鱼死网破。

第二天上班时，张文斌拿着手机，悄悄跑来问乐乐怎么把这件事告诉男朋友了？乐乐冷冷地说："请你以后不要再骚扰我了！"接下来的几天，大家都相安无事,乐乐以为事情就此翻篇了。

可是,几天之后公司的几大主要领导、总公司的人事部经理却在同一时间收到了一个陌生号码群发的手机短信,内容是:"公司销售主管张文斌非礼女下属赵乐乐,请调查。"人事经理非常重视这个事儿,他多次打电话给这个发送匿名信息的手机,听筒里却传来提示:"电话已关机。"

人事经理对销售部的部分员工私下进行了谈话调查,还分别找来赵乐乐和张文斌了解情况。赵乐乐心想除了男朋友之外也再没人会这样做了,一定是男朋友自作主张群发的匿名短信,她琢磨着如果说出真相,不仅闹得人尽皆知,而且以后张文斌会处处给自己小鞋穿,对自己也没什么好处,于是她说:"经理,匿名短信我不清楚,不知道是谁发的,也没有过非礼这回事儿。经理,您就别再追究了。"人事经理又找来张文斌谈话,张文斌却连连喊冤,他当场发誓自己绝对没有非礼过赵乐乐,他还情绪激动地说:"发匿名短信的人太阴险了,用这种卑鄙的手段来故意陷害我!"人事经理觉得,可能真的像张文斌所说的那样,那匿名短信就是个无聊的恶作剧。他也就没有再多问什么了,这事儿也就不了了之了。

事后在赵乐乐的追问下,男朋友也承认匿名短信的确是他发的,他想用这种匿名举报的方式保护乐乐,让张文斌感到压力之后就不敢再骚扰乐乐了。果然,公司同事的风言风语和异样眼神,让张文斌真的坐不住了。他找到乐乐问她匿名短信到底是谁发的。乐乐没接他这茬,只是说:"张主管,这件事情就到此为止吧。"张文斌却说:"我也希望到此为止啊,可现在谣言满天飞对你也不好,你就去和总经理说都是误会;之后我准备在员工大会上专门解释一下这件事,你跟大家说我没有非礼过你,背后的闲言碎语就不攻自破了。"乐乐一听,要在员工大会上公开这事?要自己当众澄清没有被骚扰?张文斌还口口声声说是为了她好?赵乐乐的心里火冒三丈。如果他帮张文斌当众澄清,自己就真的是有理说不清了。

不愿声张的赵乐乐只好躲着张文斌,可是张文斌哪里肯善罢甘休,他可不想就因为摸了一个女人一把就断送了自己的晋升前程,于是他就在工作中处处为难赵乐乐。乐乐该怎么办呢?

乐乐最终决定勇敢一点，她拿出手机短信和后来一封没有被删掉的邮件等材料，仔仔细细地向公司领导讲述了张文斌对自己性骚扰的所有事实。她说:"经理，对不起，我以前说谎了。因为我不想得罪张主管，也怕丢人，但是我现在已经退无可退了，过去的委曲求全并没有换来知趣的礼让，张文斌老把我当作一个软柿子捏。"

公司领导层高度重视，随即对这个事情展开全面而详细的调查，最终处理结果竟是公司向张文斌直接下达了一份《解聘通知书》，宣布解除公司和张文斌的劳动合同!

"因为性骚扰，张文斌被开除了!"这个消息在全公司引起了大家的热议，没过多久，这个消息在张文斌的家里也炸开了锅。

而张文斌本人呢，他情绪极其激动、四处喊冤，他向总公司的更高层领导写了举报材料并且在互联网上求助，说自己在公司工作了6年多，因工作原因得罪人也不奇怪，有个别人发匿名短信想要陷害自己，而人事经理却滥用职权在没有充分证据的情况下强行解聘了自己。

张文斌认为公司的解聘决定非常不公正，经过劳动仲裁之后，张文斌一纸诉状把公司告上了法庭，要求法院撤销公司对他不公正的解聘决定。案件就这样来到了欧阳法官的案头。

欧阳法官翻开张文斌的起诉状，上面写道:公司以"莫须有"的理由对他作出了解聘决定，他在为公司奉献了多年的青春之后，被经理扫地出门。他从来没有骚扰过女下属，赵乐乐也提供不出充分的证据，公司这样只是为了达到裁减员工而不作任何经济赔偿的目的。

了解案件基本情况之后，法官陷入了沉思:办公室性骚扰，其行为和场所一般都很隐蔽，即使真的存在性骚扰行为，能不能举出充分的证据证明骚扰事实的存在? 双方的举证、质证，将是本案的关键环节。欧阳法官带着对案件的初步分析，展开了本案的法庭调查。

法庭上，总公司的人事经理亲自出庭，他首先就向法庭解释公司并没有裁员，现在还正在招聘空缺出来的销售主管职位。接着人事经理说赵乐乐向公司领导提供了张文斌曾经发给她的一封色情邮件和六条黄色短信的截图。

而坐在对面的张文斌，穿着银灰色西装，系着红色领带，文质彬彬。张文斌和他的律师面对这组证据材料，表现得非常冷静，张文斌说："这封色情邮件根本就不是我发的。"

欧阳法官仔细看了看发件箱的地址，这个地址只是由一串数字组成，于是就问公司："有没有证据能够证明这个邮箱地址是张文斌的呢？"

人事经理说，那是最开始张文斌试探性地骚扰赵乐乐时发的邮件，他用各种不同的邮箱给赵乐乐发了大量色情图片。公司确实没有证据证明邮箱地址是张文斌的常用邮箱，而且赵乐乐起初怕男朋友误会几乎删掉了全部的骚扰邮件，现在向法庭提交的这封，是当时漏删掉的唯一一封邮件。

不过，人事经理顿了顿，拿出6条短信截图说："这6条短信是张文斌用他的手机发给赵乐乐的，短信全部都是黄色笑话、荤段子，公司的销售主管给女下属发送这样的短信是不恰当的。"

张文斌耸耸肩，轻松地说道："我们是香水企业，员工都很前卫，没想到赵乐乐这么开不起玩笑。再说了，有些笑话还是别的同事发给我的，我只是转发一下而已，要不就把发这些短信的员工全部开除了吧。还有，赵乐乐从来没有说过不喜欢这些短信，我觉得她挺乐意收到的。"

欧阳法官翻阅了一下短信内容，这些短信几乎都是一些隐晦的两性笑话。对于这些短信是否构成性骚扰，还要看是否违背乐乐的意愿。比如对于存在恋爱关系或暧昧关系的两个人，对方并不讨厌这样的行为，就不能认定为性骚扰。张文斌说赵乐乐不是讨厌而是乐意收到这些内容，那么赵乐乐本人又是如何认识的呢？还有没有别的证据相互印证呢？

于是，欧阳法官传赵乐乐出庭作证。这个长相清秀的24岁女孩儿，坐在法庭上显得有些憔悴，赵乐乐说："张文斌是我的上司，起初他发色情邮件给我，我忍了，怕男朋友看见，还几乎全部删除了；他发短信、打骚扰电话我都忍了；可是到后来他在仓库里对我动手动脚，我终于受不了了，这件事情我们部门的王大姐也知道。"

这时，张文斌的代理律师问赵乐乐："你说王大姐知道你被非礼的事情，是你告诉她的，还是王大姐自己亲眼看到的？"乐乐愣了一下，说："是我告诉她的，当时没人看见。"

但是对于这一说法，张文斌的代理律师却认为，这仅仅是赵乐乐的一面之词。据他们所知，王大姐并没有亲眼看到赵乐乐被张文斌骚扰的事情，因此他们认为王大姐的证言证明力极低。接着张文斌的律师则反问赵乐乐道："你和张主管的关系在同事眼中一直都很融洽，是吗？"赵乐乐说："是的，那是我一直都在退让和容忍他。"律师接着出示了一份公司同事的证人证言，说道："在公司领导收到匿名举报短信并且调查的时候，公司的一个同事有一次还亲眼看到赵乐乐主动把一碗甜品端给张文斌主管喝。"律师转身问乐乐："这份证言上说的是不是事实？"赵乐乐想了想回答说："我是给张文斌端过一碗绿豆汤，因为我想息事宁人，不想得罪上司才主动去示好的。"

律师接着说："既然你很主动，又专程去示好，你不怕张文斌误会吗？很显然是你的主动示好造成了你们之间的暧昧。"

赵乐乐明显着急了，她特别生气地拿出了一个纸盒子，红着脸当庭取出了一件半透明的情趣内衣。乐乐停了一下努力使自己显得冷静，接着对法官说："几个月前，张文斌在下班之后送了我这个盒子，还说是情人节礼物。我拆开之后觉得受到了很大的侮辱。"

张文斌从容地扶了一下眼镜，对法官说道："这个盒子和内衣我从来没有见过，根本不是我送的。盒子里面又没有写我的名字，如果这都是证据，赵乐乐可以随便冤枉我了。"

赵乐乐显然没有料想到张文斌会直接否认，又气又羞，脸涨得通红。张文斌轻视地看了乐乐一眼，嘴角掠过一丝得意。

这时公司的人事经理要求播放一段录音材料，这是赵乐乐提供给公司的，是张文斌和赵乐乐私下里的一段对话。赵乐乐说："这是我用手机录的。公司接到匿名举报之后调查张文斌，张文斌就要求我在员工大会上当众否认非礼事实，我不同意，当时多长了一个心眼儿就偷偷录了音。"

于是，法庭当庭播放了这段录音。

女：你有尊重过我吗？

男：我就把你当好朋友啊。

女：你觉得好朋友都是那样亲密的吗？

男：我只是跟你开个玩笑！

女：开玩笑就可以抱人家可以摸人家是吗？

……

女：你现在这样说，是你把我往绝路上逼的！

男：我郑重向你道歉可以吗？

……

当播放这段录音时，欧阳法官注意到张文斌的表情有些尴尬。法官要求张文斌对这段录音进行质证，张文斌沉默了几秒再说："录音里的男人不是我，女人不知道是不是赵乐乐。而且录音内容听不大清楚。"欧阳法官立刻追问："你有权申请对录音里的声音和内容进行鉴定，你申请鉴定吗？"张文斌顿了顿，音量明显降低："还是不用申请鉴定了。但是赵乐乐没有经过对方的同意就私自用手机非法录音，不合法的录音不能作为证据使用。"

欧阳法官当庭释明，赵乐乐的这份录音虽然是偷录，但没有以非法拘禁、胁迫、窃听等侵犯张文斌合法权益的方法取得，也没有违反法律的禁止性规定，可以作为证据使用。同时，法官根据日常生活经验，认为赵乐乐明知自曝受到性骚扰会引发社会对她名誉的消极评价，赵乐乐本人的证言可信度较高。

因此根据庭审中的有效证据所形成的链条，法官判断性骚扰成立。

眼看形势不利，张文斌这时拿出了劳动合同和《员工奖惩条例》问："你们开除我是说我违反了劳动合同和公司纪律，可是公司制度中并没有因性骚扰可以解除劳动关系的规定，公司是非法解雇，应当对我进行赔偿。今天公司必须给我一个说法，我违反了《员工惩奖条例》哪一条哪一款？"

欧阳法官翻看到劳动合同和奖惩条例这两份材料，上面的确没有将性骚扰事项写入公司纪律，但公司的《员工奖惩条例》第七条规定了"立即解雇"的事项：

第3项：严重违反纪律或连续旷工5天以上或一年内累计旷工10天以上，或其他未列举的严重违纪行为；

第8条"备注"规定：严重违反纪律，是指个人行为给公司造成恶劣后果，或损坏公司利益，使公司形象受损。

欧阳法官认为，根据《中华人民共和国妇女儿童权益保护法》第四十条规定，骚扰女下属直接违反了法律的禁止性规定；"禁止工作场所性骚扰"属于用人单位劳动纪律的当然内容；而且张文斌的这种行为还损害了员工利益和公司形象，可以认定为严重违反纪律。

最终，法官审理后认为：公司作出解除劳动关系的决定有事实依据、法律依据和单位规章制度依据，判决驳回了张文斌的诉讼请求。

拿到法院判决书的张文斌，在律师的劝告下也没有再提起上诉，他自知理亏灰溜溜地离开了公司。而赵乐乐本以为自己在公司待不下去了，可没想到公司同事和舆论普遍支持和鼓励她，总公司也考虑到她性格比较内向，很人性化地把她暂时调派到了另一家分公司工作，乐乐的生活也终于恢复了平静。

法官点评：

工作场所性骚扰，当事人地位可能不平等，受害者如果一味忍让和退缩，要么使对方误会你乐意，要么让对方发现你的软弱。像这个案件开头的赵乐乐，她的步步沉默和委曲求全并没有达成她息事宁人的愿望，更没有阻止进一步的骚扰和侵犯。同时,由于办公室场所大多具有隐蔽性,受害者举证证明很困难,但是这类骚扰次数大多不止一次,所以被骚扰者不仅要勇敢地对这种行为大声说"不",而且不要轻易删掉邮件、短信等各种证据,最好可以通过录音、录像等手段固定事实,以维护自己的合法权益和人格尊严。

刘文欣

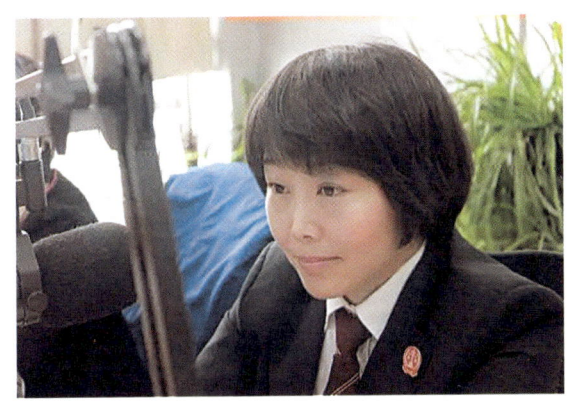

　　汉族，1979年3月出生于新疆。2002年大学毕业后，先后在律师事务所和报社工作。2003年考取上海大学法学院刑法学研究生，同年，通过全国统一司法考试。2006年获得硕士学位后，曾在律师事务所和银行工作。2007年考入新疆乌鲁木齐市天山区法院，先后在审监庭、少年庭和刑庭工作，现任刑庭副庭长。近年来，多次获得"优秀公务员""优秀党员""青年岗位能手""调研工作先进个人""法宣工作先进个人"等荣誉称号，荣立"个人三等功"一次。先后在各级刊物上发表论文三十余篇，参与两部著作的编写，在国家级论文评选中获奖十余次。2015年成为《法律讲堂》栏目主讲人，2016年1月荣获"最佳新人奖"。

法官感悟

20世纪70年代,我的父母从山东奔赴新疆屯垦戍边,自此,扎根于这片荒凉的土地,我便出生在塔克拉玛干沙漠边缘的一片小小的绿洲上,那里名叫塔里木。

从小,我就很好奇,沙漠的那边是什么?这让我一直向往着远方……而后来,选择法官的职业无疑是对自由的巨大束缚,且有许多不为人知的艰辛。可我始终不舍放弃,倒不是贪恋浮名,而是因为,这份工作是我的生存之本、学业之长。我常常想,如果能以微弱之光点亮星空,当是人生之幸;倘若不能,至少对自己的尝试与坚持问心无愧。于是,我就这样年复一年地在三尺法台上品读着人生百态。

虽然,法庭上的我总是面沉如水,但其实,那形形色色的当事人有很多瞬间都曾触动我的心弦——也许是一段坎坷的经历,也许是一个绝望的眼神,也许是一抹悲凉的微笑……如果没有遇见《法律讲堂》,可能所有的涟漪都会消失无踪。因此,能有机会录制这个节目,对我而言是一种意外的幸运,它让我开始重新梳理回忆,捡拾片段。

当法官的视线抚过案例的褶皱,用自己的思维描摹出当事人的心态,并最终秉持正义与良知作出裁断时,法律与社会才真正地融合在了一起。透过那些真实的故事,人们不仅能看到欲望的挣扎,更能触摸到司法的温度——而这,不正是在点亮那片灿烂的星空吗?

疯狂的逃逸者

主讲人：乌鲁木齐市天山区法院　刘文欣

执行主编：陈贝贝　　编导：侯旭鸣

2013年春节前夕的一个早晨，乌鲁木齐的天刚刚亮，孙老汉就和往常一样出门遛弯去了。他走到河滩高速路的辅道时，忽然看见路边停着一辆被撞得变了形的面包车，还冒着烟，一个年轻男人正匆匆忙忙地从车旁跑开，一边跑还一边回头看。孙老汉连忙喊住了他："小伙子，这是不是你的车呀？好像着火了！"

这个年轻男人名叫王东明，听孙老汉这么一说，他又回头看了一眼——果然，他的车外已浓烟滚滚了！热心的孙老汉见状，对王东明说："没事儿，小伙子，别着急，我帮你！"说完，便拉着王东明一起挖路边的积雪灭起了火。

在灭火的过程中，孙老汉见车的挡风玻璃碎了，车头也凹陷了进去，便问道："你这车是咋整的呀？"王东明有些吞吞吐吐："我的车……刚才……被一辆大卡车给撞坏了！"

这时，有几个路过的司机见车子着起了火，也纷纷跑来帮忙，有的拿来灭火器，有的拿来铁锹。三下两下，火势便不那么旺了。

眼看着火灭得差不多了，孙老汉一低头，猛然看见车底下好像有什么东西。靠近一看，可把他给吓坏了——车下之物竟然像是个人！他定了定神，弯下腰又仔细看了看车底下——确实是个人！孙老汉倒抽一口冷气，想赶紧找小伙子问个究竟，却发现王东明早没了人影。怕惹上事儿的孙老汉立即给110和120打电话报了警。

现场的人越聚越多，大家七嘴八舌地议论着："天寒地冻的，这人怎么会在车底下啊？"有人猜测："他是不是得罪了谁，这连车带人被放火烧了，是要毁尸灭迹吗？"孙老汉惊魂未定地站在人群中，怎么也想不明白：这到底是一起车祸呢，还是一场谋杀？

不一会儿，伴随着呼啸而来的警笛声和救护车声，现场被封锁了。警察和医护人员忙碌了一阵后，车下的那个人终于被抬了出来。120工作人员经过检查，发现被抬出的人已经没有了生命体征，确认死亡。

警察忙着勘验现场，调查取证，并问周边的群众有没有人知道线索。这时，孙老汉挤出人群说："我……我见过……司机。"警察问："司机在哪儿？"孙老汉答道："刚才灭火时他在呢，这会儿可能跑了！"

再看这死者，面目全非，肢体残缺，身上血迹斑斑，还有被烧的痕迹，简直是惨不忍睹。很显然，是有人故意这么干的！逃跑的司机有很大的嫌疑。可如果是司机干的，他和死者是什么关系？他们之间又有什么深仇大恨呢？

带着这些疑问，公安机关展开了调查。他们很快调取到了河滩高速路上的现场监控，可由于当时天色较暗，视频中司机的面部轮廓很模糊，无法辨认。警方又查询了车辆信息，发现这辆车竟是去年就已报案丢失的车，连车牌也是套的假牌照。看来，依着这条线索，也找不到真正的司机。

这可让警察犯了难，到哪儿去找这个逃跑的司机呢？他如果离开了新疆，那要想再找到他，恐怕是大海捞针！后来，还是一张遗忘在车上的小小的存储卡帮了警察的忙。原来，这张卡里存有王东明和家人的照片。经孙老汉辨认，可不就是早晨见到的那个男人嘛！事不宜迟，警方赶紧在网上发布了协查通告，所幸的事，第二天就从吐鲁番检查站传来了好消息。

事情是这样的。第二天上午，距离乌鲁木齐约200公里的吐鲁番刮起了大风，高速公路检查站的警察对过往车辆例行检查时，有个神色紧张的年轻男人引起了警察的注意，他掏身份证的手一直在发抖，警察随意地问："冷吗？准备去哪儿呀？"他头也不敢抬，小声说："回甘肃老家过年。"警察见他身份证上的名字是王东明，户籍在河南，便又问道："听你的口音不是甘肃人啊，到底干啥去啊？"王东明慌张地说："我啥也没干！我真的啥也没干！"警察道："说你干啥了吗？下车接受检查！"

王东明瑟瑟缩缩地下车后，和他同行的妻子也抱着孩子跟了上来，警察见这个小男孩头上包着纱布，便问道："这怎么弄的呀？"王东明不敢吭声，妻子当即就慌了神，哭着说："这下可完了！"小男孩也放声大哭，一边喊着："爸爸，爸爸……"警察敏锐地察觉到，这一家三口人的情绪很反常，当即控制了王东明。就这样，经过样貌比对和进一步审讯，纵火焚车烧人的司机找到了！

很快，检察院向法院提起公诉，要求追究王东明的刑事责任，案件到了刑庭陈法官手中。

开庭那天，旁听席上座无虚席，除了被害人的四个女儿以外，其他不少亲友也来旁听案件。当王东明被带入法庭后，旁听席上立刻传来了斥骂声："没人性的家伙！""我爸和你有什么冤仇？你咋能这么残忍！""真是禽兽不如！"

见死者亲友的情绪很激动，陈法官连忙制止了他们，但同时也感到疑惑：检察院是以交通肇事罪起诉王东明的，可王东明如果仅仅是交通肇事致人死亡，他为何要放火毁尸灭迹呢？他和被害人之间究竟是什么关系？案件刚开始审理，陈法官的脑子里就打上了不止一个问号。

站在被告席上的王东明一开口便说："我不认识他，和他也无冤无仇。说实话，我当时压根就不知道自己撞上了人！"

据王东明说，案发当天一大早，他开车带着媳妇和儿子准备去买点年货，行驶到河滩路的一个路口时，忽然听到"嘭"的一声巨响，他以为撞上了隔离带或是路上的大坑。媳妇担心地说："莫不是撞了人吧？"他一听，赶紧停车查看，可却没看见有人。王东明说，当时，四岁的儿子坐在副驾驶位置上，他一个急刹车，孩子被撞得头破血流。他吓坏了，便让媳妇赶快带着儿子去医院看一看。

"下车后，我在车周围转了好几圈，就没发现撞到了什么人。"法庭上，王东明说到这儿的时候声音很低，像是没什么底气。

按照王东明的说法，他和被害人素不相识，两人之间没有任何恩怨，他在事故发生后甚至不知道自己撞上了人。可事情真像他说的这么简单吗？

法官立刻当庭播放了案发现场的视频资料。从现场视频可以看出，一辆银灰色小面包车在河滩路上飞速行驶的过程中，猛地撞上了一个人，车靠边停了一会儿，从车上下来三个人，其中的两人离开后，司机四下观察了一阵，便独自上车。之后，车向前行驶了一小段，司机又下车查看。像是想了一会儿，司机将车牌卸下，扔到了附近草丛中。然后，司机再次上车，快速将车驶入辅道停下。接着，就放火烧了车。

如果王东明自始至终没撞到被害人，那他事后为什么要拆卸号牌并放火烧车呢？对于法官的这一疑问，王东明解释说，他没有驾照，如果被警察查到是要受处罚的。而且，他买的这辆车是赃车，是别人偷来后以5000块钱卖给他的。他说："当时我想着车都撞成这样了，去修的话怕有人报警，万一警察怀疑是我偷的车该咋办？再说，这车以后恐怕也不能开了，还不如烧掉算了！"

王东明这么解释，似乎也有一定的道理。可是，对于车辆被撞的痕迹以及死者散落在周围的物品，王东明又该如何解释呢？就算他真的都没有看见，但死者是在车下被发现的。根据当时的视频监控和王东明在公安机关的供述，烧车前他还将车挪动了上百米，难道他在整个挪车的过程中就一直没有发现车下有人？这显然不符合常理。看来，王东明对事实仍有隐瞒。那么，该怎么让他说出真话呢？陈法官决定用一连串的问题问他个猝不及防。

陈法官问："你下车查看后到底有没有发现撞到人？"

王东明振振有词："法官，我是真的不知道，就没看见人呀！我当时还想，是不是撞上了隔离带或是大坑啥的……"

陈法官盯着王东明的眼睛问："撞上这些东西，能把挡风玻璃撞碎，把车头撞得凹陷进去吗？"

王东明结结巴巴地说："这个……我不太清楚。"

陈法官继续问："那你下车后究竟看到了什么？"

王东明坚持说："我啥也没看到。"

这时，陈法官突然将几张现场照片让法警交给了王东明，严厉地追问："是吗？那被害人散落在路上的一顶帽子、两只鞋子、一块手表、一副假牙、还有半条腿骨，你都没看见吗？"

"天太黑了……看不清。"法庭上的王东明不敢正视那些照片。

陈法官又问："那你是怎么把车挪到燃烧时的位置的？"

王东明慌乱地说："我……我当时脑子发晕，就把车开到辅道上了。"

"既然车底下有人，你开过去的时候难道就没有发现有什么异常之处吗？"这时，陈法官严肃地告诫王东明："我提醒你，在法庭上要如实回答问题，否则将承担不利的法律后果！"

王东明低头搓弄着手指，过了几分钟，在庄严的法庭上，他终于承认自己当时确实知道车底下有人。

随后，通过王东明在法庭上的供述，陈法官基本了解了案件事实——案发当天，王东明驾车撞上路边的被害人后，被害人当即被卷入车底。紧接着，王东明停车，妻子和儿子离开现场。王东明下车查看，这时他已经发现车底下卷进了人。他非常害怕，想让车往前走几步，好把被害人从车底弄出来，可车开出去一段后，他发现被害人已死死地挂在了车底下。紧张慌乱中，他决定下车拆掉号牌，将车开到辅道上放火焚烧，来个毁尸灭迹。

也许正是"天网恢恢，疏而不漏"吧，王东明做完这一切正准备离开时，恰巧碰到了早上遛弯的孙老汉，最终给警方破案留下了蛛丝马迹。

就在法庭审理的过程中，旁听席上忽然传来了被害人亲属的喊声："我爸被他撞了也不一定会死，没准是被他放火活活烧死的！他就是个杀人犯！"

随后，代理人在法庭上表达了被害人亲属的意见，亲属认为，公诉机关指控王东明犯交通肇事罪属于定性错误，他们提出，王东明的行为构成故意杀人罪，并详细陈述了理由：第一，王东明把人撞了后不管不问，也不抢救，没准老人当时还活着；第二，王东明知道车底下有人却继续行驶，并放火烧车，生怕被害人还活着，非要置被害人于死地，这不是故意杀人是什么？

王东明听了代理人的意见，不停地争辩着："不，不是这样的！我和他无冤无仇，怎么可能想杀他呢？我就是开车不小心把他撞了呀！"

几名亲属从旁听席上站了起来，义愤填膺地指着王东明说："那么个大活人走在路上，你愣说没看到，撞了人也不找一下，还放火，这是人干的事吗？"旁边一人接着说："你没驾照也敢开车上路，把自己撞死就算了，还要去害别人！""对，没错！杀人就得偿命……"亲属的情绪越来越激动，法庭陷入了一片混乱之中，审判长只好宣布休庭。

陈法官走出法庭，被害人的亲属一下围了上来，其中有四名中年妇女告诉陈法官，死者是她们的老父亲，虽然已是八十多岁的老人，但身子骨一直很硬朗，每天都坚持锻炼。那天，老爷子说去晨练，二女儿在家做了他最爱吃的蒸鸡蛋、豆腐脑，可不曾想，老人这一去就再也没回来……警察通知她们姐妹去辨认尸体时，她们看到老爷子浑身是血，还少了半条腿！

四姐妹的眼泪止不住地往下流，一边说着："陈法官，大过年的，警察问我们同不同意解剖尸体，你说我们糟不糟心？老爷子一辈子没做过伤天害理的事儿，怎么会落得个死无全尸的结果啊？"其中有一位亲属的情绪还特别激动，大声说："公安机关有猫腻儿！本来王东明犯的是故意杀人罪，现在却非说是交通肇事罪，公安机关这是在包庇罪犯！"

四姐妹离开后，陈法官开始思考案件的疑点和亲属提出的质疑：王东明的行为究竟是故意杀人还是交通肇事？公安机关在办案过程中难道真的存在违法之处？要知道，故意杀人罪和交通肇事罪这两个罪名不仅在犯罪构成上有明显区别，关键是在量刑上也差很远，故意杀人罪是可能判死刑的啊！如果公安机关把故意杀人罪按照交通肇事罪来办理，那恐怕会有放纵之嫌。

法官解案：>>>

王东明到底犯的是什么罪呢？先让我们来看看这两个罪的主要区别。故意杀人罪和交通肇事罪的区别，首先在于主观方面是故意还是过失，也就是说，被告人对他人死亡是不是持一种积极追求的心态。

在本案中，王东明驾车撞上被害人时是故意还是过失呢？按照王东明的供述，他和被害人素不相识，他是在开车过程中不慎撞上路边的被害人，这与监控视频反映出的情况基本一致。可见，王东明刚刚撞上被害人时的心态应该是过失。但他后续的拖行、焚烧行为又确实反映出一种故意的心态。因此，在主观方面很难直接对本案的定性作出区分。

法官解案：>>>

接下来该怎么办呢？陈法官又从客体角度出发，进一步挖掘故意杀人罪和交通肇事罪的区别。也就是说，要分析王东明的行为侵犯的是何种权益，是否涉及被害人的生命权。换言之，本案的关键是被害人的具体死因：如果被害人是被车撞死的，那么，王东明侵犯的就是交通运输安全，应构成交通肇事罪；如果被害人是因王东明的拖行或焚烧行为导致死亡的，则被告人侵犯的就是他人的生命权，王东明的行为就应构成故意杀人罪。

为了弄清真相，陈法官仔细翻阅了案卷，在一份尸体检验鉴定中，他看到了很关键的一段话："死者系机动车作用导致多发性骨折并致心脏、肺脏、肝脏、脾脏破裂引起的创伤性、失血性休克死亡！"这份重要的证据说明，被害人是被车撞死的，而不是因拖行或焚烧致死。

结合其他在案证据，陈法官还原出了被害人的死亡过程：首先，车头撞到马路上的被害人；紧接着，由于车速过快，被害人被卷入车底；继而，被害人身上多处骨折，同时脏器破裂；最后，被害人急性休克死亡。

可见，事故发生后，王东明虽然继续行驶，并在停车后故意放火烧车、烧被害人，但由于此时被害人已经死亡，王东明侵害的对象没有生命，因此，他的行为只能构成交通肇事罪。这么一来，公安机关按照交通肇事罪侦办此案也就无可厚非了。

随后，陈法官约见了被害人的亲属和律师，向他们解释老人死亡的真正原因。可由于四姐妹的法律知识有限，怎么都说不通，非要让法官判王东明死刑，一命抵一命。

这时，代理此案的律师说话了："法官，我看过尸检报告了，老人的确是被撞后当场死亡的。其实，从法律的角度讲，老人的子女对交通肇事罪也是认可的，可她们就是觉得，按交通肇事罪判的话实在太轻了，心里过不去这个坎儿！"听了律师的话，四姐妹连连点头。最后，经过商量，四姐妹形成了一个意见：同意按交通肇事罪处理，但一定要按最重的刑期判，哪怕让她们放弃民事赔偿都行。

那么，对于王东明犯交通肇事罪，法官又会怎么判呢？

再次开庭时，案件争议的焦点主要集中在了量刑方面。王东明在法庭上为自己辩解称，案发当天是因为天色太暗，他没看见人，才会发生事故。而且，他马上就下车了，当时也想过要不要报警。虽然，只有短短几秒钟的时间，但他说，这是他这辈子最难熬的几秒钟！他拿出手机，怎么也不敢拨电话。因为一想到自己的儿子还那么小，他真不想坐牢，最后，还是咬咬牙跑了。回家后，妻子一个劲儿地哭，劝他去自首，可他知道妻子在外面有人了，当时怀疑妻子没准就是想让他坐牢，好早点儿和他离婚！所以打定主意不去自首，一心想跑掉。就是这一念之差才犯下了大错！因此，王东明请求法庭给他悔过的机会。

陈法官听完各方的意见后，开始思考这个案件该如何量刑。

法官解案：>>>

我国刑法第一百三十三条规定："违反交通运输管理法规，因而发生重大事故，致人重伤、死亡或者使公私财产遭受重大损失的，处三年以下有期徒刑或者拘役；交通运输肇事后逃逸或者有其他特别恶劣情节的，处三年以上七年以下有期徒刑；因逃逸致人死亡的，处七年以上有期徒刑。"

我们一起来分析一下王东明的行为：首先，王东明无照驾驶没有保险的套牌车，而且是高速行驶，严重违反了道路交通安全法，负事故的全部责任，并因此导致一人死亡，符合交通肇事罪的入罪标准，并具有酌定从重处罚的情节；其次，事故发生后，王东明为毁灭证据，拆卸号牌，纵火烧车，主观恶性比较深，而且，他不仅逃离现场，并在案发第二天离开本市，想逃避法律责任，属于肇事后逃逸；最后，案发至今，他没有给被害人亲属赔过一分钱，第一次开庭时还想继续掩盖真相，认罪态度比较差。根据法律规定，对王东明的行为应当判处三年以上七年以下有期徒刑。考虑到王东明的上述行为以及案件恶劣的社会影响，经过合议庭评议，法院最终决定以交通肇事罪判处王东明有期徒刑七年。而对于民事赔偿部分呢，由于肇事车辆没有投保，被告人也没有赔偿能力，只能支持丧葬费和交通费部分，加起来也就两万多元。

听到宣判结果时，王东明整个人都僵了，他问道："法官，我要坐七年牢吗？我儿子那么小，他可咋办呀？"王东明的眼泪涌了出来："我对不起孩子，我现在很后悔，可什么都来不及了……"

法官点评：

案子审完了，陈法官的思考却没有停止：是什么让王东明成了疯狂的逃逸者，让这起简单的交通事故变成了残忍的悲剧？如果王东明在肇事后及时报警抢救，他会被判三年以下有期徒刑；就算他当时跑了，只要没有拆卸号牌、拖行和放火的情节，也不至于判到七年；再退一步说，哪怕他当天是一时糊涂，但只要事后能去自首，或者当庭认罪，法院也会考虑从轻处罚。

事实上，王东明的脑中也闪现过自首的念头，可遗憾的是，逃避罪责的侥幸心理让他丧失理智，不择手段地掩盖罪行！关键时刻的一念之差，让他在错误的道路上越走越远。这可真是"聪明反被聪明误，一场车祸一场梦。自欺欺人入法网，铁窗高墙空余恨"。

吕晓霞

1983年11月出生，内蒙古商都县人，中共党员。2008年考入内蒙古自治区化德县人民法院工作，现任审委会委员、法官，中央电视台社会与法频道《法律讲堂》栏目主讲人，已录制并播出节目四期。曾多次获得"先进个人""优秀通讯员"等荣誉称号，在各类报刊发表文章三十余篇，荣立个人三等功一次。2014年，荣获全国法院系统"法院信息化建设与司法公开"（重庆·涪陵杯）论坛征文优秀奖；2015年，荣获中国审判论坛·"荣昌杯"·多元化纠纷解决机制的衔接与构建征文优秀奖。

法官感悟

作为一名基层法官，特别是边远地区的基层法官，在小县城里待久了，我日益安于现状。是《法律讲堂》，是"法官解案"这个大集体，唤起了我选择法官这个职业的初心，点燃了我心底奉献法治事业的那份热情，让我知道除了办案子、写文书、赶材料等日常工作外，还可以为这份事业做得更多更多。

过去，我总是抱怨公众素质不高，无法沟通，蛮不讲理，也不止一次叹息过法官尊荣尽失，没有人理解你的辛苦，没有人正视你的付出。

如今，当我站在《法律讲堂》的舞台上，用群众喜闻乐见的方式宣讲法律时，当事人慕名而来上门咨询，陌生观众千里传书寻求帮助，尊重和信任似乎来得太突然，让始料未及的我内心久久不能平静，过去的抱怨、叹息、无奈与不解瞬间荡然无存。我终于明白，作为法官，特别是基层法官，想让群众信服，赢得当事人的尊重，就要树立好法官该有的形象，公公道道办好案，实实在在讲好法，老百姓的赞誉，要靠我们法官用真心真情来换。

为此，我必须学习学习再学习，努力努力再努力，让故事讲述得更精彩，让法律知识呈现的更自然，让观众观看后更受益！我要大声地对自己说："奔跑吧，法官！"为了这来之不易的群众的敬重与信任，为了那心中不灭的法治梦想，继续砥砺前行。

草原·女人·羊

主讲人：内蒙古乌兰察布市化德县人民法院　吕晓霞

执行主编：陈贝贝　　编导：丁泽

2014年7月的一天，赵兰花和儿子张君宝正像往常一样在田里干农活，却接到了丈夫王大川的哥哥王大山的电话，说王大川出事儿了。这可吓坏了赵兰花。

这一年雨水不多，往年都以种植青玉米来喂养羊群的赵兰花一家，眼看着没有草料喂羊了，一家人都急坏了。情急之下，丈夫王大川决定，干脆赶着家中的近百只羊回荒草地多的老家王村去放牧。由于父母早已过世，回了王村，王大川就借宿在了唯一的兄弟，哥哥王大山家。他白天放羊，晚上回去睡觉，不干什么危险的工作，怎么会出事儿了呢？赵兰花母子慌忙就往王村赶。

但是，当她与儿子赶到王村，见到的却是丈夫王大川的尸体，赵兰花一下瘫软到地上，这已经是她第二次经历丧夫之痛了。

30年前，赵兰花的前夫因病去世，之后赵兰花一直守寡，和儿子君宝相依为命。直到2001年，经人介绍赵兰花与邻村的老光棍儿王大川相识。相处了一段时间，两人彼此感觉都不错，就很自然地生活在了一起。十几年过去了，日子刚刚好过一些，却没想到，王大川竟然也突然去世了。赵兰花想不通，丈夫好好在村外草场放羊，怎么就死在村里了呢？

原来，王大川本来是在草场放羊来着，却突然接到侄儿媳妇的电话，说侄儿二狗子下地窖取土豆时，被地窖的毒气给闷倒了，让他赶快去救。于是，王大川就着急忙慌地跑回了村里。结果谁承想，侄儿二狗子没救上来，王大川自己也被毒气给闷倒了。等其他亲戚把他们俩救上来时，他们都已经中毒身亡了。

六十多岁的赵兰花难过不已，她知道善良的丈夫是救人心切才遭受了意外。农村人都知道常年封死的地窖里有氨气，下地窖之前都要开盖通风。二狗子被闷倒在地窖，肯定是通风时间短的缘故。她可怜的丈夫，竟然也疏忽了。这一大意不要紧，却搭上了自己的性命啊！

赵兰花虽然难过，但也只能认自己命苦了，都是为了自家亲戚，她也不能埋怨谁！但让她心里略有不舒服的是，丈夫家的这些亲戚自始至终竟连句宽慰她的话都没有。

葬礼这天，按照风俗要宴请前来为逝者送行的亲朋好友。魂不守舍的赵兰花也随着众人坐到了餐桌前，虽然手捧着饭碗，但她的心思却根本不在吃饭上。听见有人叫她的名字，她才回过神来。只听那叫她的人自顾自地说："你家这羊可养好了，看看这肉多香。"接着，众人都附和着说这羊肉好。闻言，赵兰花这才如梦初醒，原来这葬礼席面上的羊肉是她家的羊。这丧事既是给丈夫王大川办，也是给侄儿二狗子办的，哥哥王大山怎么能擅自做主只杀了她家的羊呢？虽然羊群暂时在王大山家，但他也不能不告诉她一声啊！加之先前的不愉快，赵兰花在吃饭时就黑下脸来，她真想跑到王大山跟前去问个究竟，但转念一想这不是在丈夫的葬礼上闹事吗，还是先让大川安静地走吧！

这天，王大川、二狗子都下了葬，一家人回到了王大山的住处。赵兰花便对王大山说："大川赶来的羊，听说办事儿时杀了1只，这我倒没意见，但哥哥不该不和我商量，毕竟这羊群是我家的。现在大川也走了，剩下那99只羊我就赶回去了。"

谁料，王大山听完竟指着赵兰花的鼻子道："这羊群根本就没有你的份儿！你想要羊？一只都没有！"说着，就推搡着把赵兰花赶出了院子。

此时的赵兰花是又羞又恼，丈夫尸骨未寒，王家人就将自己赶出了家门。此外，自己目前唯一的生活来源——羊群，也被丈夫的哥哥王大山霸占了去，这让她孤儿寡母今后可怎么生活？王家媳妇的名分可以不要，但这群羊可不能白白送给王大山。之后赵兰花多次打电话沟通，可王大山却坚持说这些羊没她的份儿！气急之下，赵兰花与儿子张君宝一纸诉状将王大山告上法院，要求对方返还属于她们家的羊。

返还财物的案件就这样被分到了巡回审判庭梁法官的手里。翻阅了起诉状，梁法官很是不解。赵兰花的起诉状中说，王大川赶回老家的是100只羊，可最终呢，赵兰花母子却只要求哥哥王大山返还90只羊，就算办丧事杀了1只，还有9只为什么不要了呢？莫非这剩下的羊是王大山的不成？可是，如果这剩下的9只羊是王大山的，赵兰花母子也愿意留给他，为何王大山还强霸着整群羊，一只也不给赵兰花呢？

在草原上，羊群就是牧民的命，马虎不得。带着这一连串的疑问，梁法官来到赵兰花家了解情况。

刚进门，梁法官便开门见山地问："你丈夫赶回老家多少只羊？"

赵兰花答："100只。"

梁法官接着问："那这100只羊中有王大山的羊吗？"

"没有啊，这些羊跟他一点儿关系都没有。"

"那你的诉求为什么只要90只羊呢？"

赵兰花说，毕竟大川与他哥兄弟一场，而且丧事都是在他哥家办的，人家出了不少力也帮了不少忙，羊群还在人家养了一段时间，9只羊算是我出于感谢，给他的。

原来，这9只羊是赵兰花为了感谢才留给王大山的。

法官解案：>>>

本案中，哥哥王大山属于第二顺序继承人，也就是说在配偶、子女等第一顺序继承人都健在的情况下，弟弟王大川的这些羊，与哥哥王大山没什么关系。弟媳赵兰花本来一只也可以不给哥哥王大山的，最后愿意给9只作为感谢，这赵兰花似乎已经很讲道理了。

因为是农牧民之间的纠纷,且双方当事人都已经是六十多岁的老人,双方所在的村庄也相距不远。为了方便当事人核查清楚案件事实,梁法官便将开庭的地点定在了王大山所在村庄的村委会大院里进行。

庭审时,原告赵兰花一方宣读了起诉状,明确要求被告王大山返还他们90只羊。

可是让法官没想到的一幕发生了,被告王大山听后,冷笑道:"你跟我弟根本就没结婚,你有什么权力跟我要羊!"

什么?赵兰花和王大川没结婚?这唱的是哪一出啊?梁法官一愣:"王大山,你说明白点,什么意思?"

王大山说,他弟王大川打光棍多年,后来经人介绍认识了赵兰花,觉得合适就一起生活了,但是他们从来也没办理过结婚登记。

梁法官立刻询问赵兰花:"你和王大川领结婚证了没?"

赵兰花说:"我们虽然没领证,但已经一起生活13年了。"

原来如此,梁法官这才明白王大山霸占着羊群不给的原因了。

法官解案: >>>

像赵兰花和王大川这种情况,是2001年开始共同生活的,按照司法解释的规定,即使他们一起生活了13年,也是同居关系,而非婚姻关系,赵兰花并不是王大川法律意义上的妻子。那么,这就意味着王大川既没有妻子,又没有孩子和父母,这就属于法律规定的没有第一顺序继承人的情况。而他哥哥王大山,作为第二顺序继承人就有权利继承羊群了。

这样一来情况就发生了逆转,本来是赵兰花想给多少羊都可以的主动局面,突然转变成必须要给羊的被动局面。而且,不能说想给多少就给多少,而是先分走属于自己的,剩余的羊就应该都是王大山的。

赵兰花一听,自己和王大川生活了13年竟然连妻子都不算,顿时就急得哭了起来:"法官,那你说我不是大川的妻子,那这群羊到底你是要怎么分啊?"

梁法官边安慰她不要激动,边解释道:"根据法律的规定呢,你们共同生活期间的羊肯定就是你们共同的。但是共同生活之前,如果你们又没有约定,那各自的羊就还是你们各自的。"

基于同居身份的这条分配原则,换句话说就是,赵兰花和王大川共同生活以后,羊群中新生的小羊两人可以均分,而共同生活以前,各自带来的那些羊,因为没有约定,就各归其主。

还没等法官把话说完,王大山就得意地笑了起来,说道:"这就对啦!各自归各自!他们住一块儿的时候,我弟王大川赶去赵兰花家100只羊,现在赶回来的还是100只羊,一只不多一只也不少。这些羊确实都是我们老王家的,没有她赵兰花什么事儿。"

赵兰花一听急了:"你胡说。你说的这数就不对!当时,王大川赶来50只山羊。我家原本有10只绵羊。到现在这100只羊里,山羊剩10只,绵羊剩90只;山羊生山羊,绵羊下绵羊;所以,大川当年赶来的山羊我一只都不要,10只你全赶走,剩下的90只绵羊还是我的!"

对于赵兰花和王大川同居前各带来多少羊,赵兰花和王大山两人两个说法,到底谁说的是真实情况呢?梁法官寻思:目前首先要查清的就是这个数字。可这个数字却不那么容易查,因为羊不同于其他财产,它有大有小,种类上又有山羊绵羊的区分,作为活物,数量一直在变。开始的时候,他们也许还记得哪只羊是谁带来的,但13年过去了他们还能分得清吗?

这时赵兰花、王大山分别向法庭申请了证人出庭,说让证人来证明自己当初各自带来多少只羊。但是一圈儿问下来,和梁法官猜测的一样,双方的证人也是各说各话,也都说不清楚赵兰花与王大川同居前各自到底都有些什么羊,多少只。

案件审理陷入了僵局。

看着旁听群众一张张黝黑的脸庞,梁法官忽然有了主意。因为在村里开庭，旁听的群众很多，而且全部都是农牧民，家家户户多多少少也都养着羊或者养过羊。梁法官便现场做起了调查。在通常情况下，羊的寿命有多长？结果，旁听的群众给出的答案是最多七八年。

有了这个参考依据，梁法官进一步分析，赵兰花和王大川共同生活了13年，完全超过羊的最长寿命，至于他们开始同居时，各家有多少只羊，哪种羊，如今这些羊也已经死亡或者用于共同生活消费而不复存在了，也就没有查证的必要了。而现存的这99只羊都是当初那群羊在赵兰花和王大川同居期间产生的后代，属于两人同居期间产生的财产，应当按照共同财产来平均分配。

梁法官接着说道："前面说了，按照法律规定，赵兰花和王大川不算是夫妻，他们也就无所谓家庭关系。那么按照我国物权法第一百零三条及第一百零四条的相关规定，羊群就应该认定为是二人按份儿共有，并且在没有任何约定和出资的情况下，应该等额享有，也就是说，在这种情况下，赵兰花和王大川各自应该分得50只羊。"

一听法官要一分为二地分配这些羊，原告赵兰花又着了急，说道："法官，这羊不能这么分啊，这100只里头还有我儿子的份儿呢！按道理，这羊得分成三份儿才对。"

梁法官纳闷了，赵兰花的儿子怎么还有份儿？

赵兰花说，王大川来她家之前，她家的羊一直都是君宝和她共同养殖的。王大川来了之后，是君宝和王大川轮着放养。君宝作为家里的壮劳力，为家中的养殖业付出了极大的辛劳，所以，这里也应该有君宝一份。

被告王大山闻言立刻反驳道："你儿子常年在外地打工，就没和你们一起生活，更别提一起放羊了，他有什么权利分羊呀！"

针对王大山的这一说法，张君宝道："外出打工的情况倒是有，但那都是地里不忙的时候，而且出去的时间都很短，平时我都在家种地、养羊、收地。"

这时，原告赵兰花母子向法庭出示了一份证据，是他们村委会出具的证明，内容是张君宝一直与母亲赵兰花共同生活，成年后也没有与赵兰花分家，虽然赵兰花后来与王大川共同生活，张君宝也一直与他们同住，并且共同劳动，共同养殖羊群。

对于赵兰花母子所出示的这份证据，被告王大山没能拿出自己的证据进行反驳，所以梁法官认为张君宝应当如赵兰花所说，确实参与了放羊，王大山的反驳是没有依据的。法庭认定赵兰花的儿子张君宝同母亲赵兰花和王大川共同养殖羊群，形成按份共有关系，理应分得相应的份额。

而眼看案件就要尘埃落定，王大山却又抛出了一颗炸弹，他突然指着对面的赵兰花恶狠狠地说："别说有你儿子的，连你都别想赶走一只羊！"继而他又转向梁法官说："法官，我弟赶羊群回来，是因为向赵兰花提出结婚遭到了拒绝，他们已经分家了，所以赶回来的这100只羊是他们分了家后的100只，都是我弟的！"

王大山接着补充说，这些年来弟弟王大川多次向赵兰花提出结婚，但每次赵兰花都以各种借口推脱。这一次，王大川求婚遭拒后，便向赵兰花提出了分手，并且分了羊群。

王大山的这番话又是否属实呢？如果属实，羊群的归属将发生根本性的变化。因为，若羊群已经是解除同居关系分割过的财产，这样一来，赵兰花母子确实又将一只羊都得不到。

于是，梁法官便询问赵兰花："你说说吧，王大山说你们结婚不成分家的事儿是真的吗？"

赵兰花母子对王大山的说法一口否认。他们说这13年来，他们一家三口相处融洽，从未有过任何矛盾。至于结婚，农村人本就不兴这个，踏踏实实过日子就好，所以王大川从来就没有提过结婚，更别说遭到拒绝了。

那么，王大山所说的弟弟王大川不愿和赵兰花继续生活，已经分了财产的情形是真的吗？现在，人死无法对证，怎么才能查清事实呢？

王大山此时正为自己的"撒手锏"洋洋得意，见状，梁法官突然有了主意。

猝不及防地，梁法官问道："王大川出事儿的时候，是谁通知的原告？"

王大山说："我呀。"

"那原告母子是否参加了葬礼呢？"

"参加了。"

"那是谁给王大川披的麻戴的孝呢？"

"张君宝啊。"

对于这些问题，王大山都一一对答如流。

"那既然已经解除了同居关系，你为什么要在王大川出事儿的时候通知赵兰花呢？赵兰花母子又为什么要去参加王大川的葬礼呢？那张君宝又为什么要给王大川披麻戴孝呢？"

王大山顿时哑口无言。

所以，梁法官断定王大川离家到王村放牧并非像王大山所言，已经与原告赵兰花解除了同居关系。

由此，案情已经明了。对于羊群的归属应认定为赵兰花、张君宝、王大川三人按份共有，并等额享有。对于葬礼上王大山擅自杀掉的一只羊，赵兰花母子觉得是必要的支出，表示同意从羊群的总数中扣除。所以，100只羊减去1只，剩余99只，赵兰花、张君宝、王大川每人应分得33只。

由于羊的种类不同，大小不一，所以每只羊的价值也各不相同。但是鉴于原告赵兰花只要求返还羊，而不是钱，最终法院本着公平均等的原则判决：被告王大山返还原告赵兰花、张君宝大中小结合绵羊山羊共计66只。

另外，梁法官认为被告王大山在王大川死后，一直代为管理羊群，原告赵兰花母子理应支付相应的羊群管理费。所以，根据《2014年内蒙古自治区农、林、牧、渔业年收入标准》计算后，判决原告赵兰花、张君宝支付被告王大山羊群管理费3500元。

为了不造成执行困难，在上诉期届满后，梁法官当即前往王大山家主持了羊群的分割，一起分羊案终于圆满审结。

法官点评：

生活千姿百态，法官受理的案件类型也各不相同。家长里短，鸡毛蒜皮，各种琐碎繁杂的案情，法官都会遇到，都要解决。这不但要考验法官的专业素养，更要考验法官的智慧与驾驭庭审的经验和技巧。但有些时候，如果当事人自己不依法办事，纵然法官使出浑身解数来查明真相，还原事实，也难以最大限度地保障当事人的合法权益。就如本案，如果赵兰花与王大川办理了结婚登记，那么之后所有的难题都会迎刃而解了。

覃 舸

壮族，法学硕士，毕业于中南财经政法大学，除大学求学期间外，一直生活在广西最大的工业城市，同时有着山清水秀的干净美誉、具有独特山水景观的历史文化名城——柳州。有着属猪人随遇而安、与人为善、乐观豁达、踏实敬业的性格。1993年大学本科毕业后，在柳州市法院系统工作至今，现任柳州市柳北区人民法院党组书记、院长，四级高级法官。曾获得"柳州市优秀共产党员"荣誉称号、荣立个人三等功一次，被广西壮族自治区高级法院评为"全区法院思想政治建设先进个人"。在《金融法苑》《山东警察学院学报》等国内法学期刊发表多篇学术文章，参与编写武汉大学出版社2014年出版的法学教材《法律文书学》。

法官感悟

《法律讲堂》中，我们为观众们讲述了一个又一个跌宕起伏、精彩纷呈的法律故事。在这里，每一个精彩的故事，都有一个圆满的结局，然而精彩和圆满并非是法治的全部。

中国历来不算法治的沃土，尽管随着社会文明发展，公民权利意识萌芽苏醒，但在传统人治文化、利己主义等思想和本性的影响和反扑下，在自身利益面前，人们常常迷失方向。

作为一名深耕法治一线二十余年的资深法官，在司法实践中，我不止一次感受到作为法治信仰者的困惑与无奈，艰难与愤懑，但我心中那盏法治明灯从未熄灭，并且越燃越亮，因为纵然我国的法治道路走得艰难，却始终在奋力前行，特别是在以习近平同志为核心的新一届中央领导集体的带领下，中国法治前行的步伐，不断加快速度，铿锵有力。

感谢《法律讲堂》这个平台，让我得以让人民群众从每一个案件中感受公平正义之外，还能获得一个广阔的途径去解读和弘扬法治精神，将法治的梦想，播撒到更远的地方，培育法治的沃土。我坚信，只要我们胸怀梦想，奋力前行，就一定能在党的领导下，建成一个法治中国，实现中国梦。

吃出横祸

主讲人：广西柳州市柳北区法院　覃舸

执行主编：刘念　　编导：常洛

俗话说，害人之心不可有，防人之心不可无。如果一个素未谋面的"朋友"，突然殷勤地托人给你送上礼物，你会怎么办？在广西，就有两家人，因为来历不明的鸡，吃出了祸事。这到底是怎么一回事呢？

2012年8月底的一天早上，家住广西某市的黄玲像往常一样，第一个起来，给全家人准备早饭。早饭做好了，可还没见姐姐一家和父亲起床。黄玲看了看时间，有点儿奇怪，以前家人都起得很早，可今天这都9点多了，怎么一个人都没起床？于是黄玲来到姐姐的房门外，催姐姐、姐夫赶紧起床。喊了几声，没见答应，等得不耐烦的她直接推开房门走进去。

推开门，眼前的一切把黄玲吓了一跳：姐姐、姐夫还有小外甥各自都蜷着身子，在床上痛苦地呻吟，黄玲赶紧上前，想问姐姐、姐夫到底怎么回事。到了跟前，只见床上的3人都疼得直打哆嗦，牙齿咬得咯咯响，尽管屋里开着空调，可3个人都是满头是汗，连身下的床单都被浸湿了。姐姐和姐夫很痛苦地告诉黄玲，前两天身体不舒服的感觉越来越严重了，今天一大早就被疼醒了，想起床，可全身哪都疼，刺骨的疼。黄玲吓坏了，赶紧去叫父亲。

到了父亲房间，黄玲双腿一软，差点儿跌倒在地上，只见父亲也是痛苦地蜷缩在床上，情况比姐姐、姐夫好不了多少！怎么办，黄玲一下子懵了，愣了好一会儿，才反应过来，哆哆嗦嗦地掏出手机，赶紧拨打了120急救电话。费了好大劲，全家人火急火燎地赶到医院，一家5口，除了黄玲，全部住院。然而，这仅仅是噩梦的开始，医生的话让黄玲刚刚放下一点儿的心又悬了起来——医院能做的检查项目都做了，但发病的原因还是没查出来。随后两天，一家人辗转了市里最好的几家医院，居然都无法确定病因，更糟糕的是，几人的病情越来越严重。都是浑身剧痛，头发大把大把地往下掉，小外甥的情况最为严重，被医院下了病危通知书。医生告诉他们，单从几个人的症状表现来看，中毒的可能性比较大，但是无法找到毒源，也就无法对症下药，按照病情的发展情况，如果没有对应的特殊解毒剂的话，小外甥的命可能都难保。仅仅两三天时间，原本健康的一家人怎么突然病成这样？

难道真如大夫所说，一家人都中毒了？其实，几天前，除了自己，全家人就忽然觉得身体不舒服，都说呼吸困难，手脚发麻。大家第一反应是食物中毒，怀疑是买的青菜有农药残留。可黄玲也吃了青菜，而且吃得最多，却基本没什么异常反应。因为找不到生病原因，大家想着没准儿过几天就好了，没想到病情竟然这么严重。既然不是青菜上有农药，又会是什么呢？这个时候，黄玲想起来，家人身体出现异常的头一天，除了平时吃的饭菜，还吃了一只网友的哥哥送来的鸡，难道是这只鸡的问题！？

可网友的哥哥怎么会给黄玲家送鸡呢？事情还得从2012年8月17日说起。黄玲年近四十，还没有出嫁，平时特别喜欢上网聊天，那天晚上，忙了一天的她又在网上和那个名叫"芳伶"的网友聊天。虽然在网上相识不久，但每次聊天，对方都给自己老朋友一样的感觉，交谈甚欢。这晚，两人聊着聊着，又扯到了吃。网友说想跟黄玲学做米粉，并让自己的哥哥送一只鸡给她作为酬谢。

黄玲以为对方开玩笑，压根儿没当回事。可三天后，她手机收到短信，说鸡已送到小区门卫值班室。黄玲赶紧赶到门卫处，保安还真从值班室里提出一只宰好的鸡，说是有人让转交的。

黄玲兴高采烈地把鸡拎回家，并亲自掌勺，与同住的家人大快朵颐地享用了这只网友送来的鸡。那天晚上，因为6岁的外甥小强最喜欢吃小姨做的鸡，所以黄玲自己还舍不得吃，把最嫩最美味的部位都夹给了外甥。

现在想起来，莫不是因为自己没怎么吃，所以没中毒，而小外甥吃得最多，所以最重？可自己跟网友无冤无仇，网友没道理害自己啊？而且这些天自己偶尔上网跟"芳伶"讲起家人中毒的事，她还很积极地给自己出谋划策，推荐医生呢。黄玲越想越糊涂，觉得有什么不对劲，又说不出个所以然来。然而，还没等黄玲理清思路，医院又下了一个病危通知书，姐姐黄娟的病情也急剧恶化，陷入了重度昏迷。

在医生的建议下，黄玲抱着最后一丝希望，把病人转到省会某专科医院进行救治。然而一番折腾，院方给出的答案让黄玲一家的心再次跌到谷底——该院的现有技术条件同样无法查出病因。虽然院方表示不会放弃，还会立即把病人的血液样本送往广东职业病检测中心进行化验分析，但接连的打击已经让他们心灰意冷，几近崩溃。

就在黄玲快要绝望的时候，一条手机短信，在黄玲死寂的心里又掀起了波澜。

发短信的人称黄玲为"宝贝"，还在短信里告诉她，自己在排毒方面比医院更有能力，药方已经从网上发了过来，让黄玲跟医生了解并让家人尽快服用，怪病马上就能好！对于这条短信，黄玲起初并不想搭理，但这个称她为"宝贝"的人却十分耐心，反复规劝。说得多了，黄玲就跟他聊了几句。这不聊不要紧，越聊她心里越发毛。这个人对他们家的遭遇似乎十分清楚，单凭短信聊天，就能诊断怪病，而且关于病情的判断，甚至超越了医院的大夫！

这个人言之凿凿，让黄玲心里燃起了希望，可对于这个人，黄玲心情很复杂，黄玲并不想搭理他，甚至很怕他。

黄玲一直没有结婚，也没在谈恋爱，这个人口口声声喊黄玲"宝贝"，却让黄玲不愿搭理甚至十分害怕的男人究竟是谁？他又怎么会给黄玲开药方呢？

这个人名叫李东翰，是黄玲的网友，也可以说是她的前男友。2011年，一个网友通过QQ结识了黄玲，聊天中，他告诉黄玲，他叫李东翰，也是广西人，早年离异，随后在广东做生意，有几家工厂，收入可观。而黄玲年近四十，一直未婚。不久，李东翰在网上向黄玲表白，并称要帮她投资开店，来证明自己的诚意。起初黄玲有点犹豫，但在李东翰的强势进攻下，黄玲逐渐松了口，并打算见了面再说。随后，黄玲去了广东，可当她见到李东翰真人时，大失所望——李东翰不仅年纪大，言谈举止和各种表现也都证明他肯定不是自称的"有钱人"。大失所望的黄玲只在广东住了一晚就回来了。从广东回来之后，李东翰三番五次骚扰黄玲，甚至出言威胁，黄玲则是不冷不热，再也没有交往过，只是偶尔在网上聊几句。

这次家人中毒，黄玲其实也怀疑过是不是这个李东翰使坏。可没承想李东翰面对自己的质疑，却像一个无所不知、无所不能的救世主一样出现在自己的面前，慷慨伸出援手，这让黄玲彻底迷糊了，难道自己错怪了他，他真的是上天派来拯救自己家人的救世主？如今这个神奇的药方就待在自己的手机里，该不该交给医生？黄玲犯难了。

这个时候，另一个同样不幸的家庭，出现在省会的专科医院里，跟黄玲一家戏剧性的相遇了。

这家人姓罗，是一对夫妻，来自和黄玲家相隔百里之外的邻市，同住一个病区，之前却并不相识。由于两市的方言相同，在看电视的时候，就聊了起来。因为都在住院，聊天内容自然就说到各自家人发病的经过。当说起中毒的原因，一个天大的巧合，让黄玲惊出一身冷汗，对方发病之前，竟然也吃了一只陌生人送的鸡！

罗家夫妻还告诉黄玲，早些天，他们收到了自称"中华神医门诊部"的人发来的短信，说是对该病有十足的把握，还发来了处方，但每人需要交6万元药费。两家人发病前都吃了陌生人送来的鸡，病入膏肓时又有人送来解药秘方。这究竟是巧合还是有人故意下毒？跟罗家联系的"中华神医"和黄玲的前男友李东翰到底有没有关系？李东翰为何对黄玲家的中毒事件了如指掌，他在这起恶劣的中毒案件中，究竟扮演了什么角色？所有的疑惑像一个巨大的谜团急待破解。

当天晚上，广东职业病检测中心传来了检测结果，检测结果显示，黄玲一家和罗家夫妻俩的体内重金属"铊"严重超标，高达正常值的数百倍，是急性重金属"铊"中毒。

对绝大多数人来说，"铊"是一个陌生的词汇，它是一种稀有金属，有剧毒，早年曾被用作灭鼠药使用。这种物质一旦进入人体，会使人的神经系统、消化系统发生病变，直至威胁生命。因为毒性大，目前市场上很少会出现这种灭鼠药。所以，日常生活中，人们误饮误食的情形基本不可能发生。由于此类病例极少，除了专门的职业病医院，一般医院并不具备检测条件。幸亏这病因查明的不算太晚，医院及时开展了对症治疗，眼看到了鬼门关的两家人这才算是被拉了回来。

两家人的工作生活根本不可能接触到铊，中毒有点匪夷所思！联想到此前媒体曝光出来的"铊"中毒事件，医生分析，两家人的中毒，不排除人为投毒的可能，让两家人赶紧报案。

相隔甚远，毫无联系的两家人同时离奇中毒，案情震惊了警方。可警方找到黄玲一问，黄玲对于给她们家送鸡的网友"芳伶"几乎一无所知，除了知道她自称是同市某县人外，连声音都没听过，并不确定对方是男是女。同时，对方所留的电话也无法拨通。而另一户中毒的罗家夫妻俩也只知道，送鸡的人打电话自称是父亲十多年的朋友，这个人到底是谁，罗家夫妻俩现在也没想出来。

无论是网友"芳伶"，还是所谓的父亲的朋友，这两个神秘的送鸡人，都杳无音信。调查一时间陷入了僵局。

就在大家一筹莫展的时候，转机意外发生了。黄玲的前男友李东翰，从广东给黄玲寄来了个包裹，并打电话通知她，让她尽快把包裹里的药，按照所附的说明，给家人服用，以免延误治疗。这次，李东翰没有再做"活雷锋"，他告诉黄玲，包裹里这些药可以立即缓解病情，但是想要彻底治愈，黄玲就得答应跟他继续交往，还要嫁给他。黄玲很快拿到包裹，正好医生和罗家人也都在病房里，就拆开来给大家看，这一看，看出了问题。医生告诉他们，包裹里有三种药，分别叫普鲁士蓝、氯化钾和甘露醇，正是治疗铊中毒的对症药。这些药名听起来很耳熟，对症治疗后，病情已经明显缓解的罗家男人突然回想起来，这似乎就是"中华神医门诊部"之前开出的药！

大吃一惊的众人赶紧找出手机核实，很快，他们发现，不仅药方一样，李东翰和"中华神医门诊部"用的手机号码也是同一个！这个李东翰到底是谁？他跟"中华神医门诊部"到底是什么关系？他们立即把这一重要线索提供给了警方。

根据被害人补充的情况和包裹里残留的检材，一个前科人员进入了侦查人员的视线。

原来，"李东翰"是个假名，这个人真名叫韦东明，曾因投放危险物质罪被判刑8年，如今刑满释放才2年不到。经过警方进行照片比对，黄玲呆住了，虽然之前见面的时候就觉得网上交的这个男朋友不靠谱，但没想到他居然还因为投毒蹲过八年大狱！罗家夫妻的邻居也认出了这个人就是那天给他们送鸡的人。掌握了准确信息后，在两地警方的密切配合下，韦东明很快被捉拿归案。

2013年8月27日，广西某市中院的刑事审判法庭里，在事实与证据面前，"神医""李东翰"的面具被一点点撕下。

韦东明，现年55岁，跟罗家夫妻是同乡。2002年，在和同村村民发生邻里纠纷后，为了报复，竟然在三天时间内，将10瓶毒药投入村里的公用水池，导致全屯122人中毒。为此他被当地法院以投放危险物质罪，判处有期徒刑8年。出狱后，自知犯了众怒的他不敢回家，一直藏匿在东莞打工。人生地不熟，网络就成了他最大的依赖，因为在网上，可以把自己装扮成成功人士，不再是那个不敢回家的刑释人员。后来，他在网上认识了黄玲，开始了网恋。为了赢得芳心，韦东明一直向黄玲吹嘘自己是如何的事业有成，然而两人第一次见面，他"有钱人"的装扮就露了馅儿。韦东明早就嫌打工来钱太慢，网恋失败，也进一步加重了他的苦恼，怎样快速"致富"，成了他每天想的最多的东西。一个偶然的机会，他在网上听说了"铊"这种东西，引起了他极大的兴趣。通过苦心钻研，韦东明竟然琢磨出一整套投毒计划，打算先投毒，再救人，达到骗钱骗色的目的。入狱前就认识，但是已经多年没有来往的老罗一家和黄玲一家，是韦东明的第一批目标，按照他的想法，老罗家情况自己熟悉，且多年未见，罗家人未必认得出自己，好忽悠，只要这个计划实施了，肯定能赚钱。而通过给女友黄玲家投毒再解毒的方式，女友黄玲应该也会乖乖回到自己身边。也就是说，黄玲的网友"芳伶"、前男友"李东翰"，以及给罗家送鸡的人都是韦东明一个人扮演的。谁承想，机关算尽太聪明，韦东明等来的不是大笔"药费"收入和前女友黄玲的投怀送抱，而是一副锃亮的手铐。案件就这样进入了法官的视线。

在法庭上，对于如何给韦东明定罪量刑，控辩双方进行了激烈的交锋：检察机关建议以投放危险物质罪判处韦东明无期徒刑或者死刑。辩护人则认为，被告人韦东明的行为没有危害到公共安全，其行为构成的是故意伤害罪。

庭审在控辩双方的分歧中结束。合议室里，合议庭成员在主审法官的主持下，就案件的定罪和量刑进行着最后的讨论。案件的事实很清楚——韦东明为了骗取钱财和黄玲的好感，将注射了硫酸铊的鸡分别送给两家人食用。案件争议的焦点在于，韦东明到底该当何罪，如何才能准确定罪，这争议的两个罪名究竟有什么差别，定性不同又会产生怎样的影响呢？

法官解案：>>>

根据我国刑法的规定和犯罪构成理论，这两种犯罪的构成有相似之处。投放危险物质，可以成为伤害他人的一种方式，进而构成故意伤害罪。两罪的区别也很明显，两种犯罪侵犯的客体不同：投放危险物质罪侵犯的客体是公共安全，而故意伤害罪侵犯的客体是他人的身体权、健康权，通俗地讲，就是前者具有威胁和伤害到不特定公众的生命健康的可能，而后者只威胁和伤害特定的对象，显然，前者的危害性要更大。在量刑上，虽然我国刑法对两罪的最高刑罚都是死刑，但是投放危险物质罪的法定最低刑罚更重，同样是致人重伤的情形下，投放危险物质罪的量刑要重得多。

经过慎重考虑和充分论证，对于案件的定性，合议庭有了结论。韦东明为了从罗家骗取钱财和赢得黄玲的好感，将有剧毒的鸡分别送给两家人食用。尽管韦东明送鸡的对象特定，但其并不能保证罗家夫妇和黄玲只将其送来的鸡肉拿来自己食用，毒鸡也可能被用来招待宾客。也就是说，有毒的鸡肉最终由谁吃、危害范围有多大，这些都是他无法预料和控制的，其行为已经危害到不特定多数人的生命和健康安全。韦东明明知自己投放危险物质的行为危害公共安全，为了获取非法利益，仍故意投毒，造成1人重伤、5人轻伤，其行为已构成投放危险物质罪。

韦东明早年就曾因犯投放危险物质罪被判处有期徒刑8年，刑满出狱仅仅2年，就又犯下重罪，属于累犯，依法应从重处罚。合议庭认为应对韦东明判处死刑，但因其罪行还没有达到需立即执行的程度，故决定对韦东明判处死刑，缓期2年执行，剥夺政治权利终身。

法官解案：>>>

韦东明作案动机卑劣，造成损害后果极其严重，且其犯罪后百般抵赖，毫无悔罪表现，主观恶性较深，又是累犯。此人的表现，证明其对社会的现实和潜在危险性都很大，应依法予以严惩，使其刑期保持在较长的幅度，才能做到罪刑相适应。由于死缓有考验期满后依法减为无期徒刑或者25年有期徒刑，甚至在此后有进一步减刑的可能，所以应当对其限制减刑。

可别小看这限制减刑，根据上述规定，如果死缓考验期满减为无期徒刑，则减刑后的实际执行期不得少于25年；如果直接减为25年有期徒刑的，则减刑后的实际执行期不得少于20年。如果韦东明没被限制减刑，顺利通过死缓考验期，并且此后在监狱里表现特别好，屡获减刑的话，那么他有可能只要实际服刑17—18年，就能重获自由。现在韦东明被限制减刑，且不说韦东明此人素来卑劣，即便是他良心发现，真心悔罪，在监狱里表现良好，死缓考验期满后被依法减为 25 年有期徒刑，他最少也得在里边老老实实待个 22 年以上。

法官点评：

坏人得到了严惩，但阴云还远未散去，黄玲的小外甥，由于中毒太深，伤及大脑，变成了"植物人"，能否康复还是个未知数，其余数人也饱受各种后遗症的困扰。回想当初，如果警惕性再高一点，不去贸然接受陌生"好友"来历不明的"馈赠"，或许悲剧就不会上演。古人云：君子爱财，取之有道。本案的受害人和罪犯，或被小利所诱，或被大利所驱，最终招致被伤害、被囚禁的境地，令人扼腕叹息。如何约束利欲之心，不再让悲剧发生，值得我们每一个人深思。

王周瑜

重庆市高级人民法院刑事审判第二庭法官，院机关团委副书记，法律硕士。

自参加工作起即与刑事审判结缘，审理了一系列经济犯罪、职务犯罪案件，无一差错，被评为"重庆市巾帼建功标兵""重庆市打击发票违法犯罪先进个人"。在专业领域上有较深入的研究，多篇文章发表于《人民司法》《重庆审判》等刊物，曾获全国法院系统第二十二届学术讨论会二等奖。

专业之余，爱好广泛，曾荣获全国法院青年干警学习邹碧华精神演讲比赛优秀奖、全国第二届书香"三八"读书征文活动入围奖、重庆市市直机关"改革同龄人话改革"征文比赛二等奖等。2014年，成为中央电视台社会与法频道《法律讲堂》栏目"法官解案"节目主讲人。

法官感悟

当书记员的时候，做梦都想成为法官，每天忙碌于日常事务，总觉得法官的工作超脱、威严、神圣。担任多年书记员之后，终于成为了一名刑事法官，第一次开庭时，穿上借来的法袍，我激动地拉着同事为我拍照留影。

亲自办案以后，我渐渐体会到，法官的工作并不那么超脱、轻松。第一次参加合议庭评议，对别人承办的案件发表意见，按理说应当在审判长之前发言，但承办人发表意见后，自己却犹豫不定，特别想先听听审判长的意见；自己办的第一件案子，案卷看了又看，法条翻了又翻，审判长催促多次才敢把案件提交合议庭评议。自己明白，犹豫是因为有责任，自己的意见对被告人的自由、生命将产生巨大的影响，这个决定由自己来作的时候，超脱不了，轻松不了。

印象最深刻的是我们合议庭审理的一起刑事附带民事诉讼案件，要到四百公里外的县法院开庭。因为觉得一审法院量刑偏重，准备改判。刑附民原告人情绪十分激动，调解时竟扬言对我不客气，但为了给被告人一个合理的刑罚，又避免激化刑附民原告人的情绪，审判长四次到县里去做工作，最终案件圆满处理，大家的心才得以放下。

短短几年的法官经历，让我深深感受到，要成为好法官，肩负责任，但求心安。

找老伴被骗百万元

主讲人：重庆市高级人民法院　王周瑜

执行主编：陈贝贝　　编导：侯旭鸣

这天，刘法官接到了一件诈骗案，看起来很普通，但被害人的反应让他感觉有些奇怪。被害人叫陈玉蓉，是一个55岁的单身女人，她被人骗了一百多万元。一般诈骗案的被害人见了法官都会迫不及待地倒苦水，恨不得一口气把自己受骗的经过细细数来，法官有时叫停都停不住，可陈玉蓉却是一副不温不火，随你们处理的态度。当法官问及一些细节时，她也是避而不谈，似乎不愿提及自己受骗的详细经过。这是为什么呢？

刘法官开始查阅卷宗材料，从陈玉蓉在侦查阶段的陈述中似乎找到了答案，她曾说："是我自己太傻了，真以为年过半百终于等到了一份天赐良缘！"原来，这起诈骗案背后是一段令陈玉蓉难以启齿的"恋情"。

一年半以前，55岁的陈玉蓉陷入了一场热恋。对方是某部队的一位高级军官，58岁，丧偶，经济条件优越，对陈玉蓉细心体贴，陈玉蓉心里想什么，他好像都知道，两人交往十分默契。陈玉蓉的这场黄昏恋谈得天昏地暗、如痴如醉；但也让外人看来十分不解。为什么？因为两人只是通过短信交往。但对于陈玉蓉来说，光是这文字传情就已经足够了！孤单了十几年的她太需要情感的滋养了。

二十几年前，陈玉蓉求学于西南地区一所知名的医学院，毕业后，在当地一家大医院当了医生，事业发展比较顺利。可陈玉蓉一直觉得很遗憾，因为自己的婚姻不幸福。十年前她和丈夫离了婚，一个人将儿子拉扯大。在这期间，也有好心人想给她介绍对象，可考虑到孩子，她都婉言拒绝了。

这两年，儿子到外地上大学，自己又退休清闲了下来，生活的重担放下了，陈玉蓉却发现自己的生活太孤寂了！每天睁眼第一件事就是打开电视，如果不出门买菜，有时一天都说不上一句话！为了打发空闲的时间，陈玉蓉开始去附近的麻将馆打麻将。就在这时，她的情感生活突然发生了转折，她的好朋友秦露给她介绍了前面提到的这位千年难遇的男朋友。

秦露，是陈玉蓉打牌时认识的朋友，30多岁，离过婚，有个儿子由前夫抚养，平时一个人生活。也许是有相似的经历，陈玉蓉和秦露很投缘。两个人互称姐妹，经常一起逛街吃饭，偶尔还一起住，在外人眼里，他们比亲姐妹还亲。

这天，秦露兴高采烈地来找陈玉蓉，开门见山就说了："姐，我给你找了个男朋友！是我表哥。"没等陈玉蓉问，秦露就滔滔不绝地说开了，这个表哥是她姨妈的儿子，在部队是高级军官，名叫赵正扬，和陈玉蓉年龄正合适，身体健康，相貌堂堂，可惜前几年妻儿双双去世，现在孤身一人。

秦露兴奋地说着，陈玉蓉好不容易插上话："你表哥这么好的条件，怎么会看上我呢？"秦露马上解释："姐，我和表哥的关系一直很好，我跟他提起你的情况，他觉得你就是那种会过日子的人，他希望进一步联系联系。"

秦露见陈玉蓉迟疑，又说："姐，我知道你很慎重，可我表哥不仅人好，经济条件也没得说，他在金湖地产还有一栋别墅，300多平方米。你们各方面都挺般配的。"禁不住秦露软磨硬泡地一阵游说，陈玉蓉有点心动了，她寻思着这么好的机会错过了估计真的就没了，不管最终能不能成，试试总没错。见陈玉蓉脸上有了笑容，秦露赶紧把赵正扬的手机号给了陈玉蓉，并叮嘱稍后赵正扬会主动和她联系。

当天晚上，陈玉蓉就收到了赵正扬发来的短信，内容是："您好，陈女士，我是秦露的表哥赵正扬，很高兴认识你。"陈玉蓉看了以后也礼貌地回复了。从第二天开始，赵正扬每天都会跟陈玉蓉发短信嘘寒问暖。

渐渐二人发展到互诉衷肠。虽然还没见过面，但陈玉蓉感觉赵正扬非常理解她、懂她，正是她想要找的那种人，而赵正扬也表达了相同的看法，两个人一拍即合，感情迅速升温，没过多久，就在短信上以"老公""老婆"相称了。

这就是刚开始提到的热恋阶段，尽管只是短信交往，可感情生活空白已久的陈玉蓉觉得这就足够了！渐渐地，随着交往的深入，陈玉蓉觉得，要想继续发展，两人是时候该见面了。尽管有些不好意思，这天，陈玉蓉还是试探着发出了"见见面吧！"的短信。

这条短信发出后，赵正扬许久没有回应，陈玉蓉有些不安了，她不知是不是自己太过唐突。1小时后，短信回了过来："老婆，是我不好，其实我们早该见面的，可是我怕伤害你。"陈玉蓉纳闷儿了，见个面怎么会伤害我呢？在陈玉蓉的一再追问下，这才弄明白赵正扬不愿见面的原因。

赵正扬说，他曾经有个不错的家庭，5年前儿子考上了军校，而就在那个暑期，妻儿到外地旅游却遭遇车祸身亡，老来丧偶又丧子，他的内心极度痛苦，不能自拔。这时，一个朋友介绍他认识了一位得道高僧，高僧给他算了一卦，说他命里克妻儿，一生艰难。所以，赵正扬短信里说："好不容易遇见你这么可心的伴侣，我不想害你啊！"

陈玉蓉一看，有些哭笑不得，原来都是算命惹的祸！赶紧回短信说自己不信这些。可赵正扬说他必须对陈玉蓉负责，不能去冒这个险。陈玉蓉心里一咯噔，那么照此说法，两人还怎么继续交往呢？

像是能读懂陈玉蓉的心事，赵正扬接着又说，办法不是没有，高僧也曾教过他化解之法，那就是请大师在寺庙里为未来的妻子祈福消灾，但是祈福完成之前，他不能和未来的妻子见面、通电话，只能发短信，否则方法就不灵了。

陈玉蓉了解事情经过之后，反倒如释重负。她想只要不是赵正扬不愿意和她交往了，其他都好说。再说，祈福也是为了她好，万一高僧说的应验了呢？祈福就祈福呗。陈玉蓉表示同意，赵正扬连忙回信："老婆，我明天就去高僧那儿打听怎么祈福，希望早点儿和你见面。"

几天之后，赵正扬短信说："老婆，大师说祈福得出香火钱。我看还是算了吧!"陈玉蓉立刻着急了:"香火钱该出就出啊,不该省的不要省!"

"可大师说了,为谁祈福谁就得出香火钱,所以这钱还非得你出。"赵正扬回复。一听这钱得自己出,陈玉蓉心里闪过一丝疑虑,赵正扬接着又说了:"如果你觉得为难就算了,不过等祈福完了这香火钱我肯定会给你的,到时候我们是一家人,我的就是你的。"

一看这话,陈玉蓉有些不好意思了。为了将来能和赵正扬在一起,花这点小钱又算什么呢!更何况赵正扬还说要把钱给她。陈玉蓉连忙答应了。

就这样,按照赵正扬的短信指示,陈玉蓉将第一笔香火钱1888元交给了秦露,让秦露帮忙转给赵正扬。秦露接过钱连连点头道:"姐,放心,这事儿我一定照办。这次表哥可真是动心了,他把老底儿都告诉你了。你该不会嫌弃他命里克妻吧?"陈玉蓉赶忙解释:"我看重的是正扬这人。"第二天,赵正扬回复说:"老婆,谢谢你,离我们相见的日子越来越近了!"陈玉蓉说:"老公,希望祈福顺利。"

案情了解到这里,刘法官对陈玉蓉给出第一笔香火钱还是十分理解的,毕竟两人热恋中,不能为了一两千块钱伤了感情,陈玉蓉也不是吝啬之人。可是让刘法官感到疑惑的是,按常理,事不过三,次数多了正常人都会产生怀疑的,可为什么陈玉蓉还是一次次义无反顾地出钱呢?而且还越陷越深,居然从1888元累计到了100多万元。这一切究竟是怎么发生的?陈玉蓉难道就没有怀疑过吗?

在侦查机关对陈玉蓉的询问笔录中,刘法官看到了接下去事情的发展:出了几次小金额的香火钱之后,陈玉蓉心里也不踏实,不知道钱到底要给多少?又会给到什么时候?可赵正扬给她解释说:"这祈福啊,需要比较长的时间,分为一般时期和关键时期,一般时期需要香火钱会少一些,关键时期需要多一些,中途千万不能放弃,否则之前的投入就白费了。"

几天后,赵正扬说祈福进入第一个关键时期,需要度过一个大劫,香火钱得68888元。陈玉蓉一看钱这么多,心里开始犯嘀咕,于是找来秦露商量,秦露劝慰陈玉蓉:"姐,你放心,表哥的经济条件那么好,等祈福结束之后他肯定会加倍补偿你的。"看着秦露信誓旦旦的样子，陈玉蓉觉得自己有些小心眼了，至少秦露她是信得过的。于是，陈玉蓉就到银行取了7万元交给了秦露。收到钱以后，赵正扬照例给陈玉蓉发来了许多感谢和暧昧的话。

这天，陈玉蓉56岁的生日到了。秦露邀约了一大群朋友给陈玉蓉庆祝生日，并送过来一份神秘礼物——一条漂亮的红宝石项链，与此同时，赵正扬发来信息："老婆，生日快乐，永远爱你！礼物收到了吗？"原来这一切都是赵正扬精心安排的，陈玉蓉感动得泪流满面，这是她大半辈子以来过得最开心的生日，虽然男朋友没在身边，但是这份心她已经完完全全感受到了。陈玉蓉不懂什么珠宝，但秦露说这红宝石项链就值2万元。

看到赵正扬对自己这么舍得花钱，陈玉蓉对自己之前的怀疑有些羞愧，同时更加坚定了信念——花点儿钱不要紧，只要能和赵正扬在一起！

生日过后，陈玉蓉对赵正扬的感情更深了，她急切地盼望着祈福能快快结束，隔三差五就给秦露一笔钱祈福，少则几千元，多则上万元，大半年时间过去，陈玉蓉存折里的四十多万全都取出来祈福了。陈玉蓉手上已经没钱了，按理说这总该罢手了吧。可令法官不解的是，接下来，没有存款的陈玉蓉居然借钱去祈福了。

秦露告诉陈玉蓉，观音菩萨快过生日了，正是积累善缘的好机会，这次得用3万元。可陈玉蓉手里的确没有现金了，怎么办呢？心慌的陈玉蓉跟秦露抱怨道：这都大半年了，钱也花了四十多万，可连正扬的人影都没见过！这祈福什么时候才是个头啊！！

秦露听罢连忙说：姐，都怪我粗心！这么长时间见不到我表哥起码应该让你看看照片啊！你放心，我明天就让你见到你的正扬！不过，我可提醒你，祈福中途可不能放弃呀！小心前面的钱白花了！

第二日，秦露特意带来了赵正扬的照片。陈玉蓉仔细端详着照片里的赵正扬，一身戎装，身材挺拔，五官端正，充满正气。陈玉蓉不禁心生欢喜，这就是自己的梦中人啊！再回味几个月来两人的交往短信，尽是心有灵犀和柔情蜜意，这样的伴侣真的不可多得！陈玉蓉心里一软，决定到亲戚朋友那儿去借钱！这一借陈玉蓉便陆续借了亲友10万元。

卷宗看到这里，刘法官也十分惊讶，也许不深陷其中，真的很难理解陈玉蓉的行为。存款40余万元花光了，还借了10万元，这前前后后，陈玉蓉在祈福上就花了50多万元香火钱。

可接下来，更让人难以置信的事情发生了。当没有存款，也没法管亲友借钱时，陈玉蓉居然抵押了自己的房产，又陆续投入了70多万。赵正扬究竟跟陈玉蓉说了什么？陈玉蓉又是怎么想的？刘法官越发好奇了，从卷宗里他读到了这样的经过：

赵正扬再次提到祈福进入一个关键期，要去普陀山祈福，香火钱5万元。陈玉蓉有些着急了，这回她真的没钱了。可赵正扬却安慰她：老婆，为了将来的幸福生活再忍忍，我们付出了这么多，总不能白费吧。

就在陈玉蓉一筹莫展之时，秦露又找到陈玉蓉，这次她特意拿来了一本房产证，陈玉蓉一看，这不就是之前秦露提到的赵正扬别墅的房产证嘛。秦露说："表哥说了，等姐您和他一结婚，房产证立马改成两个人的名字。你想啊，他就一个人，不给你给谁呀？"陈玉蓉看到房产证上清清楚楚写着"赵正扬"三个字，的确是别墅，面积360平方米呢，她寻思着，赵正扬的经济条件的确很好，将来结了婚不可能亏待她；而她和秦露亲如姐妹，秦露也不会骗她，所以她决定咬咬牙再努力一把。

但是钱是真没有了，上哪里去凑呢？这时，秦露提出了一个意想不到的主意——抵押房子！刚开始陈玉蓉说什么也不干，可秦露说："姐，抵押房子又不是卖房子，只是换点钱急用而已，等以后你和表哥结婚了，让他给你把钱再还上不就行了。"陈玉蓉不吱声，秦露又说："姐，这样吧，你只管抵押房子贷款出来，贷款的利息我来帮你还，我们都是一家人，就别见外了。"一边是秦露答应慷慨解囊，一边是赵正扬自责加感激的短信，陈玉蓉也不愿意之前的付出打水漂，最终还是同意了抵押房子。

陈玉蓉原本有两套房子，各价值七八十万。决定抵押其中一套房子以后，陈玉蓉和秦露一块儿来到担保公司，陈玉蓉和担保公司签订了借款协议和《房地产抵押合同》，还到公证处办理了债权公证，贷了35万元出来。但没几个月，这笔钱也用完了。

这回，赵正扬提出又要一笔不小的费用，陈玉蓉心里越发不安了。虽然祈福前有约定，但她还是忍不住将电话拨了过去，想亲自问问赵正扬祈福究竟什么时候结束。电话响了很久，接通后电话那头传来一个男人的声音："老婆，你怎么打过来了，不是说祈福没完成不能打电话吗？"陈玉蓉几乎用哀求的声音说："对不起，老公，我是太心急了，就是想问问你祈福什么时候结束？我的钱真的都用完了。"赵正扬说快了，到最后一个重要阶段，他们就要见面。同时，他还说他在部队里为陈玉蓉的儿子安排了一个好工作，等毕业就可以去了。陈玉蓉听了又有了些安慰，同时也很感动。

接着，赵正扬继续建议陈玉蓉把剩下的一套房子也抵押出去。虽然陈玉蓉的心里越来越没底，但看着自己已经为祈福付出了那么多，总不能在最后一刻退缩吧。考虑再三后，陈玉蓉将另一套房子也抵押贷款40万元，陆续交给了赵正扬去祈福。

一晃一年多过去了，在秦露的穿针引线下，陈玉蓉和赵正扬就这么通过短信，一边儿传情，一边儿祈福，不知不觉中，陈玉蓉花了100多万元。陈玉蓉天天都盼望着能够快点儿结束祈福，早点儿见到赵正扬这个如意郎君。可陈玉蓉万万没想到，一个意外的电话打碎了她对赵正扬的全部幻想。

刘法官在卷宗里看到陈玉蓉这样一段话："那天，我接到了一个男人的电话，这个男人我认识，他是秦露的前男友。"

原来，这个男人在电话里跟陈玉蓉说，前两日，移动公司突然通知他电话欠费1000多元，让他赶快补交！他一查发现是前女友秦露干的。秦露曾用他的身份证办过一张电话卡，没想到两人分手之后秦露还在用这张卡，而且还没有缴费。他四处找秦露，却发现秦露好像故意躲着他，不光更换了电话号码，连住处都搬了。无奈之下，他才找陈玉蓉来打听秦露的情况。

同时，这个男人还说了句话，让陈玉蓉听后心惊肉跳：你小心点儿，秦露可能是个骗子！他提到，秦露曾说家里有部队亲戚，名叫赵正扬，以做生

法官解案

意的名义,骗了他好几万元,两人分手时,非但钱没要回来,最终连赵正扬的人影也没见着!

陈玉蓉听到这儿,心里顿时有了不祥的预感。挂了电话,她越想越害怕,越分析越觉得有问题,于是赶快找来亲兄妹商量,大家商量的结果就是报警。最终,失望又惶恐的陈玉蓉在亲人的陪同下到了派出所。陈玉蓉报案称有一男一女骗了她100多万,男的叫赵正扬,女的叫秦露。

警方接到报案后很快立案侦查,但结果却让陈玉蓉大吃一惊。办案人员说,本地根本就没有一个叫赵正扬的高级军官。那和陈玉蓉联系了一年多的人又是谁呢?警方调查发现,其实,一直以来都是秦露自己在用另一部手机和陈玉蓉短信联系,所有的短信都是秦露发的。赵正扬根本就不存在,是秦露虚构出来的人。

侦查结束后,警方很快将案件移送至检察院。就这样,这起由秦露自编自导自演的诈骗案,到了刘法官手里。通过对卷宗的梳理,刘法官大致明白了陈玉蓉受骗的全过程,也理解了陈玉蓉为什么会有不同于其他案件受骗人的表现:陈玉蓉爱面子、脸皮薄,事情真相大白以后感觉十分尴尬,不便与人多说,这是其一;其二,从案发到审理,几个月时间过去了,也许她在心理上已经接受了这个现实,所以当法官约见陈玉蓉时,她并没有像其他受害人那样激动。

法官解案:排除合理怀疑 >>>

案情虽然已经比较清楚,但要达到刑事诉讼法关于认定事实要排除合理怀疑的要求,还要查清几个疑点:

第一,秦露欺骗陈玉蓉时曾用过一个关键道具——赵正扬的照片,如果赵正扬是假的,那么照片上这个人又是谁?第二,秦露还拿来过写着赵正扬名字的房产证,这又是从哪里来的?第三,陈玉蓉还和赵正扬通过电话,如果没有赵正扬,那么和她通话的人又是谁?

因为目前本案起诉的被告人仅为秦露一人,即使赵正扬为虚构,但如果有其他的人参与犯罪，也可能影响秦露在本案中的地位作用。

通过庭审查明，照片上的人秦露也不认识，为了让陈玉蓉相信确有赵正扬这个人，秦露就上网去找了一张军人照片，然后冲洗出来给陈玉蓉看；而秦露拿来的房产证其实也是找人办的假证，目的是为了让陈玉蓉相信赵正扬的经济条件足够好，绝对有能力归还祈福所花的钱；至于和陈玉蓉通话的人，不过是秦露在街上随便找的人冒充的，而她就在旁边指导怎么说罢了。因此，刘法官最终确信只有秦露一人作案，排除他人参与作案的可能。

面对庄严的法庭，曾满口谎言的秦露最后淡淡地说了一句话："陈玉蓉太容易相信人了，我也没想到她这么好骗，一不小心就越骗越多。"最终，法院认为秦露以虚构事实，隐瞒真相的方法骗取公私财物100多万元，数额特别巨大，已经触犯我国刑法第二百六十六条的规定，以诈骗罪判处秦露有期徒刑12年，并处罚金20万元。

然而，本案中涉案的财产已被秦露挥霍一空，而她自己也没有可供执行的其他财产，从目前来看，陈玉蓉被骗的钱一分也拿不回来。

法官点评：

诈骗犯罪的被告人以老人居多，空巢老人遇事身边无人商量，更容易成为犯罪分子的目标。空巢老人情感空虚，渴望老来伴儿，是人之常情。但是在选择对象时老人们一定要慎之又慎！对财产问题多留个心眼儿，遇事多找亲戚朋友商量，面对各方面条件好得出奇的对象一定要保持清醒的头脑；而作为家人、亲戚朋友，也应多关心空巢老人的精神生活，注意他们的异常举动，谨防被犯罪分子利用而上当受骗。

夏茂林

1983年2月出生，汉族，中共党员，大学文化，内蒙古乌兰察布市卓资县人民法院审判委员会专职委员，曾两次被乌兰察布市中级人民法院授予"个人三等功"。性格内敛，不善于表达，但内心热情，因此常常被他人误认为高傲；学历一直是硬伤，至今耿耿于怀，因此倍加努力，以此弥补缺失；法学功底不足，但好在愿意学习，在基层工作磨练下，也能够应付手头工作；五音不全，才艺全无，让人觉得乏味；有一颗倔强的心，两次放弃干部选拔仍在审判一线，但至今无悔。就是这样一个人，站在了《法律讲堂》的讲台上，真正无憾了。

法官感悟

　　我是一名来自内蒙古基层法院的普通法官，机缘巧合下，作为法院代表去市中院参加"法官解案"节目的选题策划会，没想到得到了栏目老师的赏识，以此契机让我融入了《法律讲堂》这个大家庭里。当"法官解案"的主编老师通知我去北京试着录一次节目后，我激动到了极点，因为其他主讲人可都是一层层选拔才得以入选的，对我来说这无疑是个天大的惊喜。

　　从稿件一遍遍修改开始，内心已平静，但越来越不自信，这种状态一直带到了央视的演播厅里。主编陈老师一遍遍地告诉我要相信自己，要大气，这个声音至今都记忆犹新，就这样，我在紧张和忐忑中终于录完了第一期节目。后来一位老师告诉我，看到你，我就想到了我年轻的时候，和你一样不自信，可这有什么呢，人总要经历一些事情才会成长。就是这简短的交流，真正融入到了我心里，我知道，我该展现出我自己最好的一面，就算不会星光闪闪，但至少可以照亮我自己。

　　感谢《法律讲堂》这个舞台，像是一块肥沃的土壤，我吸收着来自四面八方的营养，努力做一个不一样的自己，充实着生活，并带到工作当中去。我只是一名小法官，但我愿意用自己朴实的语言，给观众讲一个个真实的法律故事，我没有再大的能力推进法治进程，但只要观众听了我的故事，内心有一些感触，对我来说，这就够了。

一冲动轧断一条腿

主讲人：内蒙古乌兰察布市卓资县人民法院　夏茂林

执行主编：陈贝贝　　编导：丁泽

2012 年 9 月的一天，在内蒙古中部一个公路收费站处，因为前方出了事故，拥挤着不少过路车，大大小小的汽车正一辆挨着一辆等候通行。突然，一辆红色的大货车快速地冲进收费站通道，这时，有人喊了一声："出事了。"路上有人跑过来拦住了这辆大货车，还有人向附近的警察大喊着："快救人啊，有人被大车轧了。"收费站的工作人员闻讯也关闭了通道，越来越多的人从车上下来，哭声、叫喊声一片，现场乱了起来。

赵刚这时静静地躺在大车的后面，身边都是血，连衣服都被染成了红色，而他的左腿处一片血肉模糊。躺在路上的赵刚，依稀记得，自己站在前方推着那辆红色大货车后退着，怎么就摔倒了？为什么想睡觉？连日的奔波，顿觉困意来袭，赵刚缓缓闭上了眼睛，隐隐约约听见妻子在哭喊着自己的名字，旁边有人向自己围过来，他似乎看到了离自己不远处的地上，那是一条腿吗？这一切究竟是怎么发生的呢？

2012 年秋初，秋老虎显余威，天气闷热难耐。可即使如此，也未能阻止赵刚为了生活奔波的脚步。这天，赵刚驾驶大货车一路行驶，后排座椅上的妻子睡得正香，早已疲劳的赵刚渐渐有点儿犯困，好在很快就到目的地了，赵刚快马加鞭地向收费站奔去。收费站已经近在眼前，就连上面几个红红的大字都越来越清晰了，可前面却排起了长长的队伍，不知前方出了什么事儿，大家都在等候通行。

赵刚也停了下来，斜靠在座椅上抽起了烟。车上拉的水果在高温下开始散发出一股快要腐烂的味道，这趟长途，一路几处堵车，一趟下来，能够自己的加油钱和吃喝开销就不错了，更别说赚钱了，这眼看要到了却又赶上大堵车，再这么等下去，水果都要坏掉了，那可就得要赔人家钱了。想到这里，赵刚不由心焦起来，一边使劲吸了口烟，一边向外抬头看了看，正是下午三点钟，刺眼的太阳烤在驾驶室上，车里更加闷热了，汗珠顺着脖子流了下来，赵刚用脖子上挂着的毛巾擦了擦脸，拿起一把塑料扇子，使劲地扇了扇，又随手扔在了座位上。其间听路边下车休息的司机说，前面不远处，有两辆车撞在了一起，车上拉的货物散落了一地，正在等待处理。赵刚心想，等着把车拉走，把地上的货物收拾干净，怕是要很长时间了，为了能省点油，赵刚把车熄了火，躺在座位上休息。

一个多小时过去了，距离收费站也就五百多米的距离，可整个队伍还是一动不动，这得等到什么时候，赵刚伸了伸有些僵硬的腰，用手指不停地敲打着车门，越发焦急了。过了一会儿，前面有车按起了喇叭，赵刚一阵欣喜，估计是要通车了！正准备发动汽车，探头张望的赵刚突然发现，从他的右边紧挨着驶来一辆红色大货车，他迅速把头收回车内，再看这辆汽车，车头已经斜着插到他的前面了。从惊吓中缓过神来的赵刚顿时怒火中烧，这是要插队呀！自己顶着太阳老老实实地排了这么长时间的队，车上的水果都不知烂成啥样了，这眼看就要通车了，他却要插队，凭什么呀，不行，不能让他得逞。赵刚立刻启动车辆，缓慢行驶缩短了与前车的距离，一边猛按喇叭，一边喊着让对方司机排队。而这辆车的司机却像什么都没听见，继续打着方向盘伺机将车身插到队伍中。赵刚再也忍不住了，正要下车去找这位司机理论去，却突然发现，自己车的反光镜居然被这辆红色大货车蹭掉一片漆，这下赵刚更是怒不可遏，连忙向这辆车的司机喊话："你插队蹭掉我漆了你知道不！"可不承想，这司机不仅没有丝毫歉意，还装聋作哑全当没这回事儿，这下赵刚被彻底惹毛了，顿时，一股无名之火从其脚底蹿到了头顶。赵刚直接跳下车冲到了那辆车前，拍打着车门，让司机下来赔他的反光镜，而这辆车的司机看到赵刚愤怒的样子，不但不搭腔，反而打开车门，慢悠悠地跳下了车，看了看赵刚，又看了看赵刚的车，说道："哪里坏了，不就是有点儿歪了嘛，给你掰正不就行了。"说着上手就把赵刚车的反光镜给掰了过来。一看对方司机这么气人，赵刚自是不答应，抬高了嗓门要求赔偿，对方司机竟也不依不饶，两人是越吵越烈。这时，和对方司机同行的一些人也都下了各自的车，五六个人把赵刚围在中间，都冲他叫喊着，有人还推了他一把，而那个插队的司机却慢慢退到了后面。怎么，仗着人多欺负我？赵刚的怒火冲到了脑顶，他挥舞着手臂向人群推去，想要冲出去抓住那个蹭他车的司机。

被吵醒的赵刚妻子，看见自己的丈夫正和一群人揪扯在一起，她了解丈夫的脾气，意识到丈夫的火气上来了，这是要出事儿了，慌忙下了车挤进人群劝赵刚："别吵了，前面车通了，咱们赶紧走吧。"而此时面红耳赤的赵刚根本听不进去。就在赵刚和妻子说话的时候，插队的司机已经上了自己的车，车辆启动的轰轰声提醒了赵刚，"还想跑！"赵刚用了全身的力气推开围着自己的几个人，冲了过去，挡在大车前面，用双手推在驾驶室上，他要以这种方式阻挡大车离开。可接下来大车挂挡的声音传入了赵刚的耳朵，紧接着大车竟然起步，缓慢向前了，这下赵刚被彻底激怒了，他没想到，自己就挡在车前面，对方还真的敢把车往前开，赵刚一边后退，一边握起拳头使劲地捶着大车发出"咚咚咚"的声音，同时愤怒地喊道："你给我停下来。"插队的司机似乎当赵刚不存在，继续踩着油门往前开。面子上下不来的赵刚没了办法，只有推着车开始倒退着走，螳臂当车的道理他不是不明白，只是估摸着，车开得这么慢，对方应该不敢动真格的。就这样大车往前走了五六米的时候，突然停了下来，赵刚收回有些发酸的手臂，使劲甩了甩，可正在这个时候，大车突然又动了起来，赵刚有点儿吃惊，慌忙又顶住了汽车，心里直犯嘀咕，这家伙要干什么，莫非真要用车轧我！

公路上有些细小的煤渣和碎玻璃，赵刚穿着拖鞋踩在上面，一步一步后退着，他的腿也开始有些发酸，脚下有点滑，双手便紧紧顶住大车，可每后退一步，赵刚心里都会清醒一分，他知道再这么下去，自己可真是坚持不住了，该怎么办，是继续顶着还是要躲开。

在赵刚犹豫的时候，大车又往前行驶了十多米，眼看着就要进入收费站通道了，大车速度也加快了，巨大的冲击力推着赵刚快速地倒着两条腿后退，速度太快了，赵刚有点儿跟不上，甚至都倒退着跑起来了。可就在这个时候，赵刚的拖鞋掉了一只，直接踩在了公路上的煤渣和碎玻璃上，强烈的刺痛感传遍了赵刚全身，脚步也随着停顿了一下，赵刚有点儿想放弃了，刚有了侧身闪到路边的打算，恰恰就是这一瞬间，大货车不可阻挡的力量通过手臂传到了赵刚的身上，推着赵刚的身体向后仰去，整个身体顺势向一侧倒了下去。此时的赵刚大脑一片空白，后背冒出一股冷汗。载着五十多吨煤炭的货车像是过了一个什么障碍物一样，轧过了赵刚的左腿，剧烈的疼痛让赵刚呼吸都困难了起来，可随后，疼痛感消失了，赵刚觉得有点头晕，视线模糊了起来。等赵刚再次睁开眼睛的时候，已经是在医院里，麻醉剂的药效还没有完全散去，他终于知道，自己快要昏迷时看到的，就是自己的腿，赵刚的左腿被插队的大货车齐生生地轧断了！

躺在病床上的赵刚此时是又恨又悔，他恨的是插队司机简直没有人性，不仅加塞儿，最终居然还把车生生从自己身上开了过去；悔的是自己不该和人斗气，拿自己的性命开玩笑，最终酿成大祸。赵刚清楚，自己是家里的顶梁柱，几年前从农村出来，和妻子四处打拼，七拼八凑花尽了家里所有的积蓄，才贷款买了一辆大车跑运输，日子刚刚有了起色，却遭此横祸！父母上了年纪又经常生病，儿子快要上学了，妻子也没有固定工作……躺在病床上的赵刚一想到自己的一条腿没了，不能再挣钱供养这个家庭，便不由得眼泪直流，这今后的生活可怎么办呀？

四个月后，肇事司机王力以涉嫌故意伤害罪被公安机关立案侦查，检察院提起了公诉，这个案件很快被移送到了法院。

春节假期后上班的第一天，法官刚刚来到办公室，就看见几个人在门口等着。定睛一看，正是前来领取文书的赵刚，赵刚架着双拐，一条腿一下一下慢慢地走进了办公室，身后，是他的妻子和五岁的儿子。法官之前阅过卷,大致了解过这起案件的经过。看着与自己同岁的赵刚,一条腿支撑着身体站在那里,法官心里很不是滋味,别人家过年都是热热闹闹的,可赵刚出了这么大的事儿,真不知他们一家这个年是怎么熬过来的。赵刚显得很平静,签收了送达给他的一些法律文书后,赵刚的一段话却令法官吃惊:"其实王力也不是故意的,这事儿怨我自己,是我太冲动了,王力离婚了,他也不容易,我已经原谅他了。"听赵刚这么说,法官很是不解,这和赵刚在公安机关侦查期间作的陈述完全相反,据了解,王力也没有对赵刚进行过赔偿,更没有得到赵刚的谅解,那赵刚这个时候怎么反倒会为王力说好话呢?接下来赵刚的一番话,再次让法官觉得这个人实在是太奇怪了,"法官,为什么王力是故意伤害罪?不是交通肇事罪,他驾驶车辆肇事,就应该是交通肇事罪啊"。按常理说,被告人判的越重,被害人心里可能会更加安慰,可是为什么赵刚会有给王力判交通肇事罪这个想法。

法官解案：>>>

《中华人民共和国刑法》第一百三十三条规定,违反交通运输管理法规,因而发生重大事故,致人重伤、死亡或者使公私财产遭受重大损失的,处三年以下有期徒刑或者拘役;交通运输肇事后逃逸或者有其他特别恶劣情节的,处三年以上七年以下有期徒刑;因逃逸致人死亡的,处七年以上有期徒刑。

第二百三十四条规定,故意伤害他人身体的,处三年以下有期徒刑、拘役或者管制。犯前款罪,致人重伤的,处三年以上十年以下有期徒刑;致人死亡或者以特别残忍手段致人重伤造成严重残疾的,处十年以上有期徒刑、无期徒刑或者死刑。本法另有规定的,依照规定。

这是交通肇事罪和故意伤害罪的规定,从法律条文中很显然可以看出,故意伤害罪不论从主观形态、社会危害、刑罚结果都要比交通肇事罪重得多。可为什么作为受害人的赵刚,反而认为被告人王力应该构成量刑较轻的交通肇事罪,而不是量刑较重的故意伤害罪,这赵刚的举动不符合常理!他到底是怎么想的？

赵刚走后，法官看了看他刚刚提交的材料，当翻到刑事附带民事诉讼起诉状和车辆保险单的时候，突然明白了，原来，这赵刚是想让王力多赔点钱！

出事后，赵刚从侧面了解到，被告人王力的经济状况不太好，就算法院判决了以后，王力也没有能力赔偿自己。可保险公司这么大的单位就不同了，能多给自己赔点的话，这钱肯定会实实在在拿到手里。那么怎么才能让保险公司多赔钱呢？赵刚也做了一番功课：根据我国法律规定，如果王力构成了交通肇事罪，那么王力所驾驶车辆的保险公司就会对赵刚的损失进行赔偿，这样，根据当时的赔偿标准，赵刚大约会得到八十多万元的赔偿款；可是如果王力构成故意伤害罪的话，保险公司仅仅能赔偿给赵刚24万元，这其中一下就差出56万元。赵刚上有父母，下有孩子，家庭负担全部担在他一个人身上，正是年轻力壮的时候，却成了一个残疾人，可以想象赵刚失去一条腿以后，家里的经济将是多么困难。所以，对于赵刚来说，王力构成什么罪名，判几年已经不重要了，他真正关心的是保险款能不能赔付，最终又能赔多少的问题。

了解清楚案件的基本事实后，法官不得不对本案一个关键性的问题进行思考，那就是王力到底构成故意伤害罪还是交通肇事罪。根据我国法律规定，交通肇事罪和故意伤害罪的最根本的区别就是交通肇事罪在主观上是过失，而故意伤害罪在主观上是故意。回顾整个事发过程，王力从上车到启动车辆前行，直到赵刚被压在车下，这其中王力是否知道赵刚就在车前面就成为认定其罪名的一个关键，如果王力是知道的，那么就是故意，王力构成故意伤害罪，如果王力不知道，那么是过失，王力就构成交通肇事罪。进一步说王力构成交通肇事罪的话，那么保险公司就要承担更多的赔偿责任，这也是赵刚能不能多拿到赔偿款的关键问题。

几天后，法院开庭审理了该案。庭审的时候，法官把被告人王力在主观上是故意还是过失作为重点，展开了法庭调查。法官问王力："发动汽车时，你有没有看到赵刚就在车前面?"王力回答道:"大货车有点蹩蹭是常有的事情,他就是想要讹我,让我赔钱,一开始看见他就在车前面站着,但后来我发现车前面没有人,才开车走的。"

坐在审判席上的法官注意到,王力在回答问题时情绪有点激动,语速很快。听王力这么说,法官分析:如果说在汽车开动时,王力真没有看到赵刚就在车前面挡着,那么王力也就没有伤害赵刚的故意,那么公诉机关指控的故意伤害罪也就很难成立了。王力究竟知不知道赵刚就在车前面呢?在举证质证阶段,公诉人向法庭提供了一份收费站的监控视频。

画面中显示的场景正是收费站,映入眼中的是一辆红色大货车,车前一名赤裸着胳膊的男子,正是赵刚,一边推着车一边向车里比比划划,车里坐着的司机正是王力,旁边四五个人围在一起,随后大车缓缓向前,而赵刚仍在车前抵抗,约十秒钟之后,赵刚倒在了车下,画面中只剩下了还在行驶的大货车,大车轻微跳动了一下,很快便驶入收费站通道,直到后面有人跑来拦车才停下。

公诉人认为,这份视频资料,清晰地记录了赵刚挡车、摔倒在地并被大车碾轧的整个过程,可以认定王力构成了故意伤害罪。但王力的辩护人却认为,这份视频只能证明赵刚被王力驾驶车辆碾轧的事实,因为视频中没有记录声音,无法证明王力的主观上是故意还是过失。法官听了后也在想,判断王力的心理活动,需要通过他的语言、表情、行为、环境等多种因素来综合分析,可公诉人出示的这份监控视频,确实看不到王力的表情,也听不到王力说了些什么,仅凭这个,还是无法推断出王力是故意还是过失。

随后,公诉人又向法庭出示了几份关键性的证据:第一份是证人证言,同在现场的其他大车司机王平证实:"赵刚推着大车的时候,还跳起来指着驾驶室里的王力叫喊过,让他下来,而且大车往前走了几米的时候还停顿了一下,我也是大车司机,赵刚身高1米8左右,坐在车里的司机肯定会看到他的。"第二份证人证言中,路人李梅则证实:"当时王力从车窗探出头还骂了赵刚几句,让他滚开,否则就要开车了,我当时就站在大车的旁边,听得清清楚楚。"第三份证人证言,司机李志华也证实:"我和王力是老乡,一起跑车。赵刚挡在车前面的时候,王力还指着他骂,开车的时候我们好多人还告诉过王力车前面有人,让他别冲动。"

公诉人宣读完这几份证据,王力很快低下了头,当法官再次问王力是否知道赵刚就在车前面时,王力沉默了一会儿才说道:"我知道他就在车前边,本来想停下的,可赵刚不停地骂我,我头脑一热就加速冲过去了。我对不起他,对不起。"案件到了这里,法官心里的疑点终于得到了解决——王力确实存在主观故意。

庭审结束后,合议庭对本案进行了合议,合议认为,通过监控视频、证人证言、现场勘验笔录、现场照片以及被告人王力的供述、被害人赵刚的陈述等证据分析认定,被告人王力明知车前面有人,仍然向前行驶,显然对危害结果持有的是放任其发生的主观故意。也就是说,被告人王力构成的是故意伤害罪,而不是交通肇事罪。

很快,法院作出了判决,认定被告人王力构成故意伤害罪,判处有期徒刑七年,并由保险公司在交强险限额内赔付赵刚24万元,不足部分58万元由被告人王力赔偿。

这个结果,让本就忐忑不安的赵刚沮丧到了极点,因为这样一来,保险公司能够赔付他的也仅仅是24万元,而这点钱,也就刚刚够他住院治疗和安装假肢的费用,剩余的58万元只能由身陷牢狱的王力来负担,可王力仅有的那辆大货车还是贷款买的,家里再没有其他财产,很显然,王力也没有经济能力来赔偿赵刚的损失。

拿到判决书后,赵刚摸着自己空空的裤腿,一直默默流泪,一再跟法官表示后悔,如果不那么冲动,听了妻子的劝告,不去跟王力较劲,也许就不会有今天的结果。可他再怎么后悔,时间也回不去了。

法官看到赵刚这个样子,心里也不好受,但毕竟法律是法律,不可能因为同情赵刚，让他多拿点赔偿款，就枉法判王力交通肇事罪。判决生效后，法官出于同情，帮赵刚申请了被害人救助基金，希望能尽力去帮帮赵刚，最终真的申请下来几千元的救助金，可这几千块钱，对赵刚来说，也仅仅是杯水车薪罢了。

法官点评：

因为一件微不足道的小事，王力和赵刚二人都火冒三丈，冲动掩盖了理智，最终酿成大祸。如今，王力面对未来几年的牢狱生活，悔恨不已；刚过而立之年的赵刚，更是对未来的生活充满了迷茫和无助。惨痛的教训告诉我们，遇事一定要心平气和，切勿意气用事。

郁华冰

1977年7月出生，现任四川省广元市中级人民法院民事审判一庭法官。曾在基层法院工作十余年，以公心审理好每一起案件，以诚心对待每一位当事人，以细心洞察当事人的真实诉求，以耐心架起与当事人沟通的桥梁，用法律智慧入情入理定纷止争，擅长在释明法律的基础上调解案件，荣获"四川省法院十大调解能手""全国优秀法官"等多项荣誉称号。先进事迹曾在《人民法院报》整版报道，被群众誉为正能量法官。于2013年入选央视《法律讲堂》主讲人，参与录制"法官解案"系列节目，节目播出后获得较好反响，并荣获中央电视台社会与法频道《法律讲堂》栏目"最佳选题奖"。

法官感悟

上个月,和我同一间办公室的老庭长办理了退休手续,他从事法官职业三十三年。临近离开法院的前两天,他还戴着老花镜、一丝不苟地整理卷宗。望着两鬓斑白的他,我感慨万分:他没有终于熬到退休的欢欣,更没有即将离职的松懈,有的只是一如既往的认真和坚守到底的敬业。

我想起了几个月前,我们一同下乡去协调一件赡养纠纷。老人六年前因交通事故高位截瘫。之前,我就已经看过老人骨瘦如柴和身体很多部位有褥疮的照片,有了足够的心理准备,可到了老人的床前,老人情绪激动,执意要求掀开被褥,让我们再看看,我连忙劝阻,因为我担心与我们同行的正怀着孕的书记员看到后会有难受的反应。让我没想到的是,老庭长很自然地挨近床沿坐下,拉起老人的手,轻拍着手背,安抚着老人的情绪……这个温暖的画面从此定格在我的脑海。

我后来反思,是不是案子办多了之后司空见惯,最初的热情逐渐被消磨也是我劝阻的一个潜在因素?或许不可否认。而老庭长,经历和我们年岁相当的职业生涯对案件该是怎样的一种司空见惯?我顿觉汗颜。仅靠初任法官时的心潮澎湃和满腔热情,并不能成为工作激情持久保鲜的秘籍,我想,让老法官为之奋斗一生的是对审判事业的热爱。热爱,是支撑我们前行的力量,是司法事业得以传承的力量。热爱,是我们坚守的理由,是我们享受法官职业尊荣的基石!

在初任法官时,我们每个人都会立志做一辈子好法官!那就让我们怀着对公平正义的敬畏之心,带着期盼,带着信任,不忘初心,继续前行!

疏忽大意酿大祸

主讲人：四川省广元市中级人民法院　郁华冰

执行主编：陈贝贝　　编导：丁泽

这是两个让人印象深刻的交通事故案件，都是因为交通行驶中不同当事人的粗心大意、不守交通规则，惹下了祸端，最终酿成了难以挽回的损失，让当事人后悔终生。

第一个案子发生在去年夏天。

这天傍晚时分，晚霞的余晖早已散去，天色逐渐暗了下来，滨河路上的人们，正三三两两在河边散步。正在这时，一辆摩托车飞驰而过，车上两个小青年，大声地唱着歌，快车道上忽的只留下一道浓烟。这摩托车没走多远，人们就听到"砰"的一声，接着就只见摩托车腾空跃起，车上其中一个人抱着摩托车一起飞落，最终被压在摩托车下，另一个人则被弹飞了出去重重地摔到距离摩托车两米开外的工地上！坏了，出车祸了！

散步的人们赶紧围了上来，报了警，叫来了救护车，两人被送进了医院。

出事儿的这两个大男孩儿，骑车的叫马海洋，坐在他身后的叫王浩。两人是高中校友，相差一岁。出事这天，王浩高考刚结束，两人约着打了一天的篮球。直打到天色擦黑，两人才骑着摩托车回家。谁想到路上竟出了车祸！

幸运的是，两个大男孩儿都没有生命危险，只是不同程度受了伤。马海洋右小腿骨折了。而王浩虽说是捡回了一条命，但伤势却要严重得多：被医院诊断为特重型开放性颅脑损伤和脾破裂。

后来出院时，经过法医鉴定，王浩颅脑损伤导致偏瘫达到五级伤残，脾切除构成八级伤残。这意味着王浩今后肢体功能障碍，不能正常行走了，还可能会免疫力下降。王浩的父母得知这个消息，难过极了，儿子可是当地同龄人中的佼佼者啊！

原来，年满18岁的王浩，一米八的身高，阳光帅气。不光学习好，还是学校篮球队队长，是德智体美劳全面发展的好学生，用现在流行的话说，那就是校草级的学霸！事故发生后不久，国内的一所名牌大学寄来了录取通知书，王浩是当地唯一被这所大学录取的学生！

然而，这么优秀的孩子现在却只能躺在病床上，曾经思维敏捷口才俱佳的小才子现在说话都不连贯，曾在运动场上驰骋的健将现在却连走路都走不利索！王浩的父母心痛不已，同时也迫切地想知道这场意外究竟是怎么发生的？

事后，据马海洋回忆：两人当天去打球，开始没准备骑车，可后来王浩心急，就偷偷地把他父亲老王的摩托车骑了出来；两人打完球后，本来还是王浩骑车，但当时，并没有满18岁还没有驾照的马海洋却心痒，想要骑骑摩托车，找找飞驰的感觉。一番软磨硬泡后，王浩答应了马海洋的请求。就这样马海洋载着王浩，骑着摩托车到了滨河路。

两人骑到滨河路北段时，天色已擦黑，在前面驾驶位置的马海洋突然看到前方似乎横着一个什么东西，但因为当时车速比较快，所以等他看清前面有东西，紧急刹车时摩托车已经刹不住了，径直撞向了障碍物。马海洋一低头躲过了一劫，那句"小心"还没说出口，王浩就被撞得飞了出去。

王浩的父母知道了事故发生的经过后痛心不已！事发当天，要是看得紧点，不让两个孩子把摩托车骑走，这场灾难不也就躲过去了吗？要是儿子王浩不答应马海洋，自己骑车，也许今天躺在床上的就不是儿子王浩了。尽管这样想有些自私，可王浩的父母着实是希望时间能回到当日，一切就不会再发生了！就这样反复回放着事发前的经过，一天，王浩的父母突然想到：马海洋明知自己没有驾照，还执意骑车，难道不该为这场车祸负责吗？

可事实上，王浩受伤的几个月来，无论是马海洋还是马海洋的家人从来没有看望过王浩，表达过歉意，更不要说经济上有所行动了。想到今后王浩漫长的康复期和巨额的医疗费，王浩父母觉得，必须得找人为这起事故负责！

于是王浩的父母先后出马，找到马海洋家里去讨要说法，要求赔偿损失。谁知，马海洋的父母竟然一口拒绝，理由是：两个孩子都受了伤，都有责任，相互不赔抵销了。

一听这话，气头上的王浩父母一纸诉状将马海洋一家告上了法庭。他们请求，由马海洋和他的父母共同赔偿他们各项损失53万元。

就这样，这个案子被分到了郑法官手里。

因为是交通事故，在翻阅卷宗时，郑法官首先查阅了事故责任认定书，了解事故的来龙去脉。这份认定，对事故经过作了明确的描述：马海洋骑车搭载着王浩，行驶到滨河北路一处施工路段时，与施工单位在道路上架设的围栏钢管发生碰撞，造成事故发生。交警认为，王浩把车辆交给没有驾驶资格的马海洋，马海洋对道路情况观察不足，无证驾驶，是共同造成事故发生的主要原因；施工单位不按规定设置警示标志，是造成事故的次要原因，所以，交警最后认定，由马海洋、王浩共同承担主要责任，施工单位承担次要责任。

郑法官看完责任认定书后，感到这桩案件有一处蹊跷：王浩父母是要找人对儿子的受伤负责，交警认定事故中除了有马海洋的责任，还有施工单位的责任，按理来说，施工单位要是能一起参与赔偿，王浩家会获得更多的赔偿款，可是，为什么没有起诉施工单位呢？

郑法官询问了王浩的父母，这才知道，原来，事故发生后，为了筹集医药费，王家很快就与施工单位"私了"了，施工单位已经赔偿了他们家10万元，所以王浩父母这才没再起诉施工单位。

马海洋的家人，在得知王浩家并没有起诉施工单位这一消息后，不乐意了！面对这笔53万的巨额索赔款，马海洋家人开始质疑起交警的责任认定来，他们觉得交警的责任认定是有问题的，即使马海洋有错，肯定也没这施工单位的过错大！怎么能让他们家赔偿 53 万，而施工单位只赔偿 10 万呢？所以，马海洋家申请法院，要将施工单位也追加进来，一起承担责任。

由于施工单位同样是事故责任方，为了查明案件事实，郑法官准许了马海洋一家人的申请，依法追加了施工单位作为被告一并参加诉讼。

案件如期开庭了。

大家都知道，有关交通事故的赔偿问题，最后其实就是算账，算被告应该赔原告多少钱。而处理一起交通事故案件，最重要的环节是责任划分，只有责任划分妥当了，才能依据责任确定赔偿比例。庭前，马海洋家就提出责任划分不公平，不能作为算账的依据。那么这起事故的责任究竟应该怎么划分？庭审中，双方对于事故发生的原因和责任各执己见。

马海洋的父母说，马海洋没有驾驶证这是事实，可就算有证的人当时也免不了这场车祸，因为路上没有任何提示，施工单位没有安装警示标志，才造成事故发生，施工单位应当负全部责任。

而施工单位却说，事发前他们就已经安装好了警示标志。该做的都做到了，其实也没他们什么责任，而交警还给他们划了个次责。既然要打官司，那就请求法庭还他们一个公道，确认他们在这次事故中一点责任都没有。

一听到施工单位推卸责任，王浩的父母立马急了，这施工单位要没责任了，那已经赔的钱还得退回去吧？那怎么行呢？钱都给孩子治病用了呀！所以，听完施工方这样说，他们立刻和马海洋家站到了同一阵营，认为施工单位不仅有过错，而且因为没有安装警示标志，过错要大得多，他们也请求法庭重新划分责任。

这样一来，被追加进来的施工单位在这次事故中有责还是无责，责任大还是责任小，成了案件审理不可回避的一个争议焦点。三方在这个问题上发生争执时，都不约而同提到了安装警示标志。

那么安装什么样的警示标志，怎样安装警示标志才是符合法律规定，可以免责的呢？

法官解案： >>>

《中华人民共和国道路交通安全法》第三十二条第二款明确规定：施工作业单位应当在经批准的路段和时间内施工作业，并在距离施工作业地点来车方向安全距离处设置明显的安全警示标志，采取防护措施……

根据这一法律条款，施工单位设置警示标志的规定包含三个要素，一是必须设置标志、二是设在安全距离处、三是得设置明显。那么，施工单位是否按照规定设置了安全警示标志呢？

施工单位声称，他们已经设置了，这一点从交警拍摄的一组照片中可以看到：他们在现场放置了一块黑板，黑板上写着："道路施工，绕道行走。"

第二点，施工单位的这个安全警示标志，设在安全距离处了吗？

为了弄清楚当时黑板放置的实际情况，郑法官提取了监控录像，录像显示：施工单位搭建围栏，用的是几根废弃的钢管，黑板就安放在钢管中间。而围栏前方，路面通畅，没有采取其他措施。这样看来能够起到提示作用的只有黑板和并排摆放的钢管。事发前，无论行人还是车辆都几乎是已经逼近了钢管后才发现黑板上的提示。黑板这样一个有着警示作用的标志性物件，摆放距离与围栏非常近，不能起到及时提醒的作用，也显然不符合安全距离的设置。

第三点，设置是否明显呢？施工单位警示标志的明显与否，对马海洋、王浩的这场车祸有着至关重要的联系，为了查实这一情况，郑法官决定再进行一次实地模拟演示。

选择了相同的地点、时间，按照当天的摆放方式重新摆放了一块大小相仿也写上字的黑板，郑法官发现：在没有灯光，没有反光路标，自然光线昏暗的条件下，灰色和黑色的物件，很容易被夜色淹没，不容易发现。应该说，单靠黑板作为警示标志，是不醒目的。警示标志不明显，就是事故发生的直接原因。

得出这样的结论后，郑法官找到了施工单位。在证据和环环相扣的分析面前，施工单位也承认了，他们确实做得不到位，他们的工作人员有疏忽，本来还有横幅标语和反光路标，见天色晚了，准备第二天再安放，没有料到当天就会出事。

由于交警部门所作出的责任认定书只是一份证据，法院在案件审理中，如果发现其他证据足以推翻认定结论的，可以根据案件的实际情况，重新作出责任划分。

于是，根据双方的过错，在重新分析事故原因后，郑法官作出了新的责任划分：警示标志不明显是造成本次事故的主要原因，施工单位应当承担主要责任；无证驾驶的行为造成了事故的次要原因，马海洋和王浩应当共同承担次要责任。

根据主次责任的重新划分，施工单位要承担70%的责任，算下来，应该赔偿44万元，而他们才赔了10万元，还得拿出34万元。

一听这样算账，施工单位不干了，说他们和王浩家达成了协议，协议上都写得清清楚楚，协议第三条："乙方将款项打入甲方指定账户后，甲方今后不得以任何形式和理由再向乙方主张赔偿。"他们已经给出那10万元把他们的所有责任都囊括了，这事儿就算了了，他们不应当额外再承担责任。

在这种情况下，施工单位还该不该再承担一次赔偿责任呢？

说到这里，就涉及王浩和施工单位之前达成的那份赔偿协议的效力问题。那份协议是基于施工单位仅承担次责的前提下协商的，而案件查明的实际情况，施工单位应当承担主责，不同的责任比例差额高达34万元，显然，协议的赔偿数额远远低于法律规定应该承担的赔偿金额，协议内容是显失公平的，不能作为赔偿依据。施工单位还是应该按照实际过错大小承担责任，因为已经赔偿了10万元，所以只要支付剩下的34万元就可以了。

另一个责任方马海洋呢，因为尚未成年，在校读书，无收入来源，名下无财产，赔偿责任应当由其父母作为监护人予以承担。

法院最后判决，由马海洋的父母共同赔偿王浩15万元，施工单位再赔偿王浩 34 万元。同时，王浩因为自己的过错还承担了部分损失。

判决后，王浩很快就拿到了两笔赔偿款。尽管如此，王浩家仍然笼罩着一片愁云，妈妈辞职专门在家照顾王浩，爸爸成了家里唯一的经济支柱，早出晚归更加辛苦了，而王浩十年寒窗才换来金榜题名，却拿着名牌大学录取通知书上不了学。恐怕再多的赔偿款也弥补不了王浩的损失，换不回一个孩子的健康。

本案中，两个孩子的错误提醒了大家，借车还得分对象，开车必须有资格。同时还特别提醒路面上的施工单位，作为交通安全中的一个重要因素，道路状况的安全是行驶安全的基本保障，而施工单位的疏忽大意，往往关乎路面上行驶的人、车安全，你们一时的粗心，可能将会酿成他人一辈子的遗憾。

另外一个案件是因为驾驶员的一时粗心大意导致家破人亡的惨剧。

2014 年正月初五一大早，吴松带着妻儿父母一家六口人开着车到姑妈家去拜年。

热热闹闹地吃过午饭，大家起身告别，一起上了新买的车。车子刚发动，姑妈突然追上来，塞进来两个红包，一边塞一边说，这是给两个孩子的压岁钱。吴松连忙推让说："姑妈，这钱你留着自己用，孩子小，不会用钱。"说着就把红包又塞回到姑妈手上。车子就一路上坡了。姑妈赶紧着小跑了几步，把红包从车窗上扔进了车里，嚷嚷着，收下，收下，就一点儿心意，说完转过身回家去了。

这时车子仍然在上坡途中没有停下，吴松的父亲拾起红包说："你姑妈前年动了心脏手术，家里经济也不宽裕，这红包不能要。"吴松也觉着这红包不能要，便扭头对父亲说："你们等着，我去把钱还给姑妈。"说着就熄了火，把车停在了坡顶上，拿着红包，摔上车门就往姑妈家跑去。

跑了没两步，突然，身后传来"哐哐"的响声，接着是妻子的大声呼叫，吴松扭头一看，不好！车子从坡上开始往下溜了！愣了一下，吴松赶紧追上前去，想拽住往下溜的车，一个趔趄，没抓住，车门从吴松的指尖划过，车已经由着惯性越溜越快,迅速滑向坡底。吴松的心好像一下停止了跳动,不好!坡的尽头是个急转弯,车子没人操作,就没法转弯,径直滑下去,后果不堪设想,下面可是个堰塘啊!吴松顿时觉得两腿发软,拼了命的追上前去,可最终还是眼睁睁地看着车冲下了堰塘。

吴松不顾一切地跳进了堰塘,往水底钻,水下漆黑一团,好不容易摸到车跟前,才发现自己手无寸铁,情急之下,吴松用手狠敲玻璃,玻璃是敲碎了,手也划破了,可是手伸进车窗却什么也没摸到。吴松感觉到体力不支,剧烈的疼痛感让吴松清醒地意识到要救这么多的人必须要有外援,他拼尽全力游上水面,堰塘边有人递过来一支竹竿,吴松被拉了上来。

这时,姑妈也闻讯赶来了。一边叫围观的乡亲帮忙下水救人,一边按住了已经双手淌血、筋疲力尽的吴松,不让他再下水做出任何危险的行为;并吩咐旁人赶紧拨打急救电话和报警电话。

这时目睹了事发过程的围观者们,也是毫不惜力,纷纷拿来工具,跳下堰塘,潜入水底,敲碎车窗玻璃,终于,费了九牛二虎之力,把车里的人一个一个救了上来。

父亲、母亲、妻子,还有两个孩子。看见被救上岸的至亲,吴松哭喊着扑上前去,可是,任凭吴松怎么叫,老小五人,却都没有回应。从车子滑到水下被淹没,到把人救上来,已经过去了三十多分钟。车上的老小五人早已没了呼吸,全部溺水死亡。

吴松撕心裂肺地号啕大哭之后失去了意识,最终也被送到医院进行抢救。

就这样,一个好端端的团圆年竟然变成了家破人亡的大结局。

很快,吴松因涉嫌交通肇事罪被警察带走了,经过检察院审查起诉后,案件移送到法院。这个案件到了法院后,分到了刑庭的徐法官手上。徐法官拿到这个案子也感到惋惜,并听说,被告人吴松一直强烈要求法院判他死刑。

通过卷宗里公安机关的侦查和车辆检测机构的鉴定,徐法官排除了车辆突发性机械故障的情况，也排除了吴松故意犯罪的可能。

那么这次事故究竟是怎么发生的呢？

原来，在吴松熄火推开车门下车的那一刹那，他竟然忘记了拉手刹，这可真是要命的事，要知道，当时车子还停在坡道上呢。

谁也不会想到，一个不经意的举动竟然让一个爱家人胜过爱自己的好儿子、好丈夫、好父亲最终变成了害死亲人的凶手。

翻看了证据材料，徐法官基本可以认定这是一起由于吴松疏忽大意而造成严重后果的交通肇事。

痛不欲生的吴松在悔恨和痛苦中清醒过来，他在取保候审期间，井井有条地安排着自己的后事，三十多万的存款全部留给了岳父岳母，妻子去世了，两位老人膝下只有这一个女儿，这钱用来保障两位老人的晚年生活，老家的房子和一些不值钱的家当，吴松则留给了自己唯一的妹妹作念想。一切安排妥当后，吴松打定了主意，一心求死。

在法庭审理中，吴松痛哭流涕，恳请法官判处他死刑。而坐在旁听席上的岳父岳母和吴松的妹妹更是泣不成声，他们怨恨吴松因为大意酿成了大祸，可是他们更不愿意失去吴松这唯一的亲人。庭前他们已经提交了谅解书，恳请法庭从轻判处。

那么，吴松究竟会被处以怎样的刑罚呢？

根据交通肇事罪的相关法律及司法解释的规定，这次事故造成5人死亡，属于"有其他特别恶劣情节"，吴松负事故全责，应该在3年到7年这个幅度内量刑。

最后，法院充分采纳了公诉机关认为被告人有自首的法定从轻情节和取得被害人家属谅解的实际情况，以被告人吴松犯交通肇事罪，判处有期徒刑三年。

根据我国刑法罪刑相适应的原则，吴松求死的愿望当然不可能通过法律来满足，但是他所承受的压力，无异于给自己心理永久套上了死刑的枷锁。

法官点评:

回过头来看这两个案例,其实都是疏忽大意惹的祸。路面施工单位的一次疏忽大意,毁掉的是一个阳光少年的美好前程。驾驶员的一次疏忽大意,毁掉的是自己美满幸福的家庭。有了这两个前车之鉴,希望无论是驾驶人员还是有关交通安全的其他人员,都能提高警惕、规范驾驶、规范通行、出入平安!